Mitbestimmungsrechte nach dem Betriebsverfassungsgesetz beim Betriebsübergang

Europäische Hochschulschriften Recht

European University Studies in Law

Publications Universitaires Européennes de Droit

Band/Volume **6126**

Jan-David Jäger

Mitbestimmungsrechte nach dem Betriebsverfassungsgesetz beim Betriebsübergang

Eine Einordnung von § 613a BGB in das System der Betriebsverfassung

PETER LANG

Bibliografische Information der Deutschen Nationalbibliothek
Die Deutsche Nationalbibliothek verzeichnet diese Publikation in der Deutschen Nationalbibliografie; detaillierte bibliografische Daten sind im Internet über http://dnb.d-nb.de abrufbar.

Zugl.: Leipzig, Univ., Diss., 2018

D 15
ISSN 0531-7312
ISBN 978-3-631-80315-8 (Print)
E-ISBN 978-3-631-80566-4 (E-PDF)
E-ISBN 978-3-631-80567-1 (EPUB)
E-ISBN 978-3-631-80568-8 (MOBI)
DOI 10.3726/b16298

Diese Publikation wurde begutachtet.

www.peterlang.com

Meiner Familie

Danksagung

Eine lange Reise gelingt selten ohne Hilfe. Daher gilt es nicht ohne Grund nach Abschluss einer Dissertation denjenigen Personen zu danken, die vom Beginn bis zum Ende in unterschiedlichster Art und Weise zum Gelingen beigetragen haben.

Meinem Doktorvater, Prof. Dr. Burkhard Boemke, möchte ich zu aller erst für die gute Betreuung dieser Arbeit bedanken sowie Prof. Dr. Cord Meyer für die Erstellung des Zweitgutachtens und Yvonne Apitz, die während meiner Tätigkeitszeit am Lehrstuhl stets eine Hilfe war.

Zudem gilt mein Dank RA Ulrich Krätzig für den fachlichen Austausch sowie M. Sc. Benjamin Wulf und M. Sc. Simon Bank für deren Unterstützung durch unermüdliches Korrekturlesen des Manuskripts.

Zuletzt, aber dafür umso mehr gilt mein Dank M. Sc. Kristin Becker und meiner Familie Brita, Volker und Lisa-Marie Jäger und meinen Großeltern Alfred und Roswitha Jäger. Ohne deren Unterstützung hätte ich dieses Projekt nicht umsetzen können.

Rechtsprechung und Literatur wurden bis November 2017 berücksichtigt.

Inhaltsverzeichnis

Literaturverzeichnis

Annuß, Georg, Mitwirkung und Mitbestimmung der Arbeitnehmer im Regierungsentwurf eines Gesetzes zur Reform des BetrVG, Neue Zeitschrift für Arbeitsrecht 2001, S. 367 (zitiert als: *Annuß*, NZA 2001, S.)

Ascheid, Reiner, Preis, Ulrich, Schmidt, Ingrid, Kündigungsrecht – Großkommentar zum gesamten Recht der Beendigung von Arbeitsverhältnissen, 4. Auflage, München 2012 (zitiert als: *Bearbeiter*, in A/P/S, §, Rn.)

Aßmuth, Anette, Die Beteiligungsrechte des Betriebsrates bei Bagatellspaltungen gemäß § 111 Satz 3 Nr. 3, 2. Alt. BetrVG, Diss., Frankfurt am Main 2013 (zitiert als: *Aßmuth*, Bagatellspaltungen, S.)

Baek, Ulrich, Diller, Martin, Zur Teilbarkeit von Betriebsänderungen, Neue Zeitschrift für Arbeitsrecht 1997, S. 689 (zitiert als: *Baek/Diller*, NZA 1997, S.)

Balze, Wolfgang, Rebel, Wolfgang, Schuck, Peter, Outsourcing und arbeitsrechtliche Restrukturierung von Unternehmen, 3. Auflage, Heidelberg 2007 (zitiert als: *Balze/Rebel/Schuck*, Outsourcing, S.)

Bamberger, Heinz Georg, Roth, Herbert, Beck´scher Online-Kommentar BGB, 42. Edition, Stand 01.02.2017 (zitiert als: *Bearbeiter*, in BeckOK-BGB, §, Rn.)

Bauer, Jobst-Hubertus, Aktuelle Probleme des Personalabbaus im Rahmen von Betriebsänderungen, Der Betrieb 1994, S. 217 (zitiert als: *Bauer*, DB 1994, S.)

Bauer, Jobst-Hubertus, von Steinau-Steinrück, Robert, Neuregelung des Betriebsübergangs: Erhebliche Risiken und viel mehr Bürokratie!, Zeitschrift für Wirtschaftsrecht 2002, 457 (zitiert als: *Bauer/von Steinau/Steinrück*, ZIP 2002, S.)

Bauer, Jobst-Hubertus, Neues Spiel bei der Betriebsänderung und der Beschäftigungssicherung?, Neue Zeitschrift für Arbeitsrecht 2001, S. 375 (zitiert als: *Bauer*, NZA 2001, S.)

Beseler, Lothar Düwell, Franz Josef, Betriebsübergang und Umstrukturierung von Unternehmen, 1. Auflage, Münster 2014 (zitiert als: *Bearbeiter*, in Betriebsübergang und Umstrukturierung von Unternehmen, Teil, S.)

Birk, Rolf, Arbeitsrechtliche Probleme der Betriebsaufspaltung., Der Betrieb 1976, S. 1227 (zitiert als: *Birk*, DB 1976, S.)

Birk, Rolf, Igl, Gerhard, Zacher, Hans F., Arbeitsrechtliche Probleme der Unternehmenskonzentration, Frankfurt am Main 1986 (zitiert als: *Bearbeiter*, in Arbeitsrechtliche Probleme der Unternehmenskonzentration, S.)

Boecken, Winfried, Düwell, Franz Josef, Diller, Martin, Hanau, Hans, Gesamtes Arbeitsrecht – Kommentar, Band 1, 1. Auflage, Baden-Baden 2016 (zitiert als: *Bearbeiter*, in Gesamtes Arbeitsrecht, §, Rn.)

Boecken, Winfried, Düwell, Franz Josef, Diller, Martin, Hanau, Hans, Gesamtes Arbeitsrecht, Nomos Kommentar, Band 1, 1. Auflage, Baden-Baden 2016 (zitiert als: *Bearbeiter*, in Nomos-Kommentar, §, Rn.)

Boemke, Burkhard, Schuldvertrag und Arbeitsverhältnis, Habil., München 1999 (zitiert als: *Boemke*, Schuldvertrag und Arbeitsverhältnis, S.)

Boemke, Burkhard, Ausländische Bestimmungen als Mitbestimmungssperre i. S. von § 87 BetrVG, Der Betrieb 2010, S. 843 (zitiert als: *Boemke*, DB 2010, S.)

Boemke, Burkhard, Der Betriebsbegriff von Erwin Jacobi und seine heutige Bedeutung im Arbeitsrecht, in Festschrift der Juristenfakultät zum 600-jährigen Bestehen der Universität Leipzig Berlin 2009 (zitiert als: *Boemke*, in FS Universität Leipzig, S.)

Boemke, Burkhard, Tietze, Steffen, Insolvenzarbeitsrecht und Sozialplan, Der Betrieb 1999, S. 1389 (zitiert als: *Boemke/Tietze*, DB 1999, S.)

Bonin, Birger, Die Richtlinie 2002/14/EG zur Anhörung und Unterrichtung der Arbeitnehmer und ihre Umsetzung in das Betriebsverfassungsrecht, Arbeit und Recht 2004, S. 321 (zitiert als: *Bonin*, AuR 2004, S.)

Bork, Reinhard, Arbeitnehmerschutz bei der Betriebsaufspaltung, Betriebs-Berater 1989, S. 2181 (zitiert als: *Bork*, BB 1989, S.)

Bötticher, Eduard, Zum Übergang der Arbeitsverhältnisse auf den Betriebsnachfolger, in Festschrift für Arthur Nikisch zum 70. Geburtstag am 25.11.1958, Tübingen 1958 (zitiert als: *Bötticher*, in FS Nikisch, S.)

Bracker, Ulrich, Betriebsübergang und Betriebsverfassung, Diss., Berlin 1979 (zitiert als: *Bracker*, Betriebsübergang und Betriebsverfassung, S.)

Brecher, Fritz, Vertragsübergang, Betriebsnachfolge und Arbeitsverhältnis, in Festschrift zum 70. Geburtstag von Walter Schmidt-Rimpler, Karlsruhe 1957 (zitiert als: *Brecher*, in FS Schmidt-Rimpler, S.)

Colneric, Ninon, Gemeinschaftsrechtliche Informations- und Konsultationspflichten beim Betriebsübergang, in Festschrift für Ernst Steindorff zum 70. Geburtstag am 13.März 1990, Berlin, New York 1990 (zitiert als: *Colneric*, in FS Steindorff, S.)

Däubler, Wolfgang, Kittner, Michael, Klebe, Thomas, Wedde, Peter, BetrVG, Betriebsverfassungsgesetz, Kommentar, 14. Auflage, Frankfurt am Main 2014 (zitiert als: *Bearbeiter*, in D/K/K/W-BetrVG, §, Rn.)

Däubler, Wolfgang, Tarifliche Regelung des Betriebsübergangs?, Zeitschrift für Tarifrecht 2000, S. 241 (zitiert als: *Däubler*, in ZTR 2005, S.)

Dauner-Lieb, Barbara, Simon, Stefan, Kölner Kommentar zum UmwG, Köln 2009 (zitiert als: *Bearbeiter*, in Kölner Kommentar UmwG, §, Rn.)

Deinert, Olaf, Vorschlag für eine europäische Mitbestimmungsrichtlinie und Umsetzungsbedarf im Betriebsverfassungsgesetz, Neue Zeitschrift für Arbeitsrecht 1999, S. 800 (zitiert als: *Deinert*, NZA 1999, S.)

Dietz, Rolf, Betriebsverfassungsgesetz, Kommentar, 2. Auflage, München und Berlin 1955 (zitiert als: *Dietz*, BetrVG, 2. Auflage, §, Rn.)

Dietz, Rolf, Betriebsverfassungsgesetz, Kommentar, 4. Auflage, München und Berlin 1967 (zitiert als: *Dietz*, BetrVG, 4. Auflage, §, Rn.)

Dietz, Rolf, Richardi, Reinhard, Betriebsverfassungsgesetz, Kommentar, 5. Auflage, München 1973 (zitiert als: *Dietz-Richardi*, BetrVG, 5. Auflage, §, Rn.)

Diller, Martin, Powietzka, Arnim, Informationsrechte des Betriebsrats im (internationalen) Konzern, Der Betrieb 2001, S. 1034 (zitiert als: *Diller/ Powietzka*, DB 2001, S.)

Düwell, Franz Josef, Arbeitsrechtliche Chancen und Risiken von Outsourcing, in Richterliches Arbeitsrecht: Festschrift für Thomas Dieterich zum 65. Geburtstag, München 1999 *(zitiert als: Düwell, in FS Dieterich, S.)*

Düwell, Franz-Josef, Betriebsverfassungsgesetz: Handkommentar, 4. Auflage, Baden-Baden 2014 (zitiert als: *Bearbeiter*, in Düwell-BetrVG, §, Rn.)

Engels, Gerd, Schmidt, Ingrid, Trebinger, Yvonne, Linsenmaier, Wolfgang, Fitting – Betriebsverfassungsgesetz: Handkommentar, 27. Auflage, München 2014 (zitiert als: Fitting, BetrVG, §, Rn.)

Engels, Gerd, Gesellschaftsaufspaltung als eine die Beteiligungsrechte des Betriebsrats auslösende Betriebsänderung i.S. von § 111 ff. BetrVerfG, Der Betrieb 1979, S. 2227 (zitiert als: *Engels*, DB 1979, S.)

Erdmann, Gerhard, Das Betriebsverfassungsgesetz vom 11. Oktober 1952, Kommentar, 2. Auflage, Neuwied am Rhein 1954 (zitiert als: *Erdmann*, BetrVG, §, S.)

Erman, Walter, Handkommentar zum Bürgerlichen Gesetzbuch, 1 Band, 3. Auflage, Münster 1962 (zitiert als: *Bearbeiter*, in Erman, 3. Auflage, §, Nr.)

Fabricius, Fritz, Kraft, Alfons, Wiese, Günther, Kreutz, Peter, Oetker, Hartmut, Gemeinschaftskommentar zum Betriebsverfassungsgesetz, Band II: §§ 74–132 mit Kommentierung des BetrVG 1952, 6. Auflage, Neuwied 1998 (zitiert als: *Bearbeiter*, in GK-BetrVG, 6. Auflage, §, Rn.)

Falkenberg, Rolf-Dieter, Schicksal der Arbeitsverhältnisse bei Betriebsinhaberwechsel, Recht der Arbeit 1967, S. 121 (zitiert als: *Falkenberg*, RdA 1967, S.)

Fischer, Ulrich, Aktuelle Probleme des Betriebsübergangs nach § 613a BGB – Ergänzungen zum Referat des Kollegen Jobst-Hubertus Bauer, in Brennpunkte des Arbeitsrechts 2001: Thesen und Ergebnisse der 12. Arbeitsrechtlichen Jahresarbeitstagung vom Oktober 2000 in Köln, S. 167 (zitiert als: *Fischer*, in Brennpunkte des ArbR 2001, S.)

Fischer, Ulrich, Die Vorschläge von DGB und DAG zur Reform des Betriebsverfassungsgesetzes, Neue Zeitschrift für Arbeitsrecht 2000, S. 167 (zitiert als: *Fischer*, NZA 2000, S.)

Fischer, Ulrich, Die Eingliederung eines Betriebes oder Betriebsteiles nach § 21a BetrVG als Sonderfall der Betriebszusammenfassung, Recht der Arbeit 2005, S. 39 (zitiert als: *Fischer*, RdA 2005, S.)

Fitting, Karl, Auffarth, Fritz, Kaiser, Heinrich, Betriebsverfassungsgesetz, Handkommentar, 28. Auflage, München 2016 (zitiert als: Fitting, BetrVG, §, Rn.)

Fitting, Karl, Auffarth, Fritz, Kaiser, Heinrich, Betriebsverfassungsgesetz, Handkommentar, 27. Auflage, München 2014 (zitiert als: Fitting, 27. Aufl., BetrVG, §, Rn.)

Franzen, Martin, Informationspflichten und Widerspruchsrecht beim Betriebsübergang nach § 613a Abs. 5 und 6 BGB, Recht der Arbeit 2002, S. 258 *(zitiert als: Franzen,* RdA 2002, S.)

Franzen, Martin, Die Richtlinie 98/50/EG zur Änderung der Betriebsübergangsrichtlinie 77/187/EWG und ihre Auswirkungen auf das deutsche Arbeitsrecht, Recht der Arbeit 1999, S. 361 (zitiert als: *Franzen*, RdA 1999, S.)

Franzen, Martin, Europarecht und betriebliche Mitbestimmung. Überlegungen zur Umsetzung der Rahmen-Richtlinie 2002/14/EG über die Unterrichtung und Anhörung der Arbeitnehmer in Deutschland, in Festschrift für Rolf Birk zum siebzigsten Geburtstag, Tübingen 2008, S. 97 (zitiert als: *Franzen*, in FS Birk, S.)

Galperin, Hans, Siebert, Wolfgang, Kommentar zum Betriebsverfassungsgesetz, 4. Auflage, Heidelberg 1963 (zitiert als: *Galperin/Siebert*, BetrVG, §, Rn.)

Gamillscheg, Franz, Kollektives Arbeitsrecht Band II Betriebsverfassung, München 2008 (zitiert als: *Gamillscheg*, Kollektives ArbR Bd. II, §, S.)

Gaul, Björn, Das Arbeitsrecht der Betriebs- und Unternehmensspaltung, Habil., 2. Auflage, Köln 2014 (zitiert als: *B. Gaul*, §, Rn.)

Gaul, Björn, Die neue EG-Richtlinie zum Betriebs- und Unternehmensübergang, Betriebs-Berater 1999, S. 582 (zitiert als: *B. Gaul*, BB 1999, S.)

Gaul, Björn, Beteiligungsrechte von Wirtschaftsausschuß und Betriebsrat bei Umwandlung und Betriebsübergang, Der Betrieb 1995, S. 2265 (zitiert als: *B. Gaul*, DB 1995, S.)

Gaul, Dieter, Die Betriebsüberlassung als Betriebsverfassungsrechtliches Problem, Recht der Arbeit 1954, S. 247 (zitiert als: *Gaul*, RdA 1954, S.)

Grau, Timon, Unterrichtung der Arbeitnehmer und ihrer Vertreter gemäß Art. 7 der Betriebsübergangsrichtlinie 2001/23/EG und die Umsetzung der europäischen Vorgaben im deutschen Recht, Zeitschrift für Arbeitsrecht 2005, S. 647 (zitiert als: *Grau*, ZfA 2005, S.)

Grell, Dieter, Der Betriebsinhaberwechsel: zugleich ein Beitrag zur Lehre von Arbeitsverhältnis und Betrieb, Diss., Berlin 1957 (zitiert als: *Grell*, Betriebsinhaberwechsel, S.)

Grunewald, Barbara, Maier-Reimer, Georg, Westermann, Harm Peter, Bürgerliches Gesetzbuch, Handkommentar, 17. Auflage, Köln 2017 (zitiert als: *Bearbeiter*, in Erman, §, Rn.)

Hanau, Peter, Aktuelle Fragen zu § 613a BGB, in: Festschrift für Dieter Gaul zum 70. Geburtstag, Neuwied 1992, S. 297 (zitiert als: *Hanau*, in FS Gaul, S.)

Hanau, Peter, Steinmeyer, Heinz-Dietrich, Wank, Rolf, Handbuch des europäischen Arbeits- und Sozialrechts, München 2002 (zitiert als: *Bearbeiter*, in Hanau/Steinmeyer/Wank, Handbuch europ. Arbeits- und Sozialrecht. §, Rn.)

Hauck, Friedrich, Betriebsübergang und Betriebsverfassungsrecht, in Festschrift für Reinhard Richardi zum 70. Geburtstag, München 2007, S. 537 (zitiert als: *Hauck*, in FS Richardi, S.)

Hauck, Friedrich, Auswirkungen des Betriebsübergangs auf Betriebsratsgremien, in Festschrift zum 25-jährigen Bestehen der Arbeitsgemeinschaft Arbeitsrecht im Deutschen Anwaltverein, Bonn 2006, S. 621 (zitiert als: *Hauck*, in FS AGDA, S.)

Heinze, Meinhard, Zur rechtzeitigen Information von Betriebsrat und Wirtschaftsausschuß über geplante Betriebsänderungen, Neue Zeitschrift für Arbeitsrecht 1995, S. 555 (zitiert als: *Heinze*, NZA 1995, S.)

Heither, Friedrich H., Betriebsänderungen (§ 111 BetrVG) in der Rechtsprechung des Bundesarbeitsgerichts, Zeitschrift für Wirtschaftsrecht 1985, S. 513 (zitiert als: *Heither*, ZIP 1985, S.)

Henssler, Martin, Willemsen, Heinz Josef, Kalb, Heinz-Jürgen, Arbeitsrecht Kommentar, 7. Auflage, Köln 2016 (zitiert als: *Bearbeiter*, in H/W/K-ArbR Kommentar, §, Rn.)

Henssler, Martin, Aufspaltung, Ausgliederung und Fremdvergabe, Neue Zeitschrift für Arbeitsrecht 1994, S. 294 (zitiert als: *Henssler*, NZA 1994, S.)

Henssler, Martin, Aktuelle Rechtsprobleme des Betriebsübergangs, Neue Zeitschrift für Arbeitsrecht 1994, S. 913 (zitiert als: *Henssler*, NZA 1994, S.)

Herschel, Wilhelm, Entwicklungstendenzen im Arbeitsrecht, Recht der Arbeit 1956, S. 161 (zitiert als: *Herschel*, RdA 1956, S.)

Herschel, Wilhelm, Anmerkung zu BAG Beschluß vom 17.02.1981 – 1 ABR 101/78, Arbeit und Recht 1981, S. 387 (zitiert als: *Herschel*, AuR 1981, S.)

Hess, Harald, Worzalla, Michae, Glock, Dirk, Nicolai, Andrea, Rose, Franz-Josef, Huke, Kristina, BetrVG – Kommentar zum Betriebsverfassungsgesetz, 9. Auflage, Köln 2014 (zitiert als: *Bearbeiter*, in H/W/G/N/R/H, BetrVG, §, Rn.)

Hidalgo, Martina, Kobler, Michael, Die betriebsverfassungsrechtlichen Folgen des Widerspruchs bei einem Betriebsübergang, Neue Zeitschrift für Arbeitsrecht 2014, S. 290 (zitiert als: *Hidalgo/Kobler*, NZA 2014, S.)

Hjort, Jens Peter, Rechtzeitig und umfassend – Wichtige Anhaltspunkte für die ordnungsgemäße Unterrichtung des Wirtschaftsausschusses, Arbeit im Betrieb 2005, S. 221 (zitiert als: *Hjort*, AiB 2005, S.)

Hölters, Wolfgang, Handbuch Unternehmenskauf, 8. Auflage, Köln 2015 (zitiert als: *Bearbeiter*, in Hdb. Unternehmenskauf, Teil, Rn.)

Hromadka, Wolfgang, Maschmann, Frank, Arbeitsrecht Band 2, Berlin/Heidelberg 2014 (zitiert als: *Hromadka/Maschmann*, Arbeitsrecht Band 2, §, Rn.)

Hueck, Alfred, Nipperdey, Hans Carl, Lehrbuch des Arbeitsrechts, Erster Band, Kollektives Arbeitsrecht, 6. Auflage, Berlin und Frankfurt a.M. 1959 (zitiert als: *Hueck/Nipperdey*, Bd. I, S.)

Hueck, Alfred, Nipperdey, Hans Carl, Lehrbuch des Arbeitsrechts, Zweiter Band, Kollektives Arbeitsrecht, 6. Auflage, Berlin und Frankfurt a.M. 1957 (zitiert als: *Hueck/Nipperdey*, Bd. II, S.)

Hüper, Rolf, Der Betrieb im Unternehmerzugriff – Arbeitnehmerinteresse und Mitbestimmung bei Betriebsübergang, Betriebsaufspaltung und Betriebsparzellierung, Diss., Mühl, Bayreuth 1986 (zitiert als: *Hüper*, Der Betrieb im Unternehmerzugriff, S.)

Jochums, Dominik, Gemeinschaftsbetrieb als Betrieb im Sinne des § 613a BGB, Diss., Berlin 2010 (zitiert als: *Jochums*, Gemeinschaftsbetrieb, S.)

Joost, Detlev, Wirtschaftliche Angelegenheiten als Kompetenzbereich des Wirtschaftsausschusses, in Arbeitsrecht in der Bewährung: Festschrift für Otto Rudolf Kissel zum 65. Geburtstag, München 1994, S. 433 (zitiert als: *Joost*, in FS Kissel, S.)

Joost, Detlev, Betrieb und Unternehmen als Grundbegriffe im Arbeitsrecht, Habil., München 1988 (zitiert als: *Joost*, S.)

Junker, Markus, Beckmann, Michael, Rüßmann, Helmut, Juris Praxiskommentar BGB, Band 2 – Schuldrecht, 7. Auflage, Saarbrücken 2015 (zitiert als: *Bearbeiter*, in juris-PK BGB, Auflage, §, Rn.)

Karthaus, Boris, Betriebsübergang als interessensausgleichspflichtige Maßnahme nach der Richtlinie 2002/14/EG, Arbeit und Recht 2007, S. 114 (zitiert als: *Karthaus*, AuR 2007, S.)

Kaskel, Walter, Dersch, Hermann, Arbeitsrecht, 4. Auflage, Berlin 1932 (zitiert als: *Kaskel/Dersch*, S.)

Kittner, Michael, Anmerkung zu BAG Beschluß vom 17.02.1981 – 1 ABR 101/78, in AP BetrVG 1972 § 111 Nr. 9 (zitiert als: *Kittner*, AP BetrVG 1972 § 111 Nr. 9)

Kittner, Michael, Zwanziger, Bertram, Deinert, Olaf, Arbeitsrecht, 8. Auflage, Frankfurt am Main 2015 (zitiert als: *Bearbeiter*, in K/Z/D-Arbeitsrecht, §, Rn.)

Kittner, Oliver, Beschränkter Umfang des Übergangsmandats nach § 21a BetrVG, Neue Zeitschrift für Arbeitsrecht 2012, S. 541 (zitiert als: *Kittner*, NZA 2012, S.)

Kleinebrink, Wolfgang, Commandeur, Gert, Der Übergang einer wirtschaftlichen Teileinheit als Betriebsänderung, Neue Zeitschrift für Arbeitsrecht 2007, S. 113 (zitiert als: *Kleinebrink/Commandeur*, NZA 2007, S.)

Koch, Ulrich, Linck, Rüdiger, Treber, Jürgen, Vogelsang, Hinrich, Schaub – Arbeitsrecht-Handbuch: Systematische Darstellung und Nachschlagewerk für die Praxis, 16. Auflage, München 2015 (zitiert als: *Bearbeiter*, in Schaub ArbR-Handbuch, §, Rn.)

Kohte, Wolfhard, Die Privatisierung von Treuhandunternehmen – eine arbeitsrechtliche Grauzone?, Arbeit und Arbeitsrecht Beilage zu Heft 1 1995, S. 1 (zitiert als: *Kohte*, AUA Beilage 1995, S.)

Kolbe, Sebastian, Mitbestimmung und Demokratieprinzip, Habil., Tübingen 2013 (zitiert als: *Kolbe*, Mitbestimmung und Demokratieprinzip, S.)

Konzen, Horst, Unternehmensaufspaltungen und Organisationsänderungen im Betriebsverfassungsrecht, Heidelberg 1986 (zitiert als: *Konzen*, Unternehmensaufspaltungen und Organisationsänderungen im BetrVR, S.)

Kraft, Alfons, Betriebsübergang und Arbeitsverhältnis in der Rechtsprechung des Bundesarbeitsgerichtes, in Festschrift 25 Jahre Bundesarbeitsgericht, München 1979, S. (zitiert als: *Kraft*, in FS 25 Jahre BAG, S.)

Krejci, Heinz, Betriebsübergang und Arbeitsvertrag: zugleich ein Beitrag zur Lehre von der Vertragsübernahme, Habil., Wien 1972 (zitiert als: *Krejci*, Betriebsübergang, S.)

Kreutz, Peter, Raab, Thomas, Weber, Christoph, Franzen, Martin, Gutzeit, Martin, Jacobs, Matthias, Gemeinschaftskommentar zum Betriebsverfassungsgesetz, Band I, §§ 1-73b mit Wahlordnungen und EBRG, 10. Auflage, Köln 2014 (zitiert als: *Bearbeiter*, in GK-BetrVG, §, Rn.)

Krol, Alexander, Die Bindungswirkung des Interessensausgleiches und seine Fortgeltung beim Betriebsübergang, Diss., Hamburg 2010 (zitiert als: *Krol*, Die Bindungswirkung des Interessensausgleiches und seine Fortgeltung beim Betriebsübergang, S.)

Larenz, Karl, Lehrbuch des Schuldrechts. Band 1, Allgemeiner Teil, 2. Auflage, München 1957 (zitiert als: *Larenz*, Schuldrecht, Bd. I, §, Rn.)

Larenz, Karl, Methodenlehre der Rechtswissenschaft, 6. Auflage, Berlin, Heidelberg, New York 1991 (zitiert als: *Larenz*, Methodenlehre der Rechtswissenschaft, S.)

Lingemann, Stefan, Betriebsänderungen nach neuem BetrVG, Neue Zeitschrift für Arbeitsrecht 2002, S. 934 (zitiert als: *Lingemann*, NZA 2002, S.)

Lingemann, Stefan, Göpfert, Burkard, Outsourcing als Betriebsänderung, Neue Zeitschrift für Arbeitsrecht 1997, S. 1325 (zitiert als: *Lingemann/Göpfert*, NZA 1997, S.)

Löw, Friederike, Die Betriebsveräußerung im europäischen Arbeitsrecht: die EG-Richtlinie 77/187 und ihre Umsetzung in Deutschland und Großbritannien, Diss., Frankfurt am Main, Bern, New York, Paris 1992 (zitiert als: *Löw*, Betriebsveräußerung im europ. ArbR, S.)

Löw, Hans-Peter, Arbeitsrechtliche Regeln im Risikobegrenzungsgesetz, Der Betrieb 2008, S. 758 (zitiert als: *Löw*, DB 2008, S.)

Löw, Hans-Peter, Übergangs- oder Restmandat bei Widerspruch gegen den Betriebsübergang?, Arbeit und Recht 2007, S. 194 (zitiert als: *Löw*, AuR 2007, S.)

Löwisch, Manfred, Kaiser, Dagmar, Betriebsverfassungsgesetz: Kommentar, 6. Auflage, Frankfurt am Main 2010 (zitiert als: *Löwisch/Kaiser*, BetrVG, §, Rn.)

Löwisch, Manfred, Anmerkung zu BAG Beschluss vom 17.02.1981 – 1 ABR 101/78, Sammlung Arbeitsrechtlicher Entscheidungen 1982, 18 (zitiert als: *Löwisch*, SAE 1982, S.)

Matthes, Hans-Christoph, Betriebsübergang und Betriebsteilübergang als Betriebsänderung, Neue Zeitschrift für Arbeitsrecht 2000, S. 1073 (zitiert als: *Matthes*, NZA 2000, S.)

Matthes, Hans-Christoph, Betriebsänderungen in wesentlichen Betriebsteilen, in Festschrift für Dieter Gaul zum 70. Geburtstag, Neuwied 1992, S. 397 (zitiert als: *Matthes*, in FS D.Gaul, S.)

Matthes, Hans-Christoph, Betriebsübergang und Betriebsteilübergang als Betriebsänderung; in Festschrift für Günther Wiese zum 70. Geburtstag, Neuwied 1998, S. 293 (zitiert als: *Matthes*, in FS Wiese, S.)

Medicus, Dieter, Lorenz, Stephan, Schuldrecht I, Allgemeiner Teil, 21. Auflage, München 2015 (zitiert als: *Medicus/Lorenz*, Schuld. I, §, Rn.)

Meyer, Cord, Sozialplangestaltung bei nachträglichem Betriebsübergang, Neue Zeitschrift für Arbeitsrecht 2000, S. 297 (zitiert als: *C. Meyer*, NZA 2000, S.)

Meyer, Cord, Aktuelle Gestaltungsfragen beim Betriebsübergang, Rechtsprechungs-Report Arbeitsrecht 2013, S. 225 (zitiert als: *C.Meyer*, NZA-RR 2013, S.)

Meyer, Cord, Die Unterrichtung der Arbeitnehmer vor Betriebsübergang, Baden-Baden, 2007 (zitiert als *C.Meyer*, Die Unterrichtung der Arbeitnehmer vor Betriebsübergang, S.)

Meyer, Cord, Neue Fragen einer Kündigung bei Widerspruch gegen „Betriebsübergang", Neue Zeitschrift für Arbeitsrecht 2005, S. 9 (zitiert als: *C.Meyer*, NZA 2005, S.)

Meyer, Cord, Bindungswirkung eines Interessenausgleichs, Betriebs-Berater 2001, S. 882 (zitiert als: *C.Meyer*, BB 2001, S.)

Meyer, Holger, Der Tatbestand des Betriebsübergangs nach der Rechtsprechung des Europäischen Gerichtshofs und des Bundesarbeitsgerichts, Diss., Frankfurt am Main 2004 (zitiert als: *Meyer*, Betriebsübergang, S.)

Moll, Wilhelm, Betriebsübergang und Betriebsänderung, Recht der Arbeit 2003, S. 129 (zitiert als: *Moll*, RdA 2003, S.)

Moll, Wilhelm, Münchener Anwaltshandbuch Arbeitsrecht, 3. Auflage, München 2012 (zitiert als: *Bearbeiter*, in Münchn. Anwaltshandbuch. ArbR., §, Rn.)

Moll, Wilhelm, Ersfeld, Svenja, Betriebsratsstruktur nach Betriebsübergang, Der Betrieb 2011, S. 1108 (zitiert als: *Moll/Ersfeld*, DB 2011, S.)

Müller-Glöge, Rudi, Preis, Ulrich, Schmidt, Ingrid, Erfurter Kommentar zum Arbeitsrecht, 17. Auflage, München 2017 (zitiert als: *Bearbeiter*, in ErfK, §, Rn.)

Neef, Klaus, Betriebsübergang und Betriebsänderung – Eine Analyse der Rechtsprechung, Neue Zeitschrift für Arbeitsrecht 1994, S. 97 (zitiert als: *Neef*, NZA 1994, S.)

Neuerburg, Ferdinan Wilhelm Ulrich, Die Rolle des Wirtschaftsausschusses bei einer Unternehmensübernahme vor und nach der Einführung des RisikobG, Hamburg 2012 (zitiert als: *Neuerburg*, S.)

Neumann-Duesberg, Horst, Arbeitgeberkündigung bei Betriebsübergang (§ 613a BGB), Neue Juristische Wochenschrift 1972, S. 665 (zitiert als: *Neumann-Duesberg*, NJW 1972, S.)

Nikisch, Arthur, Arbeitsrecht, Band I, 2. Auflage, Tübingen 1955 (zitiert als: *Nikisch*, Arbeitsrecht, Bd. I, S.)

Oetker, Hartmut, Übernahme von Unternehmen und Beteiligung von Wirtschaftsausschuss und Betriebsrat im Zielunternehmen, in Festschrift für Jobst-Hubertus Bauer zum 65. Geburtstag, München 2010, S. 791 (zitiert als: *Oetker*, in FS Bauer, S.)

Oetker, Hartmut, Die Vorgaben der Betriebsübergangsrichtlinie für die Beteiligungsrechte des Betriebsrats, Neue Zeitschrift für Arbeitsrecht 1998, S. 1193 (zitiert als: *Oetker*, NZA 1998, S.)

Oetker, Hartmut, Europäisches Betriebsverfassungsrecht, in Oetker/Preis Europäisches Arbeits- und Sozialrecht EAS, Teil B Systematische Darstellungen, B 5000 – B 9400, 45. Erg.- Lfg. Juni 1999 (zitiert als: *Oetker*, EAS B 8300, Rn.)

Palandt, Otto, Bürgerliches Gesetzbuch: BGB, Kommentar, 76. Auflage, München 2017 (zitiert als: *Bearbeiter*, in Palandt, BGB, §, Rn.)

Picot, Gerhard, Schnitker, Elmar, Arbeitsrecht bei Unternehmenskauf und Restrukturierung, München 2001 (zitiert als: *Picot/Schnitker*, Arbeitsrecht bei Unternehmenskauf und Restrukturierung, Band, Buchst., Rz.)

Pottmeyer, Klaus, Die Überleitung der Arbeitsverhältnisse im Falle des Betriebsinhaberwechsels nach § 613a BGB und die Mitbestimmung gemäß §§ 111 ff. BetrVG, Diss., Frankfurt am Main 1987 (zitiert als: *Pottmeyer*, Betriebsinhaberwechsel und Mitbestimmung, S.)

Preis, Ulrich, Sagan, Adam, Europäisches Arbeitsrecht, Grundlagen – Richtlinien – Folgen für die deutsche Rechtspraxis, Köln 2015 (zitiert als: *Bearbeiter*, in Preis/Sagan, Europäisches Arbeitsrecht, §, Rn.)

Reichold, Hermann, Durchbruch zu einer europäischen Betriebsverfassung – Die Rahmen-Richtlinie 2002/14/EG zur Unterrichtung und Anhörung der Arbeitnehmer, Neue Zeitschrift für Arbeitsrecht 2003, S. 289 (zitiert als: *Reichold*, NZA 2003, S.)

Reimer, Franz, Juristische Methodenlehre, 1. Auflage, Baden-Baden 2016 (zitiert als: *Reimer*, Juristische Methodenlehre, S., Rn.)

Rentsch, Robert, Die rechtzeitige Unterrichtung betrieblicher Arbeitnehmervertretungen, Diss., Berlin 2015 (zitiert als: *Rentsch*, S.)

Richardi, Reinhard, Thüsing, Gregor, Annuß, Georg, Maschmann, Frank, Betriebsverfassungsgesetz, Kommentar, 15. Auflage, München 2016 (zitiert als: *Bearbeiter*, in Richardi-BetrVG, §, Rn.)

Richardi, Reinhard, Wlotzke, Otfried, Wißmann, Hellmut, Oetker, Hartmut, Münchener Handbuch zum Arbeitsrecht Band 2: Kollektivarbeitsrecht/Sonderformen, 3. Auflage, München 2009 (zitiert als: *Bearbeiter*, in MünchHdb. zum ArbR, §, Rn.)

Rieble, Volker, Das Übergangsmandat nach § 21a BetrVG, Neue Zeitschrift für Arbeitsrecht 2002, S. 233 (zitiert als: *Rieble*, NZA 2002, S.)

Rieble, Volker, J. von Staudingers Kommentar zum Bürgerlichen Gesetzbuch mit Einführungsgesetz und Nebengesetzten, Buch 2, Recht der Schuldverhältnisse, §§ 613a-619a, Berlin 2016 (zitiert als: *Bearbeiter*, in Staudinger, §, Rn.)

Riesenhuber, Karl, Informationspflichten beim Betriebsübergang: Fehler bei der Umsetzung der Richtlinie und Anlass für eine grundsätzliche Neuordnung, Recht der Arbeit 2004, S. 340 *(zitiert als: Riesenhuber, RdA 2004, S.)*

Ritter, Tanja, Der Wirtschaftsausschuss nach dem Betriebsverfassungsgesetz und die Rahmenrichtlinie 2002/14/EG, Diss., Baden-Baden 2006 (zitiert als: *Ritter*, Wirtschaftsausschuss, S.)

Röder, Gerhard, Unterrichtungspflicht bei Transaktionen, in Festschrift für Jobst-Hubertus Bauer zum 65. Geburtstag, München 2010, S. 885 (zitiert als: *Röder*, in FS Bauer, S.)

Röder, Gerhard, Göpfert, Burkhard, Unterrichtung des Wirtschaftsausschusses bei Unternehmenskauf und Umwandlung, Betriebs-Berater 1997, S. 2105 (zitiert als: *Röder/Göpfert*, BB 1997, S.)

Rolfs, Christian, Giesen, Richard, Kreikebohm, Ralf, Udsching, Peter, Beck´scher Online-Kommentar Arbeitsrecht, 44. Edition, Stand 01.06.2017 (zitiert als: *Bearbeiter*, in BeckOK-ArbR, §, Rn.)

Rumpff, Klaus, Boewer, Dietrich, Mitbestimmung in wirtschaftlichen Angelegenheiten und bei der Unternehmens- und Personalplanung, 3. Auflage, Heidelberg 1990 (zitiert als: *Rumpff/Boewer*, S., Rn.)

Säcker, Franz Jürgen, Rixecker, Roland, Oetker, Hartmut, Limpberg, Bettina, Münchner Kommentar zum Bürgerlichen Gesetzbuch, Band 4, 7. Auflage, München 2016 (zitiert als: *Bearbeiter*, in MünchKomm BGB, §, Rn.)

Salamon, Erwin, von Stechow, Arietta, Planung und Durchführung einer Betriebsänderung während der Beteiligung des Betriebsrats, Neue Zeitschrift für Arbeitsrecht 2016, S. 85 (zitiert als: *Salamon/v. Stechow*, NZA 2016, S.)

Schlachter, Monika, Die europäische Dimension betrieblicher Arbeitnehmerbeteiligung, Europäische Zeitschrift für Arbeitsrecht 2015, S. 149 (zitiert als: *Schlachter*, EuZA 2015, S.)

Schmidt-Kessel, Martin, Die gesetzliche Regelung von Übergangsmandat und Restmandat nach dem Betriebsverfassungsreformgesetz, Betriebs-Berater 2001, S. 2162 (zitiert als: *Schmidt-Kessel*, BB 2001, S.)

Schneider, Hellmut, Neues zur Lehre vom Betriebsinhaberwechsel, Arbeit und Recht 1959, S. (zitiert als: *Schneider*, AuR 1959, S.)

Schramm, Dieter Ludwig, Die Willensbildung der Arbeitnehmer bei Betriebsinhaberwechsel, Diss., Frankfurt a.M. 1978 (zitiert als: *Schramm*, S.)

Schröder, Oliver, Falter, Michael, Die Unterrichtung des Wirtschaftsausschusses bei Unternehmensübernahmen nach Inkrafttreten des Risikobegrenzungsgesetzes, Neue Zeitschrift für Arbeitsrecht 2008, S. 1097 (zitiert als: *Schröder/Falter*, NZA 2008, S.)

Schwanda, Klaus, Der Betriebsübergang in § 613a BGB unter besonderer Berücksichtigung des Betriebsbegriffs, Diss., Berlin 1992 (zitiert als: *Schwanda*, Betriebsübergang, S.)

Seiter, Hugo, Betriebsinhaberwechsel: arbeitsrechtliche Auswirkungen eines Betriebsübergangs unter besonderer Berücksichtigung des § 613a BGB i.d.F. vom 13. August 1980, Stuttgart/Wiesbaden 1980 (zitiert als: *Seiter*, Betriebsinhaberwechsel, S.)

Semler, Johanne, Stengel, Arndt, Umwandlungsgesetz: mit Spruchverfahrensgesetz, 3. Auflage, München 2012 (zitiert als: *Bearbeiter*, in Semler/Stengel, UmwG, §, Rn.)

Simon, Jürgen, Arbeitsrechtliche und Haftungsprobleme bei der Betriebsaufspaltung, Zeitschrift für Arbeitsrecht 1987, S. 311 (zitiert als: *Simon*, ZfA 1987, S.)

Simon, Stefan, Dobel, Angela, Das Risikobegrenzungsgesetz – neue Unterrichtungspflichten bei Unternehmensübernahmen, Betriebs-Berater 2008, S. 1955 (zitiert als: *Simon/Dobel*, BB 2008, S.)

Spreer, Bernadette, Die Richtlinie 2002/14/EG zur Festlegung eines allgemeinen Rahmens für die Unterrichtung und Anhörung der Arbeitnehmer in der Europäischen Gemeinschaft, Diss., Berlin 2005 (zitiert als: *Spreer*, Unterrichtung und Anhörung der Arbeitnehmer in der Europäischen Gemeinschaft, S.)

Steffan, Ralf, Der Betriebsteil als „wirtschaftliche Einheit", Neue Zeitschrift für Arbeitsrecht 2000, S. 687 (zitiert als: *Steffan*, NZA 2000, S.)

Stege, Dieter, Weinspach, Friedrich K., Schiefer, Bernd, Betriebsverfassungsgesetz: Handkommentar für die betriebliche Praxis, 9. Auflage, Köln 2002 (zitiert als: *Stege/Weinspach/Schiefer*, BetrVG, §, Rn.)

Stöckel, Lena, Das Amt des Betriebsrats nach Umstrukturierungen, Diss., Berlin 2010 (zitiert als: *Stöckel*, S.)

Stürner, Rolf, Jauernig – Bürgerliches Gesetzbuch, 16. Auflage, München 2015 (zitiert als: *Bearbeiter*, in Jauernig BGB, §, Rn.)

Teichmüller, Frank, Die Betriebsänderung: Interessenausgleich, Sozialplan, Konkurs, Köln 1983 (zitiert als: *Teichmüller*, Betriebsänderung, S.)

Thüsing, Gregor, Europäisches Arbeitsrecht, 3. Auflage, München 2017 (zitiert als: *Thüsing*, Europäisches Arbeitsrecht, §, Rn.)

Thüsing, Gregor, Folgen einer Umstrukturierung für Betriebsrat und Betriebsvereinbarung, Der Betriebs 2004, 2474 (zitiert als: *Thüsing*, DB 2004, S.)

Abkürzungsverzeichnis

A.A.	andere Ansicht
a.F.	alte Fassung
A/P/S	Ascheid/Preis/Schmidt (siehe Literaturverzeichnis)
ABl.	Amtsblatt der europäischen Union
Abs.	Absatz
AE	Arbeitsrechtliche Entscheidungen
AGDA	Arbeitsgemeinschaft Arbeitsrecht im Deutschen Anwaltverein
AiB	Arbeit im Betrieb
Alt.	Alternative
Anwaltshdb.	Anwaltshandbuch (siehe Literaturverzeichnis)
AP	Arbeitsrechtliche Praxis
ArbR	Arbeitsrecht
Art.	Artikel
AUA	Arbeit und Arbeitsrecht
AuR	Arbeit und Recht
BAG	Bundesarbeitsgericht
BB	Betriebs-Berater
Bd.	Band
BeckOK	Beck´scher Online-Kommentar (siehe Literaturverzeichnis)
BetrVG	Betriebsverfassungsgesetz
BetrVG-ReformG	Betriebsverfassungs-Reformgesetz
BetrVR	Betriebsverfassungsrecht
BGB	Bürgerliches Gesetzbuch
BGBl.	Bundesgesetzblatt
BRG	Betriebsrätegesetz
BT-Drucks.	Bundestagsdrucksache
BUrlG	Bundesurlaubsgesetz
D/K/K/W	Däubler/Kittner/Klebe/Wedde (siehe Literaturverzeichnis)
DAG	Deutsche Angestellten Gewerkschaft
DB	Der Betrieb
DGB	Deutscher Gewerkschaftsbund
Diss.	Dissertation

EAS	Europäisches Arbeits- und Sozialrecht
EG	Europäische Gemeinschaft
ErfK	Erfurter Kommentar (siehe Literaturverzeichnis)
Erg.	Ergänzung
etc.	et cetera
EuGH	Europäischer Gerichtshof
europ.	europäisches
EuZA	Europäische Zeitschrift für Arbeitsrecht
EWG	Europäische Wirtschaftsgemeinschaft
EWiR	Entscheidungen zum Wirtschaftsrecht
f.	folgende
ff.	fortfolgende
FS	Festschrift
GG	Grundgesetz
GK	Gemeinschaftskommentar (siehe Literaturverzeichnis)
GmbH	Gesellschaft mit beschränkter Haftung
H/W/G/N/R/H	Hess/Worzalla/Glock/Nicolai/Rose/Huke (siehe Literaturverzeichnis)
H/W/K	Henssler/Willemsen/Kalb (siehe Literaturverzeichnis)
Habil.	Habilitation
Hdb.	Handbuch
HGB	Handelsgesetzbuch
Hs.	Hauptsatz
i.d.F.	in der Fassung
JZ	JuristenZeitung
K/Z/D	Kittner/Zwanziger/Deinert (siehe Literaturverzeichnis)
Kap.	Kapitel
KSchG	Kündigungsschutzgesetz
LAG	Landesarbeitsgericht
LAGE	Entscheidungen der Landesarbeitsgerichte
Lfg.	Lieferung
lit.	littera
M&A	Mergers & Acquisitions
m.w.N.	mit weiteren Nachweisen
MiLoG	Mindestlohngesetz
MünchHdb.	Münchner Handbuch (siehe Literaturverzeichnis)
Münchn.	Münchner (siehe Literaturverzeichnis)
MünchKomm	Münchner Kommentar (siehe Literaturverzeichnis)

NJW	Neue Juristische Wochenschrift
Nr.	Nummer
NZA	Neue Zeitschrift für Arbeitsrecht
NZG	Neue Zeitschrift für Gesellschaftsrecht
Os.	Orientierungssatz
PK	Praxiskommentar (siehe Literaturverzeichnis)
RABl.	Reichsarbeitsblatt
RdA	Recht der Arbeit
RG	Reichsgericht
RGZ	Entscheidungen des Reichsgerichts in Zivilsachen
RisikobG.	Risikobereinigungsgesetz
RL	Richtlinie
Rn.	Randnummer
RR	Rechtsprechungs-Report
RzK	Rechtsprechung zum Kündigungsrecht
S.	Seite
SAE	Sammlung Arbeitsrechtlicher Entscheidungen
Schuld.	Schuldrecht
SPD	Sozialdemokratische Partei Deutschland
SpTruG	Gesetz über die Spaltung der von der Treuhandanstalt verwalteten Unternehmen
st. Rspr.	ständige Rechtsprechung
u.a.	unter anderem
UmwG	Umwandlungsgesetz
VermG	Vermögensgesetz
Vgl.	Vergleich
Vorbem.	Vorbemerkung
W/H/S/S	Willemsen/Hohenstatt/Schweibert/Seibt (siehe Literaturverzeichnis)
W/P/K	Wlotzke/Preis/Kreft (siehe Literaturverzeichnis)
WpÜG	Wertpapiererwerbs- und Übernahmegesetz
z.B.	zum Beispiel
ZfA	Zeitschrift für Arbeitsrecht
ZIP	Zeitschrift für Wirtschaftsrecht
ZTR	Zeitschrift für Tarifrecht
sog.	sogenannten
MitbestG	Mitbestimmungsgesetz
Buchst.	Buchstabe

I Erstes Kapitel – Einleitung

A Einführung

17.05.2013: In der 241. Sitzung des deutschen Bundestages der 17. Wahlperiode wurde unter dem Tagespunkt 54 über den Antrag „*Moderne Mitbestimmung für das 21. Jahrhundert*" der Abgeordneten Anette Krame, Angelika Krüger-Leißner, Hubertus Heil (Peine), weiterer Abgeordneter und der SPD-Fraktion beraten.[1] In der Aussprache wurde von der Abgeordneten Kerstin Tack ein Schritt hin zu mehr Mitbestimmung gefordert.[2] Inhaltlich plädierte sie unter anderem für eine Erweiterung beziehungsweise Einführung echter Mitbestimmungsrechte im Bereich des Arbeitsschutzes, der betrieblichen Weiterbildung sowie die Regelung von Mitbestimmungs- und Gestaltungsmöglichkeiten im Bereich der Leiharbeit und Werkverträge.[3] Die im Antrag enthaltenen Regulierungsbereiche bezogen sich dabei auch auf die Mitbestimmung in wirtschaftlichen Angelegenheiten.[4] Nach dem Vorgabenkatalog des Antrags sollte geregelt werden, dass die betriebsverfassungsrechtlichen Regelungen für Betriebsänderungen nach §§ 111 ff. BetrVG auch ohne die bisherigen Beschränkungen für Betriebsübergänge zu gelten haben.[5] Die aus einem Betriebsübergang entstehenden Nachteile sollten durch einen Sozialplan kompensiert werden.[6] Der Abgeordnete Peter Weiß stellte in der Aussprache die Frage, ob der Antrag etwas grundsätzlich Neues zum Thema Mitbestimmung enthalte.[7] Zumindest für den Bereich der Mitbestimmungsrechte bei einem Betriebsübergang blieb die Frage in der Aussprache unbeantwortet.

Der Gesetzgeber hat den Wechsel des Betriebsinhabers durch § 613a Abs. 1 BGB als Rechtsfolge normiert[8] und mit Wirkung zum 01.04.2002 um Informationsrechte in § 613a Abs. 5 BGB erweitert sowie ein Widerspruchsrecht der

1 Plenarprotokoll 17/241, 30549.
2 Plenarprotokoll 17/241, 30549 f.
3 Plenarprotokoll 17/241, 30550.
4 Vgl. BT-Drucks 17/13476, S. 2. Entgegen der Aussage in der Aussprache der Abgeordneten Jutta Krellmann, wonach der Antrag der SPD keinen Ausbau der Mitbestimmung in wirtschaftlichen Angelegenheiten enthalte, vgl. Plenarprotokoll 17/241, 30553.
5 BT-Drucks 17/13476, S. 2.
6 BT-Drucks 17/13476, S. 2.
7 Plenarprotokoll 17/241, 30551.
8 BGBl. I S. 13.

Arbeitnehmer gegen den Übergang des Arbeitsverhältnisses in § 613a Abs. 6 BGB geregelt[9]. Ein ausdrückliches Mitbestimmungsrecht des Betriebsrats bei einem Betriebsübergang im Sinne von § 613a BGB wurde bisher weder normiert, noch ausdrücklich aus dem Anwendungsbereich der Mitbestimmungsrechte nach §§ 111 ff. BetrVG ausgeschlossen.

Die Einordnung von § 613a BGB in das System der wirtschaftlichen Mitbestimmungsrechte bot und bietet Anlass zur wissenschaftlichen Auseinandersetzung.

B Problemaufriss

Seit der Verabschiedung von § 613a BGB besteht ein Spannungsverhältnis zwischen der Rechtsfolgenvorschrift § 613a BGB und der Beteiligungspflicht des Betriebsrats in wirtschaftlichen Angelegenheiten nach §§ 111 BetrVG. Ein Aspekt der rechtswissenschaftlichen Diskussion besteht darin, ob ein Betriebsübergang eine Betriebsänderung nach § 111 S. 3 BetrVG-, oder zumindest durch Erfüllung des Tatbestandes nach § 111 S. 1 BetrVG eine beteiligungspflichtige Betriebsänderung auslöst.

Seit Verabschiedung der Betriebsübergangsrichtlinie[10] (RL 2001/23/EG) und der Anhörungsrichtlinie[11] (RL 2002/14/EG) sind in diesem Bereich neue Rechtsfragen entstanden. Die Betriebsübergangsrichtlinie regelt individuale- als auch kollektive Pflichten des Veräußerers beziehungsweise des Erwerbers beim Betriebsübergang. Nach Art. 7 RL 2001/23/EG bestehen Informations- und Konsultationspflichten mit dem Vertreter der Arbeitnehmer, die das Ziel einer Einigung haben. In welchem Umfang dabei kollektive Verpflichtungen bestehen und ob diese durch die bisherigen nationalen Regelungen erfüllt werden können, ist umstritten.[12] In diesem Zusammenhang wird eine richtlinienkonforme

9 BGBl. I S. 1163.

10 Richtlinie 2001/23/EG vom 12.03.2001 ABl. Nr. L 82/16.

11 Richtlinie 2002/14/EG vom 23.03.2003 Abl. Nr. L 80/29.

12 Kein Umsetzungsdefizit nach: BAG 31.01.2008 – 8 AZR 1116/06, NZA 2008, 642, 645; *v. Alvensleben*, Die Rechte der Arbeitnehmer bei Betriebsübergang im europäischen Gemeinschaftsrecht, S. 291 f.; *Aßmuth*, Bagatellspaltungen, S. 50; 329 ff.; *Franzen*, RdA 2002, 258, 260; *Grau/Hartmann*, in Preis/Sagan, Europäisches Arbeitsrecht, § 11, Rn. 203 ff.; *Hanau*, in FS Gaul, 297, 303 f.; *Wank*, in Hanau/Steinmeyer/Wank, Handbuch des europäischen Arbeits- und Sozialrechts, 2002, § 18, Rn. 151. A.A. *Däubler*, in D/K/K/W-BetrVG, § 111, Rn 126; *Düwell*, in FS Dieterich, 101, 109 ff.; *B. Gaul*, § 28, Rn. 109 und *B. Gaul.*, BB 1999, 582, 583; *Riesenhuber*, RdA, 340, 344; *Trittin*, AuR 2009, 119, 121. Mit zumindest Bedenken: *Franzen*, RdA 1999, 361, 372 f.

Auslegung des Betriebsänderungsbegriffs aus § 111 S. 1 BetrVG erwogen.[13] Vergleichbare Rechtsfragen werden auch im Kontext mit der Anhörungsrichtlinie erörtert, dessen Unterrichtungs- und Anhörungsverpflichtungen nach Art. 4 Abs. 2 c) RL 2002/14/EG auch wesentliche Veränderungen der Arbeitsorganisation oder der Arbeitsverträge erfassen.[14]

Wirtschaftliche Mitbestimmungsrechte nach §§ 111 BetrVG im Kontext eines Betriebsübergangs erschöpfen sich nicht in der Beantwortung der Frage, ob der Betriebsübergang im Sinne von § 613a BGB eine Betriebsänderung nach § 111 BetrVG auslöst. Es bestehen Abgrenzungsfragen im systematischen Verhältnis von Betriebsänderungen und Betriebsübergang auf Tatbestandsebene und im Hinblick auf die Rechtsfolgen von § 613a BGB. Üben Arbeitnehmer ihr gesetzliches Widerspruchsrecht gegen den Übergang des Arbeitsverhältnisses nach § 613a Abs. 6 BGB aus, können unternehmerische Maßnahmen folgen. Die Konzeption dieser Maßnahmen im Hinblick auf die Erfüllung der Voraussetzungen einer beteiligungspflichtigen Betriebsänderung wird in der Rechtsprechung und rechtswissenschaftlichen Literatur unterschiedlich bewertet und sowohl als Teil einer Gesamtplanung als auch separate Unternehmerentscheidung eingestuft.[15]

Auch bei der Erfüllung von Mitbestimmungsrechten nach §§ 111 ff. BetrVG bestehen im Zusammenhang mit einem Betriebsübergang Zuordnungs- und Abgrenzungsfragen. Diese erstrecken sich unter anderem auf die Ermittlung der Verpflichtetenstellung des Unternehmers nach § 111 S. 1 BetrVG, oder die Bestimmung wirtschaftlicher Nachteile nach § 112 Abs. 1 S. 2 BetrVG.

C Ziele der Untersuchung

Die Ziele der Untersuchung teilen sich auf in eine rückwirkende Betrachtung, der Analyse geltenden Rechts und eine Auseinandersetzung mit Reformvorschlägen in Bezug auf Beteiligungsrechte nach §§ 111 BetrVG beim Betriebsübergang,

---

13 *B. Gaul*, § 28, Rn. 109; *B. Gaul*, BB 1999, 582, 583. Vgl. *Annuß*, in Richadi-BetrVG, § 111, Rn. 124, der selbst bei Annahme eines Umsetzungsdefizits ausschließt, in Fällen des bloßen Rechtsträgerwechsels ohne weitere Veränderung auf Betriebsebene auf dem Wege der richtlinienkonformen Auslegung zu einer Erfassung durch § 111 BetrVG zu gelangen.

14 Vgl. für Umsetzung der Richtlinienvorgaben durch die Beteiligungspflicht bei einem Betriebsübergang im Rahmen von §§ 111 ff. BetrVG: *Däubler*, in D/K/K/W-BetrVG, § 111, Rn 126; *Deinert*, NZA 1999, 800, 803; *Franzen*, RdA 2002, 258, 262; *Karthaus*, AuR 2007, 114, 118.

15 Vgl. etwa BAG 10.12.1996 – 1 AZR 290/96, NZA 1997, 787, 788. A.A.: *Matthes*, NZA 2000, 1073, 1076; *Moll*, RdA 2003, 129, 137 f.

mit einer Analyse der daraus folgenden Veränderungen im System der Mitbestimmung in wirtschaftlichen Angelegenheiten.

Die Arbeit untersucht inwieweit der Wechsel des Betriebsinhabers, bevor er durch § 613a BGB geregelt wurde, Beteiligungsrechte der Arbeitnehmervertreter auslöste beziehungsweise, ob nach der gegenwärtigen Rechtslage Regelungen bezüglich eines Betriebsübergangs im BetrVG getroffen wurden.

Gezogene Erkenntnisse sollen anschließend verwendet werden, um festzustellen, ob der Betriebsübergang im Sinne von § 613a BGB eine beteiligungspflichtige Betriebsänderung auslöst. Die Feststellung erstreckt sich dabei auf den Betriebsübergang im Ganzen als auch auf den Betriebsteilübergang. Diese Rechtsfragen wurden in Rechtsprechung[16] und Literatur[17] umfassend behandelt, erfordern jedoch insbesondere aufgrund europarechtlicher Vorgaben der Betriebsübergangsrichtlinie (RL 2001/23/EG) und Anhörungsrichtlinie (RL 2002/14/EG) eine Neubewertung.

Ein weiteres Ziel ist die Ermittlung von Schnittstellen des Betriebsübergangs mit Betriebsänderungen auf Tatbestandsebene. Hierbei soll insbesondere der Betriebsteilübergang in den Blick genommen werden. Diesbezüglich sollen Betriebsänderungen nach § 111 S. 3 Nr. 1 und Nr. 3 BetrVG in Kohärenz gesetzt werden.

Die insgesamt gewonnenen Erkenntnisse sollen für die abschließende Analyse fruchtbar gemacht werden, welche die bisherigen Vorhaben zur Novellierung des BetrVG vor dem Hintergrund der Beteiligungspflicht des Betriebsrats beim Betriebsübergang untersucht.

D Methodik und Gang der Untersuchung

Die Untersuchung lässt sich unter methodischen Gesichtspunkten in zwei Komplexe teilen. Ausgangspunkt für den ersten Bereich bildet § 111 BetrVG als Rechtsgrundlage wirtschaftlicher Mitbestimmungsrechte des Betriebsrats sowie den in § 613a BGB normierten Betriebsübergang. Im zweiten Komplex soll analysiert werden, inwieweit bisher verfolgte Gesetzesänderungen im Bereich der wirtschaftlichen Mitbestimmungsrechte des Betriebsrats zur Erweiterung des Tatbestands aus § 111 BetrVG führen würden und ob damit der Betriebsübergang als beteiligungspflichtiger Vorgang von §§ 111 BetrVG erfasst wäre.

16 Vgl. unter III./B. und C.
17 Vgl. unter III./B. und C.

Das zweite Kapitel behandelt die historische Einordnung des Betriebsinhaberwechsels in die Gesetze der Arbeitnehmervertretungen. Dem schließt sich eine Darstellung der Gesetzesverabschiedung von § 613a BGB an, der durch § 122 BetrVG 1972 ins BGB eingefügt wurde. Das Gesetzgebungsverfahren soll dabei näher untersucht werden, um mögliche Bezüge zum BetrVG zu erschließen oder auszuschließen. Im Anschluss daran wird die Bedeutung von § 613a BGB innerhalb der Betriebsverfassung analysiert. Hierbei sollen mögliche Beteiligungsrechte des Wirtschaftsausschusses gegenüber dem Unternehmer bei einem Betriebsübergang nach §§ 106 ff. BetrVG ermittelt werden. Zudem soll der durch das Gesetz zur Reform des Betriebsverfassungsgesetzes eingefügte § 21a BetrVG[18] erläutert werden. Dessen Abs. 3 regelt, dass ein Übergangsmandat aus den Absätzen 1 und 2 auch gilt, wenn die Spaltung oder Zusammenlegung im Zusammenhang mit einer Betriebsveräußerung erfolgt.

Kapitel drei der Untersuchung behandelt Beteiligungsrechte des Betriebsrats nach §§ 111 ff. BetrVG bei einem Betriebsübergang. Untersuchungsgegenstand ist, ob der Betriebsübergang eine Betriebsänderung nach § 111 BetrVG auslösen kann. Entscheidend in diesem Zusammenhang ist die Analyse des Betriebsänderungsbegriffs im Sinne von § 111 BetrVG dahingehend, ob der Wechsel des Betriebsinhabers als Tatbestandsvoraussetzung von § 613a BGB unter den Betriebsänderungsbegriff subsumierbar ist. Anforderungen der Betriebsübergangsrichtlinie als auch der Anhörungsrichtlinie werden in diesem Zusammenhang berücksichtigt. Dabei soll der Betriebsübergang als Ganzes als auch der Betriebsteilübergang im Sinne von § 613a BGB jeweils gesondert geprüft werden.

Im vierten Kapitel der Untersuchung sollen durch einen Vergleich auf Tatbestandsebene Betriebsänderungen ermittelt werden, die bei einem Betriebsübergang im Sinne von § 613a BGB zwangsläufig auftreten, oder sich generell ausschließen. Dazu wird zunächst die Betriebsänderung nach § 111 S. 3 Nr. 1 BetrVG in Relation zum Betriebsübergang gesetzt. Neben der Erarbeitung eines allgemeinen Verhältnisses werden in diesem Zuge auch einzelne Streitfragen aufgegriffen, dargestellt und einer eigenen Lösung zugeführt. Gleiches gilt für die Relation von Betriebsspaltung nach § 111 S. 3 Nr. 3 2. Alt. BetrVG und § 613a BGB. In diesem Zusammenhang wird der Betriebsteilübergang im Sinne von § 613a BGB insbesondere auf Tatbestandseben untersucht und erörtert werden,

18 Gesetz zur Reform des Betriebsverfassungsgesetzes vom 23.07.2001, BGBl. I S. 1852.

ob beim Betriebsteilübergang zwangsläufig die Voraussetzungen einer beteiligungspflichtigen Betriebsspaltung nach § 111 S. 3 Nr. 3 2. Alt. BetrVG erfüllt werden.

Bestehen Beteiligungsrechte nach §§ 111 ff. BetrVG im Zusammenhang mit einem Betriebsübergang im Sinne von § 613a BGB, ist festzustellen, welcher Unternehmer nach § 111 S. 1 BetrVG Verpflichteter gegenüber dem Betriebsrat ist. Grundsätze zur Bestimmung sowie damit in Zusammenhang stehende Streitfragen sollen im 5. Kapitel der Arbeit behandelt werden. Ebenfalls soll in diesem Abschnitt der Umfang der Beteiligungsrechte untersucht werden, die infolge einer Betriebsänderung im Zusammenhang mit einem Betriebsübergang im Sinne von § 613a BGB bestehen. Dabei soll insbesondere bestimmt werden, welche Nachteile im Sinne von § 112 Abs. 1 S. 2 BetrVG als wirtschaftliche Nachteile gelten und ob Nachteile als Folge eines Betriebsübergangs erfasst werden können.

In Kapitel sechs der Arbeit werden Regulierungsvorhaben dargestellt, die unter anderem zum Gegenstand hatten, Beteiligungsrechte des Betriebsrats nach §§ 111 BetrVG beim Betriebsübergang zu regeln. Neben der Listung unterschiedlicher parlamentarischer Initiativen und Forderungen von Zweckverbänden, soll eine Systematisierung anhand der jeweiligen Erweiterung der Beteiligungsrechte des Betriebsrats erfolgen und anschließend deren Folgen für das System von §§ 111 BetrVG analysiert werden.

Die Arbeit schließt mit einem Fazit in Thesen ab.

E Begrenzung und Abgrenzung der Untersuchung

Die Untersuchung verfolgt das Ziel einen Beitrag dahin zu leisten, das Verhältnis von Betriebsübergang und Mitbestimmungsrechten des Betriebsrats nach §§ 111 ff. BetrVG zu erfassen und die daraus gezogenen Erkenntnisse auf bisher beabsichtigten Gesetzesnovellierungen im Hinblick auf § 111 BetrVG zu übertragen. Die Untersuchung bedarf jedoch der Begrenzung und Abgrenzung zu Rechtsfragen, denen im Rahmen dieser Arbeit nicht nachgegangen wird.

Um eine Schwerpunktsetzung zu ermöglichen und die in Aussicht gestellten Untersuchungsziele effektiv zu verfolgen, wird in der Arbeit auf Erkenntnisse aus Rechtsprechung und rechtswissenschaftlicher Literatur zurückgegriffen und diese zugrunde gelegt, ohne selbst eine Herleitung zu bemühen beziehungsweise mögliche Streitstände zu erörtern. Dies gilt insbesondere für die Voraussetzungen nach denen ein Betriebsübergang im Sinne von § 613a BGB erfüllt ist. Die Arbeit verfolgt nicht das Ziel Tatbestandsmerkmale zu ermitteln, sondern diese in Bezug zueinander zu setzen und abzugrenzen.

Diese Beschränkung gilt mit Einschränkungen auch für die Ermittlung der Voraussetzungen nach denen eine Betriebsänderung nach § 111 BetrVG erfüllt ist. In der Arbeit wird auf den von der Rechtsprechung[19] verwendeten und von der Literatur[20] weitestgehend anerkannten Betriebsbegriff zurückgegriffen, wonach der Betrieb die organisatorische Einheit ist, innerhalb derer der Arbeitgeber allein oder mit seinen Arbeitnehmern mit Hilfe von sächlichen und immateriellen Mitteln bestimmte arbeitstechnische Zwecke fortgesetzt verfolgt, die sich nicht in der Befriedigung des Eigenbedarfs erschöpfen[21].

Das vierte Kapitel behandelt Betriebsänderungen bei einem Betriebsübergang und erfasst dabei nur solche Betriebsänderungen, die sich entweder tatbestandlich generell ausschließen lassen oder im Zusammenhang mit einem Betriebsübergang im Sinne von § 613a BGB regelmäßig erfüllt sein können. Exemplarisch werden dazu Betriebsänderungen nach § 111 S. 3 Nr. 1 und Nr. 3 BetrVG herausgegriffen und zum Betriebsübergang in den tatbestandlichen Kontext gesetzt. Indes verfolgt die Arbeit keine Darstellung von unterschiedlichsten Fallkonstellationen, in denen vor und nach einem Betriebsübergang im Sinne von § 613a BGB eine Betriebsänderung erfüllt sein kann.

Das fünfte Kapitel thematisiert die Durchführung von Mitbestimmungsrechten und deren Konzeption zum Betriebsübergang. Die Arbeit untersucht dabei nicht die Bindungswirkungen eines beim Erwerber geschlossenen Interessenausgleichs für den Erwerber. Entsprechendes gilt für den Sozialplan.

19 St. Rspr. nur: BAG 17.01.2007 – 7 ABR 63/05, NZA 2007, 704, 705 f.; BAG 14.12.1994 – 7 ABR 26/94, NZA 2005, 906, 907; BAG 14.09.1988 – 7 ABR 10/87, NZA 1989, 190, 190.

20 Fitting, BetrVG, § 1 Rn. 63; § 4 Rn. 6; *Franzen*, in GK-BetrVG, § 1, Rn. 28; *Koch*, in ErfK, § 1 BetrVG Rn. 8; *Richardi*, in Richardi-BetrVG, § 1, Rn. 16.

21 Zur Entwicklung des Betriebsbegriffs und seiner heutigen Bedeutung *Boemke*, in FS 600 Jahre Universität Leipzig, 203, 218.

II Zweites Kapitel – Betriebsübergang und Betriebsverfassung

A Betriebsinhaberwechsel, Betriebsübergang und Betriebsverfassung

1 Wechsel von Rechtspositionen im Ganzen

Innerhalb eines Vertragsverhältnisses hält jeder Vertragspartner eine gesonderte Rechtsposition, welche die Gesamtheit von Forderungen, Verbindlichkeiten oder Möglichkeiten zur Ausübung verschiedenster Gestaltungsrechte gegenüber dem Vertragspartner beinhaltet.[22] Rechtspositionen können hieraus auf einen Dritten im Wege der vertraglichen Einigung mit der Rechtsfolge des Eintritts in die Rechtsposition übertragen werden. Einen Schuldneraustausch durch Schuldübernahme hat der Gesetzgeber in den §§ 414 BGB geregelt. Nach § 398 BGB können einzelne Forderungen oder eine Gesamtheit von Forderungen aus dem Schuldverhältnis heraus durch vertragliche Einigung den Gläubiger wechseln. Eine generelle Vertragsübernahme soll dazu durch einen dreiseitigen Vertrag beziehungsweise durch zweiseitigen Vertrag mit Genehmigung des Dritten möglich sein.[23] Den Austausch einer Rechtsposition im Ganzen hat der Gesetzgeber dabei nicht ausdrücklich geregelt[24], jedoch auch nicht beschränkt, wonach sich aus dem Grundsatz der Privatautonomie aus Art. 2 Abs. 1 GG die Möglichkeiten eines vertraglich herbeigeführten Austausches von Rechtspositionen eröffnet.[25]

---

22 *Medicus/Lorenz*, Schuld. I, § 62, Rn. 841.

23 BGH 30.01.2013 – XII ZR 38/12, NJW 2013, 1083, 1084; BGH 20.04.2005 – XII ZR 29/02, NJW-RR 2005, 958, 959, *Grünberg*, in Palandt, § 398, Rn. 41; *Medicus/Lorenz*, Schuld. I, § 62, Rn. 845.

24 *Medicus/Lorenz*, Schuld. I, § 62, Rn. 841 f., mit Verweis auf die durch das Gesetz geregelten Fälle: §§ 566 I, 581 II BGB, § 613a BGB und auch für die Übertragung einer Rechtsposition bei einem gesetzlichen Schuldverhältnis nach § 1251 BGB.

25 Vgl. *Larenz*, Schuld. Bd. I, § 35, S. 482.

2 Regulierungsvorhaben zum Betriebsinhaberwechsel

Die Normierung des Wechsels des Betriebsinhabers war bereits vor § 613a BGB Gegenstand von Gesetzesinitiativen, mit dem Ziel betroffenen Arbeitnehmern Bestandsschutz zu gewähren.[26] Gesetzesentwürfe aus den Jahren 1923 und 1938 beabsichtigten das Schicksal der Arbeitsverhältnisse beim Betriebsinhaberwechsel zu regeln. Der Entwurf eines Allgemeinen Arbeitsvertragsgesetzes aus dem Jahr 1923 sah eine Überleitung des Arbeitsverhältnisses vor, die mit der Unternehmensübertragung verbunden war.[27] Der Entwurf eines Gesetzes über das Arbeitsverhältnis von 1938 begründete einen Anspruch des Arbeitnehmers beim Betriebsinhaberwechsel auf Übernahme des alten Arbeitsverhältnisses.[28] Beide Entwürfe wurden jedoch verworfen.

Die dogmatische Einordnung betroffener Arbeitsverhältnisse beim Betriebsinhaberwechsel wurde in Rechtsprechung und Literatur unterschiedlich bewertet.[29] Im Mittelpunkt der Diskussion stand die Frage, ob durch den Betriebsinhaberwechsel der Erwerber kraft Gesetzes in die zum Zeitpunkt des Inhaberwechsels bestehenden Arbeitsverhältnisse eintritt[30], oder dies nur im Wege einer vertraglichen Einigung erfolgen kann[31]. Unterschiedliche Anforderungen wurden an die rechtsgeschäftliche Einigung gestellt, wonach es unter anderem nicht zwangsläufig einer ausdrücklichen Zustimmung der Arbeitnehmer erfordern

---

26 Hierzu etwa § 2 Angestelltenkündigungsschutzgesetz vom 09.07.1926, wonach die Beschäftigungsdauer beim Rechtsvorgänger bei neuen Arbeitgebern zu berücksichtigen war.

27 Dabei jedoch mit Bezugspunkt Unternehmen – RABl. 1923, 498 ff. Mit den Einzelheiten zum Gesetzesentwurf: *Grell*, Der Betriebsinhaberwechsel, S. 120 f.; *Krejci*, Betriebsübergang, S. 239 f.

28 Entwurf eines Gesetztes über das Arbeitsverhältnis von 1938 – abgedruckt bei *Pottmeyer*, Betriebsinhaberwechsel und Mitbestimmung, S. 33, 34. Mit den Einzelheiten zum Gesetzesentwurf *Grell*, Der Betriebsinhaberwechsel, S. 122.

29 Zuerst RG 13.11.1895, RGZ 36, 50 ff.; *Pottmeyer*, Betriebsinhaberwechsel und Mitbestimmung, S. 21 m.w.N.

30 LAG Frankfurt 05.12.1961 – 5 Sa 29/61, JZ 1963, 317, 317; *Brecher*, in FS Schmidt-Rimpler, S. 181, 234; *Dietz*, BetrVG, 2. Auflage, § 1, 69; *Grell*, Der Betriebsinhaberwechsel 163 f.; *Herschel*, RdA 1956, 161, 164; *Kaskel/Dersch*, Arbeitsrecht, S. 41.

31 BAG 18.02.1960 – 5 AZR 472/57, AP BGB § 419 Betriebsnachfolge Nr. 1; BAG 26.05.1955 – 2 AZR 38/54, AP BGB § 613a Nr. 1; LAG Niedersachsen 15.19.1962 – 3 Sa 210762, JZ 1963, 317, 317; *Bötticher*, in FS Nikisch, S. 6 ff.; *Galperin/Siebert*, BetrVG, § 613, 50a; *Hueck/Nipperdey*, Bd. I, S. 516; *Küchenhoff*, in Erman, 3. Auflage, § 613, 3 c; *Pottmeyer, Betriebsinhaberwechsel und Mitbestimmung*, S. 28 in Fn. 62.

sollte sowie in Zweifelsfällen vom Übergang des Arbeitsverhältnisses auszugehen war[32]. *Nikisch*[33] vertrat eine entsprechende Anwendung von § 571 BGB.[34]

3 Betriebsinhaberwechsel und das Betriebsrätegesetz 1920

Am 04.02.1920 trat in Deutschland das Betriebsrätegesetz in Kraft. Während § 69 S. 2 BRG ausdrücklich Eingriffe in die Unternehmensleitung untersagte, regelte § 74 S. 1 BRG ein Unterrichtungsrecht des Betriebsrats, sofern eine Erweiterung, Einschränkung oder Stilllegung des Betriebs oder infolge von Einführung neuer Techniken oder neuer Betriebs- oder Arbeitsmethoden die Einstellung oder die Entlassung einer größeren Zahl von Arbeitnehmern durchgeführt werden sollte. Der Betriebsinhaberwechsel löste hingegen kein Unterrichtungsrecht aus.

4 Betriebsverfassungsgesetz 1952

a) Wirtschaftliche Beteiligungsrechte

(1) Unterrichtungsrecht des Wirtschaftsausschusses

In Unternehmen mit in der Regel mehr als einhundert ständig beschäftigten Arbeitnehmern war nach § 67 Abs. 1 BetrVG 1952 ein Wirtschaftsausschuss zu bilden, in dem nach § 68 Abs. 1 BetrVG 1952 die Hälfte der höchstens acht und mindestens vier Teilnehmern jeweils vom Arbeitgeber und zur anderen Hälfte vom Betriebsrat bestimmt werden sollte. Mindestens ein Platz war dabei mit einem Betriebsratsmitglied zu besetzen. Dem Wirtschaftsausschuss stand nach § 67 Abs. 2 BetrVG 1952 das Recht auf Unterrichtung über wirtschaftliche Angelegenheiten zu. Was zu wirtschaftlichen Angelegenheiten zählte, wurde in § 67 Abs. 3 BetrVG 1952 gelistet, wobei der Betriebsinhaberwechsel dabei nicht ausdrücklich als wirtschaftliche berücksichtigt wurde. Zum Teil wurde vertreten, den Betriebsinhaberwechsel unter § 67 Abs. 3 c) BetrVG 1952 – die wirtschaftliche Lage –[35] sowie unter Buchstabe § 67 Abs. 3 e) BetrVG 1952 zu subsumieren, wonach auch sonstige Vorgänge als wirtschaftliche Angelegenheit galten, welche die Interessen der Arbeitnehmer des Unternehmens wesentlich berührten[36].

---

32 Mit Einzelheiten *Seiter*, Betriebsinhaberwechsel, S. 25.

33 *Nikisch*, Arbeitsrecht, Bd. I, 2. Auflage 1955; S. 543.

34 Zustimmend: *Bötticher*, in FS für Nikisch, S. 3 ff; *Falkenberg*, RdA 1967, 121, 123; *Schneider*, AuR 1959, 161 ff.; *Schramm*, S. 34.

35 *Gaul*, RdA 1954, 247, 248; *Hueck/Nipperdey*, Bd. II, § 72, S. 873.

36 *Gaul*, RdA 1954, 247, 249; *Hueck/Nipperdey*, Bd. II, § 72, S. 873. Für Fusionen im Sinne eines gesellschaftlichen Zusammenschlusses *Dietz*, BetrVG, 4. Auflage, § 67, Rn. 19.

(2) *Beteiligung des Betriebsrats*

Nach § 72 Abs. 1 S. 1 BetrVG 1952 hatte der Betriebsrat bei geplanten Betriebsänderungen, die wesentliche Nachteile für die Belegschaft oder erhebliche Teile der Belegschaft zur Folge haben können, ein Mitbestimmungsrecht. Was als Betriebsänderung im Sinne von § 72 Abs. 1 S. 1 BetrVG 1952 galt, regelte § 72 Abs. 1 S. 2 a) bis e) BetrVG 1952.

Der Betriebsinhaberwechsel wurde nicht in § 72 Abs. 1 S. 2 BetrVG 1952 gelistet. Im Zusammenhang mit einer Betriebsstilllegung nach § 72 Abs. 1 lit. a BetrVG 1952 wurden Betriebsveräußerung[37] und Betriebsüberlassung[38] als beteiligungspflichtige Betriebsänderung diskutiert, jedoch nicht subsumiert[39]. Wechselte der Betriebsinhaber, so war für die Mitbestimmung entscheidend, ob der ursprüngliche Arbeitgeber die Belegschaft entlässt oder der Erwerber sie ganz oder zum weitaus größten Teil übernimmt.[40] Maßgeblich für eine beteiligungspflichtige Betriebsänderung sollten die Auswirkungen auf den Betrieb sein, da als Betriebsänderung nur die Änderung der arbeitsorganisatorischen Einheit zu verstehen sei.[41] Entließ der veräußernde Unternehmer jedoch im Zusammenhang mit dem Betriebsinhaberwechsel Arbeitnehmer und erreichte damit die Größenordnung von § 72 Abs. 1 lit. a BetrVG 1952, so konnte die Maßnahme Mitbestimmungsrechte auslösen.[42]

b) Ergebnis

Im Betriebsverfassungsgesetz 1952 löste der Betriebsinhaberwechsel Beteiligungsrechte des Wirtschaftsausschusses aus; stellte jedoch nach der damaligen Auffassung selbst keine Betriebsänderung nach § 72 Abs. 1 BetrVG 1952 dar.

Der Wechsel der Rechtsposition des Inhabers einer betrieblichen Einheit galt, unabhängig seiner dogmatischen Einordnung, nicht als beteiligungspflichtige Betriebsänderung nach § 72 BetrVG 1952. Erst die Folgen, die im Zusammenhang mit einem Betriebsinhaberwechsel zur Änderung des Betriebs als Organisation führten, konnten wirtschaftliche Beteiligungsrechte des Betriebsrats nach dem BetrVG 1952 bewirken.

---

37 Nur *Dietz*, BetrVG, 3. Auflage, § 72, Rn. 16.

38 *Gaul*, RdA 1954, 217, 219.

39 *Erdmann*, BetrVG, Erläuterungen zu § 72 Abs. 1, S. 336. Dies gilt auch für den Zusammenschluss von Betrieben, vgl. *Erdmann*, BetrVG, Erläuterungen zu § 72 Abs. 1, S. 337.

40 *Galperin/Siebert*, BetrVG, Rn. 12.

41 *Erdmann*, BetrVG, Erläuterungen zu § 72 Abs. 1, S. 333.

42 *Galperin/Siebert*, BetrVG, Rn. 12.

B Betriebsübergang durch § 123 BetrVG 1972

1 Betriebsübergang – Betriebsänderung und der historische Kontext

Am 15.01.1972 wurde § 613a BGB durch § 123 BetrVG 1972 in das Bürgerliche Gesetzbuch eingefügt und trat am 19.01.1972 in Kraft.[43] Vor dem Hintergrund der Entstehungsgeschichte von § 613a BGB wurden unterschiedliche Ansätze für die allgemeine Auslegung von § 613a BGB hergeleitet.[44] Teilweise wurde vertreten, § 613a BGB nur für Arbeitnehmer im Sinne des Betriebsverfassungsgesetzes anzuwenden[45], leitende Angestellte im Sinne von § 5 Abs. 3 BetrVG 1972 auszunehmen[46] sowie Tendenzbetriebe im Sinne von § 118 Abs. 1 BetrVG 1972 aus dem Anwendungsbereich auszuschließen.[47] Auch wurde § 613a BGB eine betriebsverfassungsrechtliche Bedeutung zugesprochen[48], was aus folgender Passage der Gesetzgebungsmaterialien geschlussfolgert wurde:

> *„Die Regelung des Betriebsübergangs hat betriebsverfassungsrechtliche Bedeutung, da sich das Mitbestimmungsrecht des Betriebsrats auch gegen den neuen Arbeitgeber richtet, wenn dieser Maßnahmen beabsichtigt, die nachteilige Auswirkungen für die Arbeitnehmer haben können.“*[49]

Die Rechtsprechung erörterte das Gesetzgebungsverfahren zu § 613a BGB und entschied im Urteil vom 07.11.1975 § 613a BGB aus dem Bürgerlichen Gesetzbuch heraus zu verstehen.[50] Ausführlicher setzte sich das BAG im Jahr 1978 mit dem Gesetzgebungsverfahren zu § 613a BGB in Verbindung mit § 123 BetrVG 1972 auseinander.[51] Der Anwendungsbereich der §§ 122–124 BetrVG 1972, die das Bürgerliche Gesetzbuch, das Kündigungsschutzgesetz und das Arbeitsgerichtsgesetz betreffen, richte sich nach dem Gesetz in das sie eingefügt wurden oder in dem sie bestehende Normen ändern.[52] Dies entspreche auch der

---

43 BGBl. I S. 13.
44 Mit Überblick *Bracker*, Betriebsübergang und Betriebsverfassung, S. 32.
45 *Krejci*, S. 246 f.
46 *G. Küchenhoff*, in Erman, 6. Auflage, § 613a, Rn. 8.
47 Vgl. *Kraft*, in FS 25 Jahre BAG, 299, 303, 314.
48 *Fabricius*, in GK-BetrVG, 6. Auflage, § 111, Rn. 271.
49 BT-Drucks, 6/1786, S. 59.
50 BAG 07.11.1975 – 1 ABR 78/74, AP BetrVG 1972 § 99 Nr. 3. Zustimmend u.a.: *Bracker*, Betriebsübergang und Betriebsverfassung, S. 33; *Dietz-Richardi*, BetrVG, 5. Auflage, Vorbem. vor § 122, S. 1500 zum Gesetzgebungsmechanismus und seinen Auswirkungen.
51 BAG 22.02.1978 – 5 AZR 800/76, AP BGB § 613 a Nr. 11.
52 BAG 22.02.1978 – 5 AZR 800/76, AP BGB § 613 a Nr. 11.

vergleichbaren Gesetzesnovellierung des Art. II des Heimarbeitsänderungsgesetzes vom 29. Oktober 1974.[53] Danach wurde der § 7 BUrlG geändert und § 12a in das Tarifvertragsgesetz eingefügt, ohne dabei Auswirkungen auf den persönlichen Geltungsbereich der Bestimmungen zu nehmen.[54]

2 Bewertung im Hinblick auf die Mitbestimmungsrechte

Im Entwurf zur Gesetzesbegründung betont der Gesetzgeber, dass der Betriebsübergang betriebsverfassungsrechtliche Bedeutung habe.[55] Das Gesetzgebungsverfahren beziehungsweise die darin beschriebenen Äußerungen wurden nicht nur zur Auslegung von § 613a BGB herangezogen, sondern dienten auch zur Einordnung des Betriebsübergangs in Bezug auf die Betriebsverfassung, insbesondere §§ 111 ff. BetrVG.[56] Dies würde jedenfalls dann zutreffen, sofern sich aus der Äußerung des Gesetzgebers in den Gesetzesmaterialien Rückschlüsse auf den Anwendungsbereich von § 613a BGB ziehen lassen könnten oder sich aus dem Mechanismus der Gesetzesverabschiedung entsprechende Hinweise folgern lassen würden.

Die Passage aus der Begründung des Gesetzesentwurfs hat jedoch nur eine klarstellende Funktion. Die Gesetzesbegründung weist damit nur auf das hin, was ohnehin gilt: Die Mitbestimmungsrechte gelten auch für den Erwerber, soweit diese nach den allgemeinen Regeln anwendbar sind und § 613a BGB keine Sperrwirkung entfaltet. Auch lässt die Verbindung des § 613a zu § 123 BetrVG keine Schlussfolgerungen zur Anwendung-, bzw. Auslegung von § 613a auf die Betriebsverfassung zu, sondern erklärt sich aus dem Gesetzgebungsverfahren heraus. In diesem war die Betriebspraxis eines gesetzlich noch nicht verankerten Betriebsinhaberwechsels bemängelt worden.[57] Moniert wurde, dass Betriebe alsbald nach dem Inhaberwechsel stillgelegt wurden, weshalb gefordert wurde, den Betriebsinhaberwechsel den Mitbestimmungsrechten des Betriebsrats zu unterwerfen, um die vom Inhaberwechsel betroffenen Arbeitnehmern zu schützen.[58] Genau diesem Vorschlag kam der Gesetzgeber nicht nach.[59] Zwar

53 BAG 22.02.1978 – 5 AZR 800/76, AP BGB § 613 a Nr. 11. Vgl. BGBl. I 2879.

54 BAG 22.02.1978 – 5 AZR 800/76, AP BGB § 613 a Nr. 11.

55 BT-Drucks. 6/1786, S. 59.

56 Vgl. *Fabricius*, in GK-BetrVG, 6. Auflage, § 111, Rn. 271, 296; *Pottmeyer*, Betriebsinhaberwechsel und Mitbestimmung, S. 182 ff.

57 Vgl. BT-Drucks. 6/1786, S. 59

58 BT-Drucks. 6/1786, S. 59.

59 Vgl. BT-Drucks. 6/1786, S. 59.

wurde die Notwendigkeit gesehen die bisherige Betriebspraxis zum Betriebsinhaberwechsel zu reformieren, doch entschied sich der Gesetzgeber dies nicht durch die Mitbestimmungsrechte zu regeln, sondern den Betriebsinhaberwechsel zu normieren – § 613a BGB trat in Kraft.

Bei der Verabschiedung von § 123 BetrVG 1972 mit der gleichzeitigen Inkraftsetzung des § 613a BGB handelt es sich um einen Mechanismus zur Klarstellung, der nur den Schluss zulässt, dass eine Norm die innerhalb des neuen Betriebsverfassungsgesetztes diskutiert, letztlich aber dem Bürgerlichen Gesetzbuch zugeführt wurde. Die Betriebsverfassung hat damit weder die Regelung § 613a BGB initiiert, noch dahingehend geprägt, aus dem historischen Gesetzgebungsverfahren Rückschlüsse auf mögliche Verflechtungen der Normen § 613a BGB und § 72 BetrVG 1972 zu ziehen. Die Abkehr vom Betriebsverfassungsgesetz und Einfügung von § 613a in das Bürgerliche Gesetzbuch war keine Übertragung geltenden Rechts in ein anderes Regelungssystem, sondern § 613a BGB wurde im Zuge der Verabschiedung des BetrVG 1972 erstmals im BGB normiert.

C Betriebsübergang im Betriebsverfassungsgesetz

1 Beteiligungsrechte des Wirtschaftsausschusses

Der Unternehmer hat in wirtschaftlichen Angelegenheiten den Wirtschaftsausschuss nach § 106 Abs. 2 S. 1 BetrVG rechtzeitig und umfassend zu unterrichten. Aufgabe des Wirtschaftsausschusses ist nach § 106 Abs. 1 S. 2 BetrVG mit dem Unternehmer die wirtschaftliche Angelegenheit zu beraten und den Betriebsrat zu unterrichten. Die Beteiligungsrechte des Wirtschaftsausschusses umfassen keine zwingenden Mitbestimmungsrechte, sondern erfassen lediglich Informations- und Beratungsaufgaben. Der Wirtschaftsausschuss ist kein Mitbestimmungsorgan, sondern Hilfsorgan des Betriebsrats.[60] Der Wirtschaftsausschuss verfügt selbst über keine Entscheidungskompetenz, da er keine verbindlichen Beschlüsse für den Unternehmer oder den Betriebsrat fassen kann, sondern nur Beschlüsse verabschiedet, um sie beim Betriebsrat zu beantragen.[61] Nach § 108 Abs. 4 BetrVG hat der Wirtschaftsausschuss den Betriebsrat unverzüglich und vollständig über jede Sitzung zu berichten. Dies soll gewährleisten, dass der

60 Zur Klassifizierung des Wirtschaftsausschusses: BAG 15.03.2006 – 7 ABR 24/05, AP BetrVG 1972 § 118 Nr. 79; BAG 18.07.1978 – 1 ABR 34/75, AP BetrVG 1972 § 108 Nr. 1; *Annuß*, in Richardi-BetrVG, § 106 Rn. 4; *Däubler*, in D/K/K/W-BetrVG, § 106, Rn. 2; *Rentsch*, S. 137.

61 *Neuerburg*, S. 14.

Betriebsrat über denselben Kenntnisstand bezüglich der wirtschaftlichen Angelegenheiten wie der Wirtschaftsausschuss verfügt.[62]

Beteiligungsrechte des Wirtschaftsausschusses beim Betriebsübergang hätten damit eine Erweiterung des Rechtskreises des Betriebsrats bei einem Betriebsübergang zur Folge. Zumindest mittelbar würde eine Unterrichtungspflicht gegenüber dem Betriebsrat bestehen. In der weiteren Untersuchung soll ermittelt werden, ob generell ein solches Beteiligungsrecht besteht sowie welche Gegenstände das Beteiligungsrecht konkret erfassen würde.

a) Beteiligungspflicht aus § 106 Abs. 3 BetrVG

(1) Überblick

Nach § 106 Abs. 2 1.Hs. BetrVG hat der Unternehmer den Wirtschaftsausschuss rechtzeitig und umfassend über die wirtschaftlichen Angelegenheiten des Unternehmens unter Vorlage der erforderlichen Unterlagen zu unterrichten, soweit dadurch nicht die Betriebs- und Geschäftsgeheimnisse des Unternehmens gefährdet werden. Auswirkungen auf die Personalplanung sind nach § 106 Abs. 2 2.Hs. BetrVG darzustellen. Das Beteiligungsrecht des Wirtschaftsausschusses ergibt sich in wirtschaftlichen Angelegenheiten aus § 106 Abs. 1 BetrVG. Ob der Betriebsübergang eine wirtschaftliche Angelegenheit im Sinne von § 106 Abs. 1 BetrVG auslöst, ist anhand § 106 Abs. 3 BetrVG zu ermitteln.

(2) Beteiligungsrecht aus § 106 Abs. 3 Nr. 1–9a BetrVG

§ 106 Abs. 3 Nr. 1 bis 9a BetrVG erfasst wirtschaftliche Angelegenheiten sowohl auf betrieblicher- als auch unternehmerischer Ebene. In der Aufzählung des § 106 Abs. 3 Nr. 1 bis 9a BetrVG ist der Betriebsübergang nach § 613a BGB nicht ausdrücklich gelistet. Durch das Risikobegrenzungsgesetz vom 12.08.2008 wurde § 106 Abs. 3 Nr. 9a BetrVG hinzugefügt.[63] Danach gilt auch die Übernahme des Unternehmens als wirtschaftliche Angelegenheit, soweit hierdurch der Erwerb der Kontrolle verbunden ist. Die Übernahme des Unternehmens nach § 106 Abs. 3 Nr. 9a BetrVG knüpft dabei nicht an die Auswechslung des Rechtsträgers, sondern an den gesellschaftsrechtlichen Kontrollerwerb an. So hat beispielweise die Übertragung sämtlicher Anteile einer GmbH auf einen Erwerber (share deal)[64] die Kontrolle über wirtschaftliche Fragen zur Folge, die

---

62 *Oetker*, in GK-BetrVG, § 108, Rn. 54; *Neuerburg*, S. 14.

63 BGBl. I S. 1666. Vgl. BT-Drucks. 16/7438, 14, 15.

64 Vgl. BAG 22.01.1991 – 1 ABR 38/89, DB 1991, 1176, 1176.

Position des Inhabers ist jedoch nicht zwangsläufig betroffen[65]. Dies setzt ein Betriebsübergang jedoch voraus.[66] Desweiteren stellt § 106 Abs. 3 Nr. 9a BetrVG auf das Unternehmen und nicht auf den Betrieb ab.

(3) Beteiligungsrecht aus § 106 Abs. 3 Nr. 9a BetrVG analog

Die Ergänzung um § 106 Abs. 3 Nr. 9a BetrVG hat das Ziel eine verbesserte Information der von der Übernahme betroffenen Belegschaft des Unternehmens zu ermöglichen.[67] Mögliche Veränderungen, die durch die Übernahme hervorgerufen werden, können den Arbeitnehmern frühzeitig kommuniziert werden. In den Fällen, in denen kein Wirtschafsausschuss existiert, besteht nach § 109a BetrVG die Beteiligungspflicht direkt gegenüber dem Betriebsrat. Ein vergleichbares Informationsinteresse der Belegschaft ließe sich auch bei Betriebsübergängen begründen.

Für eine analoge Anwendung fehlt indes die dafür erforderliche planwidrige Regelungslücke.[68] Dazu ließe sich vertreten, dass die Unterrichtungspflicht des Veräußerers beziehungsweise Erwerbers bei Betriebsübergängen nach § 613a Abs. 5 BGB ausgefüllt wird. Diesem Argument könnte jedoch entgegengehalten werden, dass sich die Beteiligung des Wirtschaftsausschusses nicht darin erschöpft, Informationsaufgaben gegenüber betroffenen Arbeitnehmern wahrzunehmen. Die fehlende Regelungslücke folgt vielmehr aus der Systematik von § 106 Abs. 3 BetrVG. Nach § 106 Abs. 3 Nr. 10 BetrVG regelte der Gesetzgeber einen Tatbestand, der durch seine Konzeption als beschränkte Generalklausel den Betriebsübergang erfassen kann.[69] Eine analoge Anwendung von § 106

---

65 *Willemsen*, in W/H/S/S, B, Rn. 6. Ausführlich zu den Tatbestandsvoraussetzungen von § 109 Abs. 3 Nr. 9a BetrVG *Neuerburg*, S. 38

66 St. Rspr.: BAG 21.05.2015 – 8 AZR 409/13, NZG 2016, 35, 36; BAG 15.12.2011 – 8 AZR 197/11, NZA-RR 2013, 179, 182; BAG 14.08.2007 – 8 AZR 803/06, NZA 2007, 1428, 1430. Zustimmend in der Literatur u.a.: *Fuchs*, in BeckOK-BGB, § 613a, Rn. 25; *Müller-Glöge*, in MünchKomm BGB, § 613a, Rn. 55; *Preis*, in ErfK, § 613a BGB, Rn. 43.

67 *Düwell*, in Betriebsübergang und Umstrukturierung von Unternehmen, Teil 2, 425.

68 *Larenz*, Methodenlehre der Rechtswissenschaft, S. 370 ff. – ausführlich zu den unterschiedlichen Kategorien von Gesetzeslücken *Reimer*, Juristische Methodenlehre, S. 254 f., Rn. 568.

69 BAG 11.07.2000 – 1 ABR 43/99, NZA 2001, 402, 404; BAG 22.01.1991 – 1 ABR 38/89, DB 1991, 1176, 1176; Fitting, BetrVG, § 106, Rn. 130; *Joost*, in MünchHdb. zum ArbR, § 231, Rn. 23; *Richardi*, in Richardi-BetrVG, § 106, Rn. 37; *Willemsen/Lembke*, in H/W/K-ArbR, § 106 BetrVG, Rn. 82. Eine *begrenzte Generalklausel Schweibert*, in W/H/S/S, C, Rn. 491.

Abs. 3 Nr. 9a BetrVG auf den Tatbestand eines Betriebsübergangs würde gegen die Konzeption einer beschränkten Generalklausel verstoßen.

(4) § 106 Abs. 3 Nr. 10 BetrVG

(a) Beschränkte Generalklausel

Nach § 106 Abs. 3 Nr. 10 BetrVG soll der Wirtschaftsausschuss bei solchen Vorgängen und Vorhaben beteiligt werden, welche die Interessen der Arbeitnehmer wesentlich berühren können. § 106 Abs. 3 Nr. 10 BetrVG gilt insoweit als beschränkte Generalklausel, da über die wirtschaftlichen Angelegenheiten aus § 106 Abs. 3 Nr. 1 bis 9a BetrVG weitere Maßnahmen des Unternehmers eine wirtschaftliche Angelegenheit auslösen können, unter der Voraussetzung, dass die Interessen der Arbeitnehmer des Unternehmens wesentlich berührt werden können.[70]

(b) Voraussetzungen

Nach § 106 Abs. 3 Nr. 10 BetrVG müssen die Interessen der Arbeitnehmer nicht tatsächlich betroffen sein. Ausgehend vom Wortlaut genügt es, dass die Möglichkeit einer wesentlichen Berührung besteht.[71] Eine wesentliche Berührung der Interessen der Arbeitnehmer erfordert nicht, dass sich durch das Vorhaben oder den Vorgang ein rechtlicher oder tatsächlicher Nachteil ergibt.[72] Anders als § 111 S. 1 BetrVG verzichtete der Gesetzgeber bei § 106 Abs. 3 Nr. 10 BetrVG auf dieses Korrektiv.[73] Nach Ansicht des BAG können bereits dann die Interessen der Arbeitnehmer betroffen sein, wenn das wirtschaftliche Leben des Unternehmens betroffen sei und die Interessen der Arbeitnehmer des Unternehmens wesentlich berührt sein können.[74] Dies könne sich etwa durch eine Veränderung in der Zusammenarbeit der Arbeitnehmer oder durch eine Veränderung in der Personalplanung des Unternehmens ergeben.[75] Welche Vorhaben oder Vorgänge unter § 106 Abs. 3 Nr. 10 BetrVG zu subsumieren seien, hänge grundsätzlich

---

70 BAG 11.07.2000 – 1 ABR 43/99, NZA 2001, 402, 404; BAG 22.01.1991 – 1 ABR 38/89, DB 1991, 1176, 1176; Fitting, BetrVG, § 106, Rn. 130; *Joost*, in MünchHdb. zum ArbR, § 231, Rn. 23; *Löwisch/Kaiser*, BetrVG, § 106, Rn. 47; *Richardi*, in Richardi-BetrVG, § 106, Rn. 37; *Willemsen/Lembke*, in H/W/K-ArbR, § 106 BetrVG, Rn. 82. Eine *begrenzte Generalklausel Schweibert*, in W/H/S/S, C, Rn. 491.

71 *Oetker*, in GK-BetrVG, § 106, Rn. 107; *Rumpff/Boewer*, S. 208, Rn. 63.

72 *Koch*, in Schaub ArbR-Handbuch, § 243, Rn. 15.

73 *Koch*, in Schaub ArbR-Handbuch, § 243, Rn. 15.

74 BAG 11.07.2000 – 1 ABR 43/99, NZA 2001, 402, 404; BAG 22.01.1991 – 1 ABR 38/89, DB 1991, 1176, 1176.

75 BAG 22.01.1991 – 1 ABR 38/89, DB 1991, 1176, 1176.

vom Einzelfall ab und muss anhand der konkreten Angelegenheit entschieden werden.[76]

(c) Betriebsübergang als wirtschaftliche Angelegenheit

(i) Erfüllung der Voraussetzungen

Rechtsprechung und Literatur subsumieren unter § 106 Abs. 3 Nr. 10 BetrVG den Übergang eines Betriebs oder Betriebsteils nach § 613a BGB.[77]

Dem ist zuzustimmen. Ein Betriebsübergang berührt die sozialen Interessen der Arbeitnehmer, da der gesetzlich angeordnete Austausch des Arbeitgebers einen Eingriff in den Kernbereich des Arbeitsverhältnisses bewirkt. Dieses Ergebnis erschließt sich auch aus der Systematik von § 106 Abs. 3 Nr. 9a BetrVG. Soweit der Gesetzgeber eine Beteiligungspflicht beim gesellschaftsrechtlichen Kontrollerwerb erkennt und damit von einer Berührung der Belange der Arbeitnehmerinteressen ausgeht, so ist erst recht beim Austausch des Rechtsträgers in einem vom Unternehmen erfassten Betrieb davon auszugehen.

Die Frage, ob der Betriebsübergang dabei den Tatbestand einer Betriebsänderung erfüllen muss, ist unerheblich.[78] Ob eine beteiligungspflichtige wirtschaftliche Angelegenheit nach § 106 BetrVG vorliegt, umfasst nicht sämtliche Voraussetzungen, die an eine Betriebsänderung nach § 111 BetrVG zu stellen sind.

(ii) Beteiligungspflicht auf Erwerber- und Veräußererseite

Der Betriebsübergang löst innerhalb eines Unternehmens die Beteiligungspflicht des Wirtschaftsausschusses aus.[79] Gehört der Erwerber einem anderen

---

76 *Hess*, in H/W/G/N/R/H, BetrVG, § 106, Rn. 72.

77 BAG 22.01.1991 – 1 ABR 38/89, DB 1991, 1176, 1176 (der Übergang eines Betriebs oder Betriebsteils auf einen anderen Inhaber nach § 613 a BGB); *Annuß*, in Richardi-BetrVG, § 106 Rn. 56, *Cohnen/Moll*, in Münchn. Anwaltshandb. ArbR, § 54, Rn. 138; *Däubler*, in D/K/K/W-BetrVG, § 106, Rn. 89, Fitting, BetrVG, § 106 Rn. 131; *Franzen*, in FS Birk 2008, S. 97, 103; *Hauck*, in FS Richardi, 537, 551; *Henssler*, NZA 1994, 294, 297; *Löwisch/Kaiser*, BetrVG, § 106, Rn. 47; *Neumann-Duesberg*, NJW 1972, 665, 670; *Rumpff/Boewer*, S. 208 f., Rn. 63; *Schweibert*, in W/H/S/S, C, Rn. 491; *Willemsen/Lembke*, in H/W/K-ArbR Kommentar, § 106 BetrVG, Rn. 83; *Wollenschläger/Pollert*, ZfA 1996, 547, 567. Vgl. *Oetker*, in GK-BetrVG, § 106, Rn. 109 – auch soweit nur ein Betriebsinhaberwechsel vorliegt.

78 LAG München 18.07.2006 – 11 TaBV 70/05, juris Rz. 41 – aufgehoben durch BAG 18.03.2008 – 1 ABR 77/06, NZA 2008, 957; *Annuß*, in Richardi-BetrVG, § 111, Rn. 101.

79 Vgl. unter II./C./1./a)/(4)/(c)/(i).

Unternehmen an, in dem ebenfalls ein Wirtschaftsausschuss besteht, gilt dies gleichermaßen für das dem Erwerber zugehörige Unternehmen.[80]

Darin einschränkend wird vertreten, dass die Beteiligungspflicht des Wirtschaftsausschusses des Erwerbers nur entsteht, soweit durch den Betriebsübergang in einen bereits bestehenden Betrieb oder Betriebsteil des Erwerbers eingegliedert wird.[81] Eine gesetzliche Grundlage als Rechtfertigung für diese Reduzierung des Anwendungsbereichs in solchen Fällen besteht jedoch nicht. Dies wäre nur dann mit dem Gesetz vereinbar, wenn der Wirtschaftsausschuss ausschließlich in solchen Angelegenheiten zu beteiligen wäre, in denen die geplante Maßnahme tatsächliche Auswirkungen auf bestehende betriebliche Organisationen hätte. Das Beteiligungsrecht des Wirtschaftsausschusses umfasst jedoch die gesamte Unternehmensebene mit sämtlichen Betrieben, weshalb sich im erwerbenden Unternehmen die Beteiligung nicht auf Betriebsberührungen reduzieren lässt.

b) Gegenstand der Beteiligungspflicht

Die Aufgaben des Wirtschaftsausschusses ergeben sich aus § 106 Abs. 1 S. 2 BetrVG. Danach hat der Wirtschaftsausschuss einerseits mit dem Unternehmer wirtschaftliche Angelegenheiten zu beraten und andererseits den Betriebsrat zu unterrichten. Die Unterrichtung ist nach § 106 Abs. 2 S. 1 BetrVG rechtzeitig und umfassend vom Unternehmer durchzuführen, wovon auch die Darstellung der Auswirkungen auf die Personalplanung umfasst ist.[82] Die Unterrichtung hat durch Vorlage der erforderlichen Unterlagen zu erfolgen, soweit hierdurch keine Betriebs- und Geschäftsgeheimnisse des Unternehmens gefährdet werden.[83]

(a) Umfassende Unterrichtung

Nach § 106 Abs. 2 BetrVG ist der Wirtschaftsausschuss über wirtschaftliche Angelegenheiten umfassend zu unterrichten. Ziel der Unterrichtung ist die Herstellung einer Informationsparität zwischen Unternehmer und Wirtschaftsausschuss[84], um dessen Aufgabenerfüllung zu eröffnen[85].

---

80 *Cohnen/Moll*, in Münchn. Anwaltshandb. ArbR, § 54, Rn. 136; *Willemsen/Lembke*, in H/W/K-ArbR Kommentar, § 106 BetrVG, Rn. 83.

81 *Bauer/von Steinau-Steinrück/Thees*, in Hdb. Unternehmenskauf, Teil V, Rn. 308.

82 Vgl. zu Einzelheiten: *Däubler*, in D/K/K/W-BetrVG, § 106, Rn. 58; *Willemsen/Lembke*, in H/W/K-ArbR Kommentar, § 106 BetrVG, Rn. 12, 33.

83 Vgl. *Oetker*, in GK-BetrVG, § 106, Rn. 139 ff.

84 LAG Köln 14.01.2004 – 8 TaBV 72/03, NZA-RR 2005, 32, 33. Vgl. auch *Däubler*, in D/K/K/W-BetrVG, § 106, Rn. 47; *Schweibert*, in W/H/S/S, C, Rn. 495.

85 Vgl. *Schweibert*, in W/H/S/S, C, Rn. 495.

(i) Konkretisierung der Unterrichtungspflicht

(a) § 106 Abs. 2 S. 2 BetrVG

Welche Informationen im Einzelnen zur umfassenden Unterrichtung zählen, benennt das Gesetz nicht. Eine Ausnahme hiervon macht § 106 Abs. 2 S. 2 BetrVG, der im Zuge des Risikobegrenzungsgesetzes am 19.08.2008 in Kraft getreten ist.[86] § 106 Abs. 2 S. 2 BetrVG fixiert dazu ein Mindestmaß an Angaben, denen der Unternehmer zur Erfüllung seiner Unterrichtungspflicht nachkommen muss.[87] Die Norm beschreibt dabei den Umfang der erforderlichen Unterlagen, soweit der Wirtschaftsausschuss nach § 106 Abs. 3 Nr. 9a BetrVG zu beteiligen ist. § 106 Abs. 2 S. 2 BetrVG regelt dazu Anforderungen an die Inhalte, die an eine umfassende Unterrichtung zu stellen sind.[88] Der Gesetzgeber beschreibt dabei nur vordergründig, welche Unterlagen vorzulegen sind. Es wird auch geregelt, welche Inhalte die Unterlagen enthalten müssen. Die Norm verlangt, dass solche Unterlagen vorzulegen sind, die insbesondere Angaben über den potentiellen Erwerber und dessen Absichten im Hinblick auf die künftige Geschäftstätigkeit des Unternehmens enthalten sowie die sich hieraus ergebenden Auswirkungen auf die Arbeitnehmer aufzeigen. Die Konkretisierung aus § 106 Abs. 3 Nr. 9a BetrVG erfasst jedoch keine weiteren wirtschaftlichen Angelegenheiten aus § 106 Abs. 3 BetrVG. Der Gesetzgeber hat mit Verabschiedung von § 106 Abs. 3 Nr. 9a BetrVG lediglich eine Konkretisierung hinsichtlich einer expliziten wirtschaftlichen Angelegenheit vorgenommen, sonstige wirtschaftlichen Angelegenheiten sollten hiervon unberührt bleiben.[89] Aufgrund dieser Spezialität verbietet sich grundsätzlich eine analoge Anwendung von § 106 Abs. 3 Nr. 9a BetrVG. Es fehlt zudem schon an einer planwidrigen Regelungslücke. Gleichwohl ist die Norm im Rahmen der Auslegung von § 106 Abs. 2 S. 2 BetrVG unter systematischen und teleologischen Gesichtspunkten zu berücksichtigen.

(b) Potenzielle Erwerber

Zum Mindestinhalt der Unterrichtung nach § 106 Abs. 2 S. 2 BetrVG zählen Angaben über potentielle Erwerber des Unternehmens. Potenzieller Erwerber ist, wer ein verbindliches Angebot zum Erwerb des Unternehmens oder Teile

---

86 BGBl. I S. 1666.

87 *Schröder/Falter*, NZA 2008, 1097, 1099.

88 *Annuß*, in Richardi-BetrVG, § 106 Rn. 26a; *Kania*, in ErfK, § 106 BetrVG Rn. 6a; vgl. auch *Oetker*, in FS Bauer 2010, S. 791, 802 ff.; *Röder*, in FS Bauer 2010, S. 885, 888 ff.; *Simon/Dobel*, BB 2008, 1955, 1957.

89 BT-Drucks. 16/7438, 14, 15.

des Unternehmens abgibt.[90] Der Gesetzgeber begreift damit den Erwerber als Ausgangspunkt der wirtschaftlichen Maßnahme, mit der Folge, dass Angaben zum Erwerber als unerlässlich für die Erfüllung der Unterrichtungspflicht des Unternehmers gegenüber dem Wirtschaftsausschuss werden.

Beim Betriebsübergang wird der Erwerber des Betriebs oder eines Betriebsteils in ähnlicher Weise Ausgangspunkt der Maßnahme. Beide Maßnahmen haben einen Austausch als Grundlage, zum einen in Form des Wechsels der Unternehmenskontrolle, zum anderen für die Inhaberschaft des Betriebs oder Betriebsteils mit der Folge des Eintritts in die vom Übergang betroffenen Arbeitsverhältnisse nach § 613a Abs. 1 S. 1 BGB. Das Informationsinteresse des Wirtschaftsausschusses besteht beim bevorstehenden Betriebsübergang in gleicher Weise, wie bei einer Kontrollübernahme. Dies schließt sich argumentum a fortiori auch aus der Rechtsfolge von § 613a BGB. Der Austausch des Arbeitgebers betrifft Arbeitnehmer im Kernbereich ihres Arbeitsverhältnisses. Bei der Übernahme der Kontrolle über das Unternehmen ändert sich durch die Maßnahme selbst an den Arbeitsverhältnissen der Arbeitnehmer nichts. Erst durch die Möglichkeit der Kontrollausübung können als Folge der Maßnahme Nachteile für die Arbeitnehmer eintreten.

Das Beteiligungsrecht des Wirtschaftsausschusses bei einem Betriebsübergang erfasst danach die Unterrichtung über einen potentiellen Erwerber des Betriebs, und soweit hierüber Informationen existieren, auch dessen unternehmerisches Konzept.[91]

(c) Künftige Geschäftspolitik

Zu den erforderlichen Unterlagen nach § 106 Abs. 3 Nr. 9a BetrVG in Verbindung mit § 106 Abs. 2 S. 2 BetrVG zählen auch Angaben über Absichten des Erwerbers im Hinblick auf die künftige Geschäftstätigkeit sowie die sich daraus ergebenden Auswirkungen auf die Arbeitnehmer. Die Spezifikation des Unterrichtungsrechts ist dabei § 11 Abs. 2 S. 3 Nr. 2 WpÜG nachgebildet, welcher die Mindestangaben für ein Angebot einer börsennotierten Gesellschaft regelt.[92] Nach § 11 Abs. 2 S. 3 Nr. 2 WpÜG sind einer Angebotsunterlage als ergänzende Angaben solche hinzuzufügen, die über die Absichten des Bieters im Hinblick

---

90 *Annuß*, in Richardi-BetrVG, § 106, Rn. 26b – mit Hinweis auf den Bericht des Finanzausschusses, BT-Drucks. 16/9821, S. 11: „*die ein verbindliches Angebot abgeben*"; Fitting, BetrVG, § 106, Rn. 117.

91 Auch: *Däubler*, in D/K/K/W-BetrVG, § 106, Rn. 90; *Schweibert*, in W/H/S/S, C, Rn. 491.

92 *Neuerburg*, S. 94; *Vogt/Bedkowski*, NZG 2008, 725, 728.

auf künftige Verpflichtungen, die Arbeitnehmer und deren Vertretungen, die Mitglieder der Geschäftsführungsorgane und wesentliche Änderungen der Beschäftigungsbedingungen einschließlich der insoweit vorgesehenen Maßnahmen Auskunft geben. Diese Angaben ähneln dabei den Mindestangaben der Arbeitnehmerunterrichtung nach § 613a Abs. 5 BGB.[93] Im Gegensatz zum potenziellen Erwerber des Betriebs oder Betriebsteils trifft § 613a BGB dazu Regelungen, welche die künftige Geschäftspolitik in Bezug auf das Arbeitsverhältnis bestimmen. Neben dem Eintritt des Erwerbers nach § 613a Abs. 1 S. 1 BGB trifft das Gesetz Regelungen zur Übertragung und Ablösung kollektiven Rechts und garantiert durch § 613a Abs. 4 BGB Bestandsschutz. Insofern besteht kein zusätzliches, vergleichbares Informationsinteresse bezüglich der künftigen Geschäftspolitik wie bei der Person des potenziellen Erwerbers im Sinne von § 106 Abs. 3 Nr. 9a BetrVG.

(ii) Ergebnis

Für die Erfüllung der Unterrichtungspflicht im Falle eines bevorstehenden Betriebsübergangs hat der Unternehmer den Wirtschaftsausschuss entsprechend § 106 Abs. 2 S. 2 BetrVG über potenzielle Erwerber zu informieren.

(b) Durchführung der Unterrichtung

Die umfassende Unterrichtung hat nach § 106 Abs. 2 S. 1 BetrVG durch Vorlage der erforderlichen Unterlagen zu erfolgen. Entgegen der Ansicht, dass die Unterrichtung keiner besonderen Form bedarf[94], macht § 108 Abs. 3 BetrVG deutlich, dass vom Arbeitgeber eine Einsichtnahme zu ermöglichen ist, die Unterrichtung also eine schriftliche oder auch elektronische Form erfordert.[95] Durch die Textform soll gesichert werden, dass der Wirtschaftsausschuss die Unterlagen hinreichend erfassen und für folgende Beratungsgespräche verwerten kann.[96]

Bei einem bevorstehenden Betriebsübergang erfüllt der Veräußerungsvertrag, Pachtvertrag oder ein sonstiges Rechtsgeschäft, welches der Betriebsveräußerung zugrunde liegt, die Unterrichtungspflicht des Unternehmers in formeller

---

93 *Vogt/Bedkowski*, NZG 2008, 725, 728.

94 LAG Baden Württemberg 22.11.1985 – 5 TaBV 6/85, DB 1986, 334, 334; *Hess*, in H/W/G/N/R/H, BetrVG, § 106, Rn. 26; *Rumpff/Boewer*, S. 191 f., Rn. 25; *Oetker*, in GK-BetrVG, § 106, Rn. 125.

95 *Däubler*, in D/K/K/W-BetrVG, § 106, Rn. 53.

96 Vgl. *Joost*, in FS Kissel, 433, 445 – der die Unterrichtungspflicht auf bestehende Unterlagen reduziert.

und materieller Hinsicht. Erforderlich ist dazu, dass die Identität des potenziellen Erwerbers ersichtlich wird. Zwingend ist die Vorlage des Veräußerungsvertrages nicht.[97] Es müssen lediglich die erforderlichen Informationen aus den Unterlagen hervorgehen.

(c) Rechtzeitige Unterrichtung

(i) Grundsatz

Der Wirtschaftsausschuss ist über wirtschaftliche Angelegenheiten nach § 106 Abs. 2 S. 1 BetrVG rechtzeitig zu unterrichten. Wann eine Unterrichtung noch rechtzeitig ist, konkretisiert das Gesetz nicht. Nach der Rechtsprechung des BAG dient die Maßgabe der Rechtzeitigkeit einer Unterrichtung dazu, dem Wirtschaftsausschuss und Betriebsrat noch die Möglichkeit zu eröffnen, durch Stellungnahmen und eigene Vorschläge auf die Planungen des Unternehmers Einfluss zu nehmen.[98] Dazu bedarf es zwangsläufig eines Stadiums, in dem die Maßnahme noch nicht umgesetzt wurde. Welches Stadium dabei den Anforderungen einer Rechtzeitigkeit im Sinne von § 106 Abs. 1 S. 2 BetrVG genügt, wird in der rechtswissenschaftlichen Literatur unterschiedlich bewertet. Ein Teil der Autoren der Literatur[99] bestimmen den Entschluss, eine Maßnahme zu planen, als den Zeitpunkt einer rechtzeitigen Unterrichtung. Die Unterrichtungspflicht bestehe bereits dann, soweit sich der Unternehmer entschließt, eine systematische Lösungssuche zu erarbeiten, Vorgaben zu benennen und dazu vorbereitende Maßnahmen durchführen zu lassen[100]. *Rentsch* konstatiert in diesem Zusammenhang, dass eine Unterrichtung erst nach Abschluss der Vorüberlegungen zudem gegen die RL 2002/14/EG verstoße.[101] Die Unterrichtung im Anwendungsbereich der Richtlinie beziehe sich auch auf die Frage des „Obs" einer Maßnahme, demgegenüber seien nach Abschluss der Vorüberlegungen

---

97 Vgl. auch BAG 22.01.1991 – 1 ABR 38/89, DB 1991, 1176, 1176 – für den Fall der Veräußerung von Gesellschafteranteilen.

98 BAG 11.07.2000 – 1 ABR 43/99, NZA 2001, 402, 405; BAG 22.01.1991 – 1 ABR 38/89, DB 1991, 1176, 1176 f.; BAG 20.11.1984 – 1 ABR 64/82, NZA 1985, 432, 432 f.

99 *Besgen*, in BeckOK-ArbR, § 106 BetrVG, Rn. 11; *Däubler*, in D/K/K/W-BetrVG, § 106, Rn. 44, Fitting, BetrVG, § 106, Rn. 30; *Hjort*, AiB 2005, 221, 222; *Kania*, in ErfK, BetrVG § 106 BetrVG, Rn. 4;. Vgl. auch *Rentsch*, S. 155, 160, der fordert den zeitlichen Vorlauf so zu bemessen, dass der Wirtschaftsausschuss die Möglichkeit hat in betriebswirtschaftlich und psychologisch sinnvoller Weise auf die Entscheidung des Unternehmers einzuwirken.

100 *Däubler*, in D/K/K/W-BetrVG, § 106, Rn. 44, *Hjort*, AiB 2005, 221, 222.

101 *Rentsch*, S. 157.

nur noch wenige Detailfragen offen.[102] Der Begriff *rechtzeitig* baue jedoch auf ein Beteiligungsverfahren mit hinreichenden Erfolgschancen.[103] Andere Autoren erkennen für solche, als Vorstellungen oder Planspiele eingestufte Stadien noch keine Unterrichtungspflicht an.[104] Die Pflicht des Unternehmers den Wirtschaftsausschuss zu unterrichten und mit diesem zu beraten setze voraus, dass ein Vorgang besteht, den der Unternehmer bereits reflektiert hat,[105] also ein hinreichender Unterrichtungs- und Beratungsgegenstand existiert. Erforderlich sei vielmehr, dass der Wirtschaftsausschuss die objektive Chance erhält auf die Maßnahme des Unternehmers einzuwirken.[106]

Ob nun bereits der Entschluss zu planen oder erst ein Zeitpunkt während des Planens selbst, der Zeitpunkt für eine rechtzeitige Unterrichtung des Wirtschaftsausschusses ist, soll an dieser Stelle nicht näher untersucht werden. Es ist jedoch zu berücksichtigen, dass der unternehmerische Entschluss und die Ausarbeitung zu dessen Realisierung miteinander einhergehen können und sich nicht zwangsläufig voneinander trennen lassen. Bereits aus diesem Grund erscheinen Vorbereitungshandlungen als Zeitpunkt einer rechtzeitigen Unterrichtung als ungeeignet. Vielmehr ist entscheidend, dass zum Zeitpunkt der Unterrichtung der Aufgabenkreis des Wirtschaftsausschusses noch erfüllt werden kann. Voraussetzung ist daher, dass die objektive Möglichkeit der Einflussnahme auf die beteiligungspflichtige Maßnahme besteht. Dass dem Wirtschaftsausschuss dazu ein gewisser Erfolgsgrad zuzustehen hat, lässt sich dem Gesetz nicht entnehmen.[107] Unverständlich bleiben auch die Bedenken bezüglich der Anforderungen der RL 2002/14/EG. Soweit der Unternehmer einer beteiligungspflichtigen Maßnahme durch sogenannte Vorüberlegungen Konturen gegeben hat, kann selbstverständlich noch über die Frage des „Obs“ der Maßnahme disponiert werden.

Maßgeblich für die weitere Untersuchung ist, dass bei wirtschaftlichen Angelegenheiten von § 106 Abs. 3 Nr. 5 bis 9 BetrVG die Besonderheiten der Mitbestimmungsrechte des Betriebsrats bei Betriebsänderungen zu berücksichtigen

---

102 *Rentsch*, S. 157.

103 *Rentsch*, S. 157.

104 *Heinze*, NZA 1985, 555, 556, mit der entsprechenden Terminierung; *Oetker*, in GK-BetrVG, § 106 Rn. 119; *Röder/Göpfert*, BB 1997, 2105, 2107; *Willemsen/Lembke*, in H/W/K-ArbR Kommentar, § 106 BetrVG, Rn. 34.

105 *Willemsen/Lembke*, in H/W/K-ArbR Kommentar, § 106 BetrVG, Rn. 34.

106 Dafür auch u.a.: *Heinze*, NZA 1985, 555, 556; *Röder/Göpfert*, BB 1997, 2105, 2107.

107 A.A. *Rentsch*, S. 158.

sind.[108] Dies ergibt sich aus § 106 Abs. 1 S. 2 BetrVG und § 108 Abs. 4 BetrVG. Soll der Wirtschaftsausschuss seinerseits den Betriebsrat informieren und dieser noch rechtzeitig beteiligt werden, setzt dies voraus, dass der Wirtschaftsausschuss vor dem Betriebsrat zu beteiligen ist, da sonst einer der vom Wirtschaftsausschuss verfolgten Zwecke obsolet werden würde.[109] Dem Betriebsrat muss nach der Unterrichtung durch den Wirtschaftsausschuss seinerseits noch die Möglichkeit eröffnet bleiben, durch die Wahrnehmung seiner Mitbestimmungsrechte aus §§ 111 ff. BetrVG auf die Willensbildung des Unternehmers einwirken zu können.[110]

(ii) Differenzierung beim Betriebsübergang

Für die Ermittlung der rechtzeitigen Unterrichtung des Wirtschaftsausschusses bei einem bevorstehenden Betriebsübergang soll nach Ansicht von *Cohnen*[111] eine Besonderheit gelten. Für die Fälle eines Betriebsübergangs ohne Betriebsänderung müsse dem Betriebsrat kein Beteiligungsrecht ermöglicht werden, was zur Folge hätte, dass eine Unterrichtung des Wirtschaftsausschusses noch im Stadium bereits fortgeschrittener Verkaufsverhandlungen und nach bereits erfolgter Due Diligence-Prüfung als rechtzeitig anzusehen sei, soweit sich Veräußerer und Erwerber noch nicht vertraglich endgültig gebunden haben.[112]

---

108 *Däubler*, in D/K/K/W-BetrVG, § 106, Rn. 43.

109 BAG 11.07.2000 – 1 ABR 43/99, NZA 2001, 402, 405; BAG 22.01.1991 – 1 ABR 38/89, DB 1991, 1176, 1176 f.; *Däubler*, in D/K/K/W-BetrVG, § 106, 43; *Willemsen/Lembke*, in H/W/K-ArbR Kommentar, § 106 BetrVG, Rn. 12, 33.

110 BAG 11.07.2000 – 1 ABR 43/99, NZA 2001, 402, 405; BAG 22.01.1991 – 1 ABR 38/89, NZA 1991, 649, 650; *Annuß*, in Richardi-BetrVG, § 106 Rn. 24; *Däubler*, in D/K/K/W-BetrVG § 106, 43; *Rumpff/Boewer*, S. 192, Rn. 26; *Willemsen/Lembke*, in H/W/K-ArbR Kommentar, § 106 BetrVG, Rn. 12, 33.

111 *Cohnen/Moll*, in Münchn. Anwaltshandb. ArbR, § 54, Rn. 139.

112 Die konkreten Stadien: Fortgeschrittene Verkaufsverhandlungen und Due-Dillengence-Prüfung beziehen sich auf die Ansicht von *Löw*, DB 2008, 758, 760. Dabei ist jedoch zu berücksichtigen, dass diese im Zusammenhang mit der wirtschaftlichen Angelegenheit aus § 106 Abs. 3 Nr. 9a BetrVG vorgeschlagen wurden. Ob diese grundsätzlich auf den Betriebsübergang übertragen werden können ist fraglich. So wird im Zusammenhang von § 106 Abs. 3 Nr. 9a BetrVG die Beteiligung des Unternehmens für abdingbar gehalten, da dieser keinen Einfluss ausüben können, sondern dies nur von den Anteilseignern entschieden werden könne – *Schröder/Falter* NZA 2008, 109, 110.

Die von *Cohnen*[113] geforderte Differenzierung berücksichtigt die Beratungsfunktion[114] des Wirtschaftsausschusses nicht hinreichend. So hätte der Unternehmer im Falle einer geplanten Veräußerung des Betriebs oder von Betriebsteilen zu entscheiden, ob dies mit einer Betriebsänderung verbunden wäre beziehungsweise eine solche auslöst. Dies setzt jedoch voraus, dass ein konkreter Plan über den bevorstehenden Betriebsübergang besteht. Gerade dies ist jedoch Gegenstand der Beratung und damit Teil des Beteiligungsrechts. Etwaige Rückschlüsse auf Mitbestimmungsrechte nach §§ 111 ff. BetrVG lassen sich zum Zeitpunkt der Beteiligung nicht schließen. Würde beispielweise der Unternehmer beabsichtigen, seinen gesamten Betrieb zu veräußern und sich nach der Beratung und Erörterung mit dem Wirtschaftsausschuss dafür entscheiden, nur einen Betriebsteil zu veräußern, der einen Betriebsteilübergang auslöst, bestünde die Möglichkeit, dass wegen der Spaltung des Betriebs ein Beteiligungsrecht nach § 111 S. 3 Nr. 3 BetrVG entsteht[115]. Der Wirtschaftsausschuss könnte nun, nach der Ansicht von *Cohnen*, nicht mehr seinen Teilzweck – die Unterrichtung des Betriebsrats – rechtzeitig erfüllen. Für einen bevorstehenden Betriebsübergang müssen daher dieselben Maßstäbe gelten, wie für wirtschaftliche Angelegenheiten nach § 106 Abs. 3 Nr. 6 bis 9 BetrVG.

(d) Beratung mit dem Unternehmer

Nach § 106 Abs. 1 S. 2 BetrVG hat der Wirtschaftsausschuss nach der Unterrichtung mit dem Unternehmer zu beraten. Ob neben der Pflicht, über wirtschaftliche Angelegenheiten zu unterrichten, ein Beratungsrecht besteht, ist umstritten.

(i) Beratungsmöglichkeit

Nach Ansicht von *Willemsen/Lembke* stehe es dem Unternehmer frei mit dem Wirtschaftsausschuss zu beraten.[116] Aus den Normen §§ 90 II 1, 92 I 2, 111 S. 1 BetrVG wird im Umkehrschluss geschlossen, dass § 106 BetrVG nur die Unterrichtung mit einer Beratungsmöglichkeit verlange und keine „aktive" Beratungspflicht vorsehe.[117]

---

113 *Cohnen/Moll*, in Münchn. Anwaltshandb. ArbR, § 54, Rn. 139.

114 Zum Beratungsrecht des Wirtschaftsausschusses vgl. unter II./C./1./b)/(d).

115 Vgl. unter IV./C./3.

116 *Willemsen/Lembke*, in H/W/K-ArbR Kommentar, § 106 BetrVG, Rn. 54.

117 *Willemsen/Lembke*, in H/W/K-ArbR Kommentar, § 106 BetrVG, Rn. 54.

(ii) Unterscheidung nach dem Beratungsgegenstand

Nach Ansicht des BAG bestehe eine Beratungspflicht nur für solche Fälle, in denen der Wirtschaftsausschuss neben seinem Informationsinteresse auch Einfluss- und Mitwirkungschancen auf die Planungen der beteiligungspflichtigen wirtschaftlichen Angelegenheit habe.[118] Für den Fall eines beteiligungspflichtigen Gesellschafterwechsels entschied das BAG, dass der Unternehmer nicht zu Beratung verpflichtet sei, da dieser Vorgang ohne unternehmensrechtliche Wirkung dem Einflussbereich des Unternehmers entzogen sei.[119]

(iii) Beratungspflicht

Autoren rechtswissenschaftlicher Literatur vertreten, dass für den Wirtschaftsausschuss ein Beratungsrecht aus § 106 Abs. 1 S. 2 und Abs. 2 BetrVG besteht.[120] Danach müsse ein Meinungsaustausch stattfinden, welcher die Notwendigkeit, Ziel, Ausmaß und Art der wirtschaftlichen Angelegenheiten mit dem Wirtschaftsausschuss bespreche.[121]

(iv) Stellungnahme

Die Beratung des Unternehmers umfasst als gesetzlich festgeschriebener Aufgabenbereich nach § 106 Abs. 1 S. 2 BetrVG den Funktionsbereich des Wirtschaftsausschusses. Die Annahme einer fakultativen Wahrnehmung einer Beratung durch den Unternehmer findet keine gesetzliche Grundlage. Zudem widerspricht das BAG seiner eigenen Rechtsprechung zur rechtzeitigen Unterrichtung des Wirtschaftsausschusses, in der betont wird, dass dem Wirtschaftsausschuss die Möglichkeit der Einflussnahme auf die Planungen des Unternehmers zustehe[122]. Dies setzt jedoch zwangsläufig eine Beratung voraus. Zwar konkretisieren andere Vorschriften im Betriebsverfassungsgesetz Beratungen mit dem Betriebsrat, welche für die Beratung mit dem Wirtschaftsausschuss in solcher Form fehlt, dennoch führt eine fehlende Konkretisierung nicht zum Entzug, beziehungsweise

---

118 BAG 22.01.1991 – 1 ABR 38/89, DB 1991, 1176, 1177.

119 BAG 22.01.1991 – 1 ABR 38/89, DB 1991, 1176, 1177.

120 *Däubler*, in D/K/K/W-BetrVG, § 106, 36; *Franzen*, in FS Birk 2008, S. 97, 103; *Hauck*, in FS Richardi, 537, 551; *Oetker*, in GK-BetrVG, § 106, Rn. 51 f.; *Rentsch*, S. 138 f.; *Rumpff/Boewer*, S. 197, Rn. 39; *Schweibert*, in W/H/S/S, C, 492.

121 *Oetker*, in GK-BetrVG, § 106, Rn. 51; *Rumpff/Boewer*, S. 197, Rn. 39.

122 Vgl. dazu: BAG 11.07.2000 – 1 ABR 43/99, NZA 2001, 402, 405; BAG 22.01.1991 – 1 ABR 38/89, DB 1991, 1176, 1176; BAG 20.11.1984 – 1 ABR 64/82, NZA 1985, 432, 432 f.

zur Einschränkung der Aufgabenwahrnehmung. Die Annahme, nur dann dem Wirtschaftsausschuss ein Beratungsrecht anzuerkennen, sofern die Möglichkeit besteht durch die Beratung auch abweichende Entscheidungen des Unternehmers zu bewirken, verkürzt die Funktion einer Beratung. Es würde damit ein Beratungsziel zu Grunde gelegt, welches sich nicht aus den Regelungen der §§ 106 ff. BetrVG herleiten lässt.

Die Beratung im Sinne von § 106 Abs. 1 S. 2 BetrVG ist auch in Verbindung mit der Unterrichtungsfunktion des Wirtschaftsausschusses für den Betriebsrat zu verstehen. Danach hat die Beratung mit dem Unternehmer nicht nur das Ziel Entscheidungsprozesse zu beeinflussen. Sie kann darüber hinaus Erläuterungen zu der wirtschaftlichen Angelegenheit beinhalten, welche wiederum das Ziel haben, den Wirtschaftsausschuss auf seine Unterrichtungsaufgabe vorzubereiten. Ob diese bestehen, entscheidet der Wirtschaftsausschuss jedoch erst am Ende der Beratung, da bis zum Ende die Möglichkeit eröffnet bleibt, dass die wirtschaftliche Angelegenheit durch den Unternehmer verändert wird.

Dieses Verständnis entspricht auch dem Verständnis einer Beratung, Sachverhalte zu besprechen oder zu unterreden. Ziel der Beratung ist demnach, die Unterrichtung der wirtschaftlichen Angelegenheit abzuschließen, Bedenken zu äußern, Vorschläge auszutauschen und die Unterrichtung des Betriebsrats vorzubereiten. Ob die Beratung dabei auf Entscheidungen zum „Ob" und „Wie" der wirtschaftlichen Angelegenheit beitragen kann, ist für die Frage, ob dem Wirtschaftsausschuss das Beratungsrecht zusteht, unerheblich. Daher ist sich den Stimmen in der Literatur anzuschließen, die dem Wirtschaftsausschuss in allen wirtschaftlichen Angelegenheiten ein Beratungsrecht einräumen.

(v) Konsequenz für den Betriebsübergang

Der Wirtschaftsausschuss hat mit dem Unternehmer nach § 106 Abs. 1 S. 2 BetrVG über einen bevorstehenden Betriebsübergang zu beraten. Wie dargelegt, entfällt das Beratungsrecht nicht dadurch, dass der Unternehmer Entscheidungsträger über die Durchführung von Maßnahmen ist, die zum Übergang eines Betriebs oder Betriebsteil nach § 613a BGB führen können.[123] Ziel der Beratung ist die Möglichkeit der Einflussnahme, nicht das Recht, zwangsläufig Teil der Entscheidungsprozesse zu werden.

123 Vgl. unter II./C./1./b)/(d)/(v).

c) Ergebnis

Die Planung des Unternehmers, eine Maßnahme durchzuführen, die eine Betriebsübergang zur Folge hat, löst die Unterrichtungs- und Beratungsrechte des Wirtschaftsausschusses nach § 106 Abs. 3 Nr. 10 BetrVG aus.

2 Kollektiver Schutz trotz § 613a BGB

a) Allgemein

Der Betriebsübergang ist auf der einen Seite nicht ausdrücklich Gegenstand der wirtschaftlichen Mitbestimmungsrechte des Betriebsrat, anderseits soll im Falle von Umstrukturierungen im Zusammenhang mit einem Betriebsübergangs der betriebsverfassungsrechtliche Schutz durch den Betriebsrat gewährleistet werden.[124] Daneben gilt nach überwiegender Ansicht der Rechtsprechung des BAG und der Literatur die Kontinuität des Betriebsratsamtes als ein Schutzweck von § 613a BGB.[125]

Zur Bewertung, ob im Falle einer unternehmerischen Maßnahme das Mandat des Betriebsrats entfällt, wird überwiegend auf das Merkmal der Betriebsidentität abgestellt.[126] Bleibt trotz der Maßnahme die Betriebsidentität erhalten, bewirkt die Maßnahme keinen Verlust des Mandats des Betriebsrats.[127] Die Betriebsidentität soll dabei keinen definitionsfähigen Begriff bilden, sondern nur typologisch, durch Betrachtung des Grades der organisatorischen Änderung des

---

124 So ausdrücklich die Gesetzesbegründung zu § 21a BetrVG – BT-Drucks. 14/5741, S. 39.

125 BAG 29.10.1975 – 5 AZR 444/74, NJW 1976, 535, 535; BAG 17.01.1980 – 3 AZR 160/79, AP BGB § 613a Nr. 18; *Gussen*, in BeckOK-ArbR, § 613a BGB, Rn. 2; *Hauck*, in FS AGDA, S. 621, 624; *Hauck*, in FS Richardi, S. 537, 540; *Kliemt/Teusch*, in juris-PK BGB, § 613a BGB, Rn. 1; *Müller-Glöge*, in MünchKomm BGB, § 613a, Rn. 7; *Preis*, in ErfK, § 613a BGB, Rn. 2; *Steffan*, in A/P/S, § 613 a BGB, Rn. 1; *Willemsen*, in H/W/K-ArbR Kommentar, § 613a BGB, Rn. 6, der die Kontinuität des Betriebsratsamt als Komplementärfunktion einordnet. A.A. wegen fehlender Auswirkungen der Betriebsidentität durch den Rechtsträgerwechsels: *Annuß*, in Staudinger, § 613a, Rn. 11; *Jochums*, Gemeinschaftsbetrieb, S. 47; *Stöckel*, S. 178.

126 BAG 19.11.2003 – 7 AZR 11/03, NZA 2004, 435, 437; BAG 31.05.2000 – 7 ABR 78/98, NZA 2000, 1350, 1352 f.; BAG 28.09.1988 – 1 ABR 37/87, NZA 1989, 188, 189; *Hohenstatt*, in W/H/S/S, D, Rn. 51; *Reichold*, in H/W/K-ArbR Kommentar, § 21a BetrVG, Rn. 1; *Kittner*, NZA 2012, 541, 541; *Stöckel*, S. 177 m.w.N.

127 BAG 08.05.2014 – 2 AZR 1005/12, NZA 2015, 889, 892; BAG 24.05.2012 – 2 AZR 62/11, NZA 2013, 277; *Kreutz*, in GK-BetrVG, § 21a, Rn. 19; Fitting, BetrVG, § 21a, Rn. 9.

Betriebs vor und nach der jeweiligen Maßnahme bestimmt werden.[128] Gemessen wird die Betriebsidentität dabei an unterschiedlichen Kriterien, die keiner konkreten Gewichtung oder Hierarchie folgen und aus den Merkmalen des allgemeinen Betriebsbegriffs abgeleitet werden.[129] Einigkeit besteht darüber, dass aus dem Wechsel des Rechtsträgers keine Änderungen der Betriebsidentität entstehen.[130] Das Mandat des Betriebsrats legitimiert sich nicht aus einem spezifischen Betriebsinhaber, sondern aus dem Betrieb für den er gewählt worden ist.[131] Die Funktion der Zuordnung des Betriebs zu einem Rechtsträger als Betriebsinhaber besteht nur darin, einen Adressaten zur Wahrnehmung der Beteiligungsrechte gegenüber dem Betriebsrat festzulegen, wobei im Falle eines Gemeinschaftsbetriebs nach § 1 Abs. 2 BetrVG auch mehrere Rechtsträger einen Betriebsinhaber bilden können.[132] Aus diesem Grund überzeugt auch die Ansicht in der Literatur[133], die die Kontinuität des Betriebsratsamtes nicht als einen Schutzzweck von § 613a BGB deklariert. Der in § 613a BGB geregelte Betriebsinhaberwechsel berührt das Amt des Betriebsrats nicht, was nicht im Umkehrschluss bedeuten kann, dass daraus automatisch ein Schutzzweck der Norm folgt.

Die Betriebsidentität und damit das Mandat des Betriebsratsamtes können jedoch bei einem Betriebsteilübergang betroffen sein. Der Übergang eines betriebsratsfähigen Teilbetriebs kann zum Verlust der bisherigen Zuständigkeit der Arbeitnehmervertretung des Veräußerers führen. Relevant wird dies z.B. für den Fall, bei dem ein betriebsratsfähiger Teil durch Spaltung auf einen Inhaber übergeht und die übergehenden Arbeitnehmer nicht mehr für die Zeit bis zur Neuwahl eines Betriebsrats betriebsverfassungsrechtlich repräsentiert werden. Für die Zeit von der Beendigung der alten Betriebsratstätigkeit bis zur Aufnahme einer neuen Betriebsratstätigkeit wurde von Stimmen der Literatur sowie

128 *Fischer*, RdA 2005, 39, 42; *Thüsing*, DB 2004, 2474, 2474; *Thüsing*, in Richardi-BetrVG § 21a Rn. 5.

129 *Fischer*, RdA 2005, 39, 42; *Hohenstatt*, in W/H/S/S, D, Rn. 69. Zu den unterschiedlichen Kriterien ausführlich *Stöckel*, S. 29 f. und 51 ff.

130 BAG 05.02.1991 – 1 ABR 32/90, NZA 1991, 639–641; BAG 28.09.1988 – 1 ABR 37/87, NZA 1989, 188, 189; *Besgen*, in BeckOK-ArbR, § 1 BetrVG, Rn. 25; *Koch*, in ErfK, BetrVG § 1 BetrVG, Rn. 12 und § 21 Rn. 5; *Stöckel*, S. 31; *Thüsing*, in Richardi-BetrVG § 21a Rn. 28.

131 BAG 31.05.2000 – 7 ABR 78/98, NZA 2000, 1350, 1353 – betriebsbezogene Interessenvertretung; BAG 28.09.1988 – 1 ABR 37/87, NZA 1989, 188, 189.

132 Vgl. *B. Gaul*, in H/W/K-BetrVG, § 1 BetrVG, Rn. 12.

133 *Annuß*, in Staudinger, § 613a, Rn. 11; *Jochums*, Gemeinschaftsbetrieb, S. 47; *Meyer*, Betriebsübergang, S. 35 f.; *Stöckel*, S. 178.

seit dem 31.05.2000 auch vom BAG ein Übergangsmandat anerkannt.[134] Andere Gesetze kannten zu diesem Zeitpunkt schon vergleichbare Regelungen, wie § 13 SpTrUG und § 6b VermG.[135]

Um die Kontinuität des Betriebsratsamtes bei Maßnahmen zu gewährleisten, die zum Entfall das Betriebsratsmandat führen, trat am 23.07.2001 § 21a BetrVG durch das Betriebsverfassungsreformgesetz in Kraft.[136] Das Übergangsmandat des Betriebsrats gilt nach § 21a Abs. 3 BetrVG auch dann, wenn eine Spaltung oder Zusammenlegung im Zusammenhang mit einer Betriebsveräußerung oder einer Umwandlung nach dem Umwandlungsgesetz erfolgt.

b) Hintergrund der Novellierung

Nach Art. 6 Abs. 1 S. 1 RL 2001/23/EG darf ein Betriebsübergang die Rechtsstellung und Funktion der Arbeitnehmervertretung nicht berühren. Nach Art. 6 Nr. 1 S. 4 RL 2001/23/EG haben die Mitgliedsstaaten Maßnahmen zu treffen, soweit bei einem Betriebsübergang der Betrieb oder Betriebsteil seine Selbständigkeit verliert. Die Maßnahmen müssen dazu führen, dass die vom Übergang betroffenen Arbeitnehmer, die vor dem Übergang vertreten wurden, während des Zeitraums, Neubildung oder Neubenennung der Arbeitnehmervertretung, weiterhin angemessen vertreten werden. Die Vorgaben der RL 98/50/EG des Rates vom 29.06.1998 zur Änderung der Betriebsübergangsrichtlinie 77/187/EWG war bis zum 17.07.2001 von den Mitgliedsstaaten umzusetzen. Ersetzt wurde diese Richtlinie zuvor bereits durch die RL 2001/23/EG, was für die Regelung eines Übergangsmandats inhaltlich folgenlos blieb.[137]

c) Umsetzung

§ 21a BetrVG diente nach der Fußnote in der amtlichen Überschrift der Umsetzung des Art. 6 der Richtlinie 2001/23/EG des Rates vom 12.03.2001.[138] Nach § 21a BetrVG entsteht ein Übergangsmandat, soweit der abgespaltene Betriebsteil

---

134 BAG 31.05.2000 – 7 ABR 78/98, NZA 2000, 1350, 1353 f.; *Kreutz*, in GK-BetrVG, § 21a, Rn. 4 m.w.N.

135 *Kreutz*, in GK-BetrVG, § 21a, Rn. 4.

136 BGBl I, 1852.

137 Fitting, BetrVG, § 21a, Rn. 3; *Schmidt-Kessel*, BB 2001, 2162, 2162.

138 Dies ist unzutreffend. Der durch Art. 1 Nr. 18 Betriebsverfassungsreformgesetz in Kraft getretene § 21a BetrVG setzte die durch die Richtlinie 98/50/EG vom 29.06.1998 von Ansprüchen der Arbeitnehmer beim Übergang von Unternehmen, Betrieben oder Betriebsteilen um – *Kreutz*, in GK-BetrVG, § 21a BetrVG, Rn. 2.

die Voraussetzungen des § 1 Abs. 1 S. 1 BetrVG erfüllt und nicht in einen Betrieb eingegliedert wird in denen ein Betriebsrat besteht. Nach § 21a Abs. 2 BetrVG gilt im Falle einer Zusammenlegung von Betrieben oder Betriebsteilen, dass der Betriebsrat für den nach der Zahl der wahlberechtigten Arbeitnehmer größten Betrieb oder Betriebsteil das Übergangsmandat wahrnimmt. Beide Voraussetzungen für die Entstehung eines Übergangsmandats sollen nach § 21a Abs. 3 BetrVG auch dann gelten, wenn die Spaltung oder Zusammenlegung von Betrieben oder Betriebsteilen im Zusammenhang mit einer Betriebsveräußerung oder Umwandlung nach dem UmwG erfolgt. Die Umsetzung des Gesetzgebers ging dabei über die Vorgaben der Richtlinie hinaus, da auch Fälle ohne einen Rechtsträgerwechsel erfasst sind, z.B. bei unternehmensinternen Betriebszusammenlegungen.[139] Anknüpfungspunkt für die Nomenklatur des allgemeinen betriebsverfassungsrechtlichen Übergangsmandats wurde die betriebliche Umstrukturierung, die zum Verlust der mandatstragenden Betriebsidentität führen kann.[140]

d) Entkopplung vom Betriebsübergang

Nach § 21a Abs. 3 BetrVG entsteht ein Übergangsmandat nach Erfüllung der Voraussetzungen der Abs. 1 oder 2 auch dann, soweit die rechtstechnische Durchführung im Zuge einer Betriebsveräußerung erfolgte. Von der Betriebsveräußerung nach Abs. 3 wird auch der Betriebsübergang nach § 613a BGB erfasst, was sich aus der Gesetzesbegründung erschließt. Dort wird beschrieben, dass es vor allem in denen für Arbeitnehmer kritischen Phasen im Anschluss an eine betriebliche Umstrukturierung, es eines besonderen kollektiven Schutzes durch die Arbeitnehmervertretung bedürfe.[141] Dieser sei auch erforderlich, wenn die betriebliche Umstrukturierung im Zusammenhang mit einem Betriebsübergang im Wege der Einzel- oder Gesamtrechtsnachfolge oder ausschließlich aufgrund von Änderungen der Betriebsorganisation innerhalb eines Unternehmens erfolge.[142]

Der Gesetzgeber beabsichtigte damit – zumindest im Hinblick auf den Betriebsübergang – klarzustellen[143], dass die rechtstechnischen Umstände der

139 *Kreutz*, in GK-BetrVG, § 21a, Rn. 2.

140 BAG 08.05.2014 – 2 AZR 1005/12, NZA 2015, 889 ff. Vgl. auch: Fitting, BetrVG, § 21a, Rn. 7; *Thüsing*, DB 2004, 2474, 2474.

141 BT-Drucks. 14/5741, S. 39.

142 BT-Drucks. 14/5741, S. 39.

143 *Hohenstatt*, in W/H/S/S, D, Rn. 75.

betrieblichen Umstrukturierung keine Auswirkungen auf das Übergangsmandat bewirken, was wohl daher resultierte, dass die Vorschrift ausdrücklich die Funktion der Richtlinienumsetzung hatte[144].

Der Gesetzgeber schützt die Kontinuität des Betriebsratsamtes durch § 21a BetrVG auch bei Betriebsübergängen, ohne diese selbst als Anknüpfungspunkt für die Entstehung eines allgemeinen betriebsverfassungsrechtlichen Übergangsmandats werden zu lassen.[145] Die in § 21a BetrVG benannten Spaltungen oder Zusammenlegungen können zum Verlust des Betriebsratsmandats führen, da diese Maßnahmen anders als der Betriebsübergang die betriebliche Identität verändern können. Die Änderung der Betriebsidentität führt jedoch nach dem Prinzip der betriebsbezogenen Repräsentation zum Verlust der ursprünglichen Zuständigkeit des Betriebsrats.[146] Der Betriebsübergang hat damit keine unmittelbare Auswirkung auf das Betriebsratsamt und dessen Vertretungsbefugnis für die Arbeitnehmer des Betriebs. Dies gilt, soweit der Betriebsübergang sich im Wechsel des betrieblichen Rechtsträgers erschöpft und keine Änderungen an der betrieblichen Einheit erfolgen, die zum Verlust der mandatstragenden Betriebsidentität führen.

e) Der Widerspruch als Schranke betriebsverfassungsrechtlicher Kontinuität

Normen der Betriebsverfassung schützen jedoch nicht gänzlich vor dem Verlust einer kollektiven Interessenvertretung bei einem Betriebsübergang. Die gilt jedenfalls dann, soweit man den Widerspruch nach § 613a Abs. 6 BGB als ein dem Betriebsübergang zugehöriges Gestaltungsrecht begreift. Widerspricht ein vom Betriebsübergang betroffener Arbeitnehmer nach § 613a Abs. 6 BGB, kann eine kollektive Interessenvertretung durch den vormals bestehenden Betriebsrat entfallen.[147]

Geht ein Betrieb im Ganzen auf den Erwerber über, fehlt es unter Umständen an der für die Anwendung eines Übergangsmandats vorausgesetzten betrieblichen Umstrukturierung. Diese hat nach § 21a BetrVG ursächlich dafür zu sein, dass betroffene Arbeitnehmer aus dem Zuständigkeitsbereich des Betriebsrats

---

144 *Löwisch/Kaiser*, BetrVG, § 21a, Rn. 1; a.A. im Hinblick auf unternehmensübergreifende Umstrukturierungen *Kreutz*, in GK-BetrVG, § 21a, Rn. 84.

145 *Besgen*, in BeckOK-ArbR, § 21a BetrVG, Rn. 2; Fitting, BetrVG, § 21a, Rn. 7.

146 Vgl. unter II./C./2./a).

147 BAG 24.05.2012 – 2 AZR 62/11, Os. 3, NZA 2013, 277, 281 f.; BAG 08.05.2014 – 2 AZR 1005/12,Os. 2, NZA 2015, 889, 892.

herausfallen oder der Betriebsrat sein Mandat verliert.[148] Ein Betriebsübergang ist jedoch nicht zwangsläufig mit betrieblichen Umstrukturierungen verbunden, sondern kann sich im Wechsel des Rechtsträgers erschöpfen. Das Erfordernis einer betrieblichen Umstrukturierung gilt nach § 21a Abs. 3 BetrVG auch in den Fällen einer Betriebsveräußerung.[149] Eine analoge Anwendung von § 21a BetrVG wurde vom BAG zuletzt abgelehnt.[150]

Ob dies im Ergebnis richtig ist und noch den Anforderungen des Art. 6 Nr. 1 der RL 2001/23/EG genügt, soll im Rahmen dieser Arbeit nicht erörtert werden. Entscheidend für die Untersuchung ist in diesem Zusammenhang, dass der Schutz, den § 21a BetrVG durch das Übergangsmandat garantiert, nur greift, sofern der Arbeitnehmer die Zugehörigkeit zum Betrieb nicht selbst durch Widerspruch gegen den Betriebsübergang auflöst. Erst der Entzug vor einem Betriebsübergang kann zum Verlust kollektivrechtlicher Interessenvertretung führen. Bleibt der Betrieb erhalten und geht auf den Erwerber über, besteht für widersprechende Arbeitnehmer, die dem Veräußerer zugeordnet bleiben, kein Restmandat nach § 21b BetrVG. Der Vorgang des Widerspruchs nach § 613a Abs. 6 BGB ist kein Vorgang, der ein Restmandat nach § 21b BetrVG auslöst.[151] Ein Restmandat nach § 21b BetrVG setzt voraus, dass der Betrieb durch Stilllegung, Spaltung oder Zusammenlegung untergeht. Diese Voraussetzungen sind nicht erfüllt, wenn der Betrieb im Rahmen von § 613a BGB identitätswahrend übergeht.[152]

f) Ergebnis

Der Betriebsübergang berührt das Mandat des Betriebsrats nicht. Auch § 21a Abs. 3 BetrVG hat insoweit nur klarstellende Wirkung. Der Bestand des

148 Nur BAG 08.05.2014 – 2 AZR 1005/12, NZA 2015, 889, 892.

149 BAG 08.05.2014 – 2 AZR 1005/12, NZA 2015, 889, 892.

150 BAG 08.05.2014 – 2 AZR 1005/12, NZA 2015, 889, 892; ebenso: *Kreutz*, in GK-BetrVG, § 21a, Rn. 86; *Moll/Ersfeld*, DB 2011, 1108. A.A.: *Buschmann*, in D/K/K/W-BetrVG, § 21a, Rn. 25a – der u.a. in dem Widerspruchsverfahren einen organisatorischen Akt erkennt; *Löw*, AuR 2007, 194, 195; Fitting, BetrVG, § 21a, Rn. 12a – für eine unionsrechtskonforme Auslegung durch Zuerkennung eines Übergangsmandats.

151 BAG 08.05.2014 – 2 AZR 1005/12, NZA 2015, 889, 892; *Hidalgo/Kobler*, NZA 2014, 290, 291. Für eine analoge Anwendung von § 21b BetrVG bei Widerspruch zahlreicher Arbeitnehmer LAG Rheinland-Pfalz 18.04.2005 – 2 TaBV 15/05, NZA-RR 2005, 529, 529.

152 BAG 24.05.2012 – 2 AZR 62/11, OS. 3, NZA 2013, 277, 282; *Hidalgo/Kobler*, NZA 2014, 290, 291 m.w.N.

Betriebsratsamtes ist an die Betriebsidentität gekoppelt. Entsprechend dieser Systematik hat der Gesetzgeber gesetzlichen Schutz nur für Maßnahmen geregelt, in denen durch betriebliche Umorganisationen die Betriebsidentität berührt wird oder entsprechend § 21b BetrVG entfällt. In diesem Zusammenhang zeigt sich, dass der Bestand kollektivrechtlicher Interessenvertretung keinen gesetzlichen Schutz vor § 613a BGB erfahren hat, da zwischen Bestand des Betriebsrats und Betriebsübergang kein Verhältnis von Wirkung und Auswirkung existiert. Einzig der Widerspruch bei einem Betriebsübergang nach § 613a Abs. 6 BGB kann für Arbeitnehmer zum Verlust arbeitnehmerrechtlicher Vertretung im Betrieb führen sowie im Einzelfall zum Verlust des Betriebsratsamtes durch Widerspruch eines Amtsträgers. Ursächlich ist dabei jedoch der durch Ausübung des Widerspruchs bewirkte Entzug von der betrieblichen Einheit, an deren Bestand die Existenz des Betriebsrats gebunden ist.

D Ergebniszusammenfassung zu Betriebsübergang und Betriebsverfassung

1 Rechtslage vor § 613a BGB

§ 69 S. 2 BRG untersagte ausdrücklich Eingriffe in die Unternehmensleitung. In der Konsequenz regelte § 74 S. 1 BRG nur dann ein Unterrichtungsrecht der Arbeitnehmervertretung, sofern Maßnahmen am Betrieb durchgeführt werden sollten, die entweder den Umfang oder die Inhalte der Organisation des Betriebs oder die Arbeitnehmer selbst betreffen. Bereits vor der Verabschiedung des BetrVG 1952 war die Person des Betriebsinhabers von den Beteiligungsrechten der Arbeitnehmervertretung nicht erfasst. Das BetrVG 1952 wurde nicht dahingehend erweitert, dass der Betriebsinhaberwechsel Gegenstand der Beteiligungsrechte nach §§ 72 BetrVG 1952 wurde. Es wurde postuliert, dass der Wechsel des Betriebsinhabers keine Betriebsänderung im Sinne von § 72 BetrVG auslöse. Im Falle des Wechsels des Betriebsinhabers sollte nur gegenüber dem Wirtschaftsausschuss nach § 67 Abs. 3 BetrVG ein Unterrichtungsrecht bestehen.

2 Keine Verknüpfung von § 613a BGB und § 122 BetrVG 1972

Die Einfügung von § 613a BGB in das BGB durch § 122 BetrVG 1972 lässt keine Rückschlüsse dahingehend zu, dass der in § 613a BGB geregelte Betriebsübergang eine betriebsverfassungsrechtliche Bedeutung hat. Diese Form der Gesetzesverabschiedung erklärt sich aus dem Gesetzgebungsverfahren heraus und stellt klar, dass eine Norm, die im Zusammenhang mit der Betriebsverfassung diskutiert wurde, als Norn des BGB in Kraft trat.

3 Beteiligungspflicht des Wirtschaftsausschusses

Maßnahmen lösen nach § 106 Abs. 3 Nr. 10 BetrVG die Beteiligungspflicht des Wirtschaftsausschusses aus, wenn sie einen Betriebsübergang zur Folge haben. Die Beteiligungspflicht des Unternehmers begrenzt sich dabei nicht auf eine Unterrichtungspflicht, sondern umfasst nach dem eindeutigen Wortlaut von § 106 Abs. 1 S. 2 BetrVG auch eine Pflicht zur Beratung mit dem Wirtschaftsausschuss. Durch die Unterrichtungsfunktion des Wirtschaftsausschusses gegenüber dem Betriebsrat nach § 106 Abs. 1 S. 2 BetrVG hat der Betriebsrat mittelbare Unterrichtungsrechte hinsichtlich des geplanten Betriebsübergangs. Die Frage, ob der Betriebsübergang eine Betriebsänderung erfüllen kann, verschiebt nicht den Zeitpunkt der rechtzeitigen Unterrichtung. Eine vorgegriffene Entscheidung bezüglich der Maßnahme widerspricht dem Beratungsrecht mit seiner erfassten Beratungsmöglichkeit.

4 Kollektiver Schutz ohne Regelung von § 613a BGB

Die Betriebsverfassung trifft keine Regelungen im Falle eines Betriebsübergangs die Kontinuität des Betriebsratsamtes zu schützen. Dies erklärt sich aus der Legitimationsgrundlage des Betriebsratsamtes, dass an den Betrieb als Einheit geknüpft wird. Die Regelung aus § 21 Abs. 3 BetrVG hat bezüglich eines Betriebsübergangs nur klarstellende Wirkung.

III Drittes Kapitel – Betriebsübergang und Betriebsänderung

A Betriebsänderung trotz Betriebsübergang

Das BAG konstatierte in einer frühen Entscheidung nach Verabschiedung von § 613a BGB, dass ein Betriebsinhaberwechsel nicht zur Einschränkung der Mitbestimmungsrechte des Betriebsrats und der sozialen Verpflichtung auf Arbeitgeberseite führen dürfe.[153] Auf Grundlage des Regierungsentwurfs zum Betriebsverfassungsgesetz 1972[154] verstand das BAG § 613a BGB als Alternative beziehungsweise als Ergänzung zu den Mitbestimmungsrechten und nicht als Begrenzung derer.[155] § 613a BGB regle das Schicksal der Arbeitsverhältnisse allgemein.[156] Die Übertragung der Arbeitsverhältnisse auf den Erwerber bezwecke nicht nur individualrechtlichen Bestandsschutz, sondern ermögliche auch eine kollektivrechtliche Interessenvertretung der von der Übertragung betroffenen Arbeitnehmer.[157] Nach Ansicht des Senats können auf Erwerberseite nur durch Aufrechterhaltung der Arbeitsverhältnisse geplante Betriebsänderungen kollektivrechtlichen Schutz erfahren; die weitere Entwicklung sei dann die Angelegenheit des neuen Inhabers und des weiterbestehenden Betriebsrats.[158]

Die Mitbestimmungsrechte nach §§ 111, 112 BetrVG sollen dann zu wahren sein, wenn der Betriebsinhaberwechsel mit Maßnahmen verbunden sind, die jeweils die Voraussetzungen einer mitbestimmungspflichtigen Betriebsänderung aus § 111 BetrVG erfüllen.[159] Die Rechtsprechung des BAG erkannte keine Gründe, die die Anwendbarkeit der Mitbestimmungsrechte bei geplanten Betriebsänderungen für die Fälle ausschließen oder begrenzen.[160] Sind die Voraussetzungen einer Betriebsänderung und eines Betriebsübergangs jeweils erfüllt, erfordere der soziale Schutzzweck in diesen Fällen die Anwendbarkeit

153 BAG 29.10.1975 – 5 AZR 444/74, NJW 1976, 535, 535.

154 BT-Drucks. 6/1786, S. 59.

155 BAG 29.10.1975 – 5 AZR 444/74, NJW 1976, 535, 535.

156 BAG 29.10.1975 – 5 AZR 444/74, NJW 1976, 535, 535.

157 Vgl. BAG 29.10.1975 – 5 AZR 444/74, NJW 1976, 535, 535f.

158 BAG 29.10.1975 – 5 AZR 444/74, NJW 1976, 535, 535.

159 BAG 04.12.1979 – 1 AZR 843/76, AP BetrVG 1972 § 111 Nr. 6.

160 BAG 04.12.1979 – 1 AZR 843/76, AP BetrVG 1972 § 111 Nr. 6. Bestätigt unter anderem durch: BAG 21.10.1980 – 1 AZR 145/79, NJW 1981, 2599, 2599; BAG 16.06.1987 – 1 ABR 41/85, NZA 1987, 671, 671 f.; BAG 25.01.2000 – 1 ABR 1/99, NZA 2000, 1069, 1070.

der Mitbestimmungsrechte.[161] Die Rechtsprechung des BAG wird dabei in der Literatur geteilt.[162] Entscheidend ist insoweit, dass § 613a BGB und §§ 111 BetrVG unterschiedliche Regelungsgegenstände erfassen[163], wonach sich bereits systematisch ein Exklusivitätsverhältnis beider Normen ausschließt.

B Betriebsübergang als Betriebsänderung

1 Überblick

Den zweiten Unterabschnitt des sechsten Abschnitts der Betriebsverfassung betitelt der Gesetzgeber mit *Betriebsänderungen*. Betriebsänderungen sind Ausganspunkt für das System der wirtschaftlichen Mitbestimmung nach §§ 111 BetrVG. Dieser Mitwirkungskomplex setzt voraus, dass der Unternehmer nach § 111 S. 1 BetrVG die Durchführung einer Betriebsänderung plant und im Unternehmen in der Regel mehr als zwanzig wahlberechtigte Arbeitnehmer beschäftigt werden.[164] Dazu muss nach § 111 S. 1 BetrVG die Betriebsänderung dazu führen, dass wesentliche Nachteile für die Belegschaft oder erhebliche Teile der Belegschaft drohen. Was als Betriebsänderung im Sinne von § 111 S. 1 BetrVG gilt, listet § 111 S. 3 BetrVG. In diesem Zusammenhang ist nach wie vor umstritten, ob eine Betriebsänderung aus § 111 S. 3 BetrVG die Tatbestandsvoraussetzungen bezüglich des Drohens von wesentlichen Nachteilen durch die geplante Betriebsänderung zu erfüllen hat[165] beziehungsweise die Aufzählung in

161 BAG 04.12.1979 – 1 AZR 843/76, AP BetrVG 1972 § 111 Nr. 6.

162 Zustimmend: *Annuß*, in Richardi-BetrVG, § 111, Rn. 128; *Heither*, ZIP 1985, 513, 514; *Hohenstatt/Willemsen*, in H/W/K-ArbR Kommentar, § 111 BetrVG, Rn. 54; *Kleinebrink/Commandeur*, NZA 2007, 113, 113; *Matthes*, NZA 2000, 1073, 1073; *Moll*, RdA 2003, 129, 140; *Neef*, NZA 1994, 97, 97; *Schweibert*, in W/H/S/S, C, Rn. 81.

163 *Hauck*, in FS Richardi, S. 537, 544; *Kleinebrink/Commandeur*, NZA 2007, 113, 113.

164 Zur Änderung des Schwellenwertes von Betrieb auf das Unternehmen im Zuge des BetrVerf-Reformgesetzes BT-Drucks. 14/5741, S. 51 sowie ausführlich *Annuß*, in Richardi-BetrVG, § 111, Rn. 22; kritisch *Lingemann*, NZA 2002, 934, 935.

165 Für die Annahme einer Fiktion der nachteiligen Folgen: BAG 09.11.2010 – 1 AZR 708/09, NZA 2011, 466, 467, BAG 18.03.2008 – 1 ABR 77/06, NZA 2008, 957, 959; BAG 25.01.2000 – 1 ABR 1/99, NZA 2000, 1069, 1070; BAG v. 10.12.1996 – 1 ABR 32/96, NZA 1997, 898, 899; *Bauer*, DB 1994, 217, 218; Fitting, BetrVG, § 111, Rn. 42; *Däubler*, in D/K/K/W-BetrVG, § 111, Rn. 44; *Rumpff/Boewer*, S. 274, Rn. 61. Für ein unwiderlegbare Vermutung: *Kania*, in ErfK, § 111 BetrVG, Rn. 8. A. A. *Löwisch/Kaiser*, BetrVG, § 111 Rn. 22; *v. Hoyningen-Huene*, BetrVR, § 15, II, Rn. 5. Für eine widerlegbare Vermutung: LAG Rheinland-Pfalz 10.09.2009 – 11 TaBV 13/09, ArbR 2010, 24, 24; *Hess*, in H/W/G/N/R/H, BetrVG, § 111, Rn. 50.

§ 111 S. 3 BetrVG abschließend ist[166]. Einer Streitentscheidung bedarf es für die vorliegende Untersuchung zunächst nicht, da zuerst untersucht werden soll, ob der Betriebsübergang nach § 613a BGB generell eine Betriebsänderung innerhalb des Systems von § 111 BetrVG erfüllen kann.

2 Meinungsstand

Die Verabschiedung des gesetzlichen angeordneten Übergangs der Arbeitsverhältnisse beim Betriebsübergang auf den Betriebserwerber führte nicht zur ausdrücklichen Normierung des Betriebsübergangs als Betriebsänderung. Ob § 613a BGB unter den Tatbestand der Betriebsänderung subsumierbar ist, wird seit dessen Inkrafttreten diskutiert. Die Darstellung des Meinungsstands teilt sich in zwei Gliederungspunkte, innerhalb derer unterschiedliche Ansätze dargestellt werden, die zur Beantwortung der aufgeworfenen Rechtsfrage verfolgt werden. In diesem Zusammenhang werden noch keine Auswirkungen der Betriebsübergangsrichtlinie (RL 2001/23/EG) sowie der Anhörungsrichtlinie (RL 2002/14/EG) berücksichtigt, sondern in einem separaten Abschnitt untersucht.[167]

a) Betriebsübergang – Eine Betriebsänderung

(1) Überblick

Nach Inkrafttreten von § 613a BGB vertraten eine Berufungsinstanz[168] und Autoren rechtswissenschaftlicher Literatur[169] die Auffassung, dass der

166 Für eine abschließende Aufzählung: LAG Düsseldorf 29.03.1978 – 2 Sa 701/77, DB 1979, 114, 114; *Annuß*, in Richardi-BetrVG, § 111, Rn. 41; *Hohenstatt/Willemsen*, in H/W/K-ArbR Kommentar, § 111 BetrVG, Rn. 20; *Schweibert*, in W/H/S/S, C, Rn. 20. Dem entgegen für eine nur beispielhafte Aufzählung: LAG Baden-Württemberg 16.06.1987 – 8 (14) TaBV 21/86, LAGE § 111 BetrVG 1972 Nr. 6; *Däubler*, in D/K/K/W-BetrVG, § 111, Rn. 45 ff.; Fitting, BetrVG, § 111, Rn. 44; *Oetker*, in GK-BetrVG, § 111, Rn. 56 f.; *Rumpff/Boewer*, S. 270, Rn. 50; *von Hoyningen-Huene*, BetrVR, § 15, II, Rn. 5.

167 Vgl. unter III./B./3. und 4.

168 LAG Baden-Württemberg 11.10.1978 – 9 TaBV 4/78, EzA, § 111, BetrVG 1972, Nr. 10.

169 *B. Gaul*, § 28, Rn. 101; *Bonin*, AuR 2004, 321, 325 f.; *Däubler*, in D/K/K/W-BetrVG, § 111, Rn. 125; *Engels*, DB 1979; 2227 ff.; *Fabricius*, in GK-BetrVG, 6. Auflage, § 111, Rn. 267; *Fischer*, in Brennpunkte des ArbR 2001, S. 167, 178 ff.; *Herschel*, AuR 1981, 387, 388; *Kohte*, AUA Beilage zu Heft 1/1995, 1, 6; *Pottmeyer*, Betriebsinhaberwechsel und Mitbestimmung, S. 224 ff.; *Säcker*, in Arbeitsrechtliche Probleme der Unternehmenskonzentration, S. 127, 144 ff. *Simon*, ZfA 1987, 311, 317; *Teichmüller*, Betriebsänderung, S. 52 ff.; *Trittin*, AuR 2009, 119, 121. Vgl. kritisch *Hüper*, Der Betrieb im Unternehmerzugriff, S. 95 ff.

Betriebsinhaberwechsel mit der Folge eines Betriebsübergangs eine Betriebsänderung auslöse.

(2) Betriebsinhaberwechsel als organisatorische Änderung

Der Betriebsübergang erfülle die Voraussetzungen einer Betriebsänderung nach § 111 BetrVG, da die Änderung der betrieblichen Einheit bewirkt werde.[170]

Kittner bewertet den Betriebsübergang als einen drastischen Eingriff in die Betriebsstrukturen, da das Rechtssubjekt wegfalle und damit die Frage aufkomme, woraus sich der Unterschied zur Änderung des Leitungsapparats sowie die Änderung der Verantwortlichkeit und der Unterstellungsverhältnisse ergebe – sei der Betriebsübergang doch gerade dies, nur in potenzierter Form.[171] Nach Ansicht von *Simon* liege es nahe, neben der Änderung der Belegschaft auch den Arbeitgeber als solchen Bestandteil des Betriebs zu erfassen, dessen Änderung eine Betriebsänderung erfülle.[172] Auch nach den Ausführungen von *Teichmüller* seien vom Betriebsbegriff nicht nur Arbeitnehmer sondern auch der Arbeitgeber erfasst, sodass der Wechsel der personalen Komponente eine Betriebsänderung auslöse.[173] Nach *U. Fischer* ließe sich sonst im Umkehrschluss argumentieren, dass Maßnahmen, die lediglich die Arbeitnehmer betreffen, keine Betriebsänderung erfüllen könne.[174]

(3) Kollektiver Schutz und keine Begrenzung

Ein anderer Begründungsansatz erkennt bei einem Betriebsübergang die Notwendigkeit kollektiven Schutzes, der durch die §§ 111 ff. BetrVG erfüllt werden müsse sowie auch nicht durch § 613a BGB begrenzt werden dürfe.[175]

---

170 *Fabricius*, in GK-BetrVG, 6. Auflage, § 111, Rn. 143, 266; *Engels*, DB 1979, 2227, 2230; *Pottmeyer*, Betriebsinhaberwechsel und Mitbestimmung, S. 227. Ausführlich zum sog. formalen Betriebsbegriff: *Fischer*, in Brennpunkte des ArbR 2001, S. 167, 179; *Kittner*, AP BetrVG 1972 § 111 Nr. 9; *Simon*, ZfA 1987, 311, 317; *Trittin*, AuR, 2009, 119, 121.

171 *Kittner*, AP BetrVG 1972 § 111 Nr. 9.

172 *Simon*, ZfA 1987, 311, 317.

173 *Teichmüller*, Betriebsänderung, S. 55.

174 *Fischer*, in Brennpunkte des ArbR 2001, S. 167, 179.

175 *Däubler*, in D/K/K/W-BetrVG, § 111, Rn. 125; *Fabricius*, in GK-BetrVG, 6. Auflage, § 111, Rn. 270 ff., 290; *Fischer*, in Brennpunkte des ArbR 2001, S. 167, 179; *Pottmeyer*, Betriebsinhaberwechsel und Mitbestimmung, S. 229; *Teichmüller*, Betriebsänderung, S. 54 f.; *Weiss/Weyand*, BetrVG, § 111 Rn. 5. Kritisch bezüglich der Herausnahme von § 613a BGB *Gamillscheg*, Kollektives Arbeitsrecht, Band II, § 52, S. 1145.

§ 613a BGB sei keine abschließende Spezialvorschrift mit betriebsverfassungsrechtlicher Sperrwirkung.[176] Der Betriebsübergang müsse als Betriebsänderung qualifiziert werden können, da etwa die Übertragung auf einen Arbeitgeber ohne eigenes Vermögen mit Nachteilen für die Arbeitnehmer bei der Sozialplanaufstellung verbunden sein könne.[177] Vor diesem Hintergrund entschied das LAG Baden-Württemberg am 11.10.1978, dass die Planung zur Aufteilung einer GmbH in eine Produktions- und Besitzgesellschaft und der damit verbundene Übergang der Belegschaft auf den Erwerber unter die Mitbestimmungsrechte nach § 111 BetrVG 1972 fällt.[178] Die Übernahme der Arbeitnehmerschaft auf die Produktionsgesellschaft hätte sonst zur Folge, dass dieser keine Mittel mehr zur Verfügung stünden, um die Ansprüche der Arbeitnehmerschaft einem Interessen- oder Nachteilsausgleich zuzuführen.[179]

Aus den Gesetzesmaterialien lasse sich nur der Schluss ziehen, dass die ausdrückliche Nichtregelung von § 613a BGB in § 111 BetrVG auch bedeuten könne, dass nach Ansicht des Gesetzgebers der Betriebsübergang ohnehin der Norm unterliege und daher keiner ausdrücklichen Erwähnung bedürfe.[180] Die Entscheidung, eine allgemeine Regelung zu treffen sperre nicht die Erfassung von § 613a BGB.[181] So gelte § 613a BGB auch für betriebsratslose Betriebe, weshalb eine Berührung der Mitbestimmungsrechte nach § 111 BetrVG nicht vorliege.[182]

Daneben erlaube § 111 BetrVG eine wirtschaftliche Betrachtungsweise, um auch den Betriebsinhaberwechsel zu erfassen, soweit hierdurch der Eintritt wesentliche Nachteile für die Arbeitnehmer drohe.[183] Dies gelte, da der Widerspruch keine adäquate Abhilfe ermögliche.[184]

---

176 *Fischer*, in Brennpunkte des ArbR 2001, S. 167, 179.

177 *Däubler*, in D/K/K/W-BetrVG, § 111, Rn. 125.

178 LAG Baden-Württemberg v. 11.10.1978 – 9 TaBV 4/78, EzA, § 111, BetrVG 1972, Nr. 10.

179 LAG Baden-Württemberg 11.10.1978 – 9 TaBV 4/78, EzA, § 111, BetrVG 1972, Nr. 10.

180 *Pottmeyer*, Betriebsinhaberwechsel und Mitbestimmung, S. 182; *Teichmüller*, Betriebsänderung, S. 55.

181 *Fabricius*, in GK-BetrVG, 6. Auflage, § 111, Rn. 278. Vgl. auch *Hüper*, Der Betrieb im Unternehmerzugriff, S. 97, der dem Gesetzgeber unterstellt die Tragweite möglicher Gefährdungen des Betriebsübergangs übersehen sowie die Wirkung von § 613a BGB überschätzt zu haben.

182 *Teichmüller*, Betriebsänderung, S. 55.

183 *Säcker*, in Arbeitsrechtliche Probleme der Unternehmenskonzentration, S. 127, 145.

184 *Säcker*, in Arbeitsrechtliche Probleme der Unternehmenskonzentration, S. 127, 145.

b) Betriebsübergang – Keine Betriebsänderung

(1) Überblick

Die Rechtsprechung des BAG und zahlreiche Autoren rechtswissenschaftlicher Literatur vertreten, dass der Betriebsübergang nach § 613a BGB keine beteiligungspflichtige Betriebsänderung bewirken kann.[185]

(2) Rechtsprechung

Das BAG schloss sich der abweichenden Instanzrechtsprechung an[186] und hob die dargelegte Entscheidung des LAG Baden-Württemberg auf.[187]

Der 1. Senat des BAG entschied, dass der Übergang eines Betriebs durch Rechtgeschäft auf einen anderen Inhaber allein noch keine Betriebsänderung im Sinne von § 111 BetrVG auslöse, da die Folgen eines solchen rechtsgeschäftlichen Betriebsinhaberwechsels für die Arbeitsverhältnisse der Betriebsangehörigen in § 613a BGB besonders geregelt seien.[188]

---

185 Erstmals zum Verhältnis der Mitbestimmungsrechte des Betriebsrat und § 613a BGB: BAG 29.10.1975 – 5 AZR 444/74, NJW 1976, 535, 535; dann ausdrücklich BAG 24.07.1979 – 1 AZR 219/77, DB 1980, 164, 165; BAG 04.12.1979 – 1 AZR 843/76, AP BetrVG 1972 § 111 Nr. 6; BAG 21.10.1980 – 1 AZR 145/79, NJW 1981, 2599, 2599; BAG 17.02.1981 – 1 ABR 101/78, AP BetrVG 1972 § 111 Nr. 9; BAG 16.06.1987 – 1 ABR 41/85, NZA 1987, 671, 671 f.; BAG 10.12.1996 – 1 ABR 32/96, NZA 1997, 898, 900; BAG 16.05.2002 – 8 AZR 319/01, NZA 2003, 93, 97; BAG 31.01.2008 – 8 AZR 1116/06, NZA 2008, 642, 645; BAG 15.12.2011 – 8 AZR 692/10, NZA-RR 2012, 570, 575; *Annuß*, in Richardi-BetrVG, § 111, Rn. 124; *Bauer*, DB 1994, 217, 220; *B. Gaul*, DB 1995, 2265, 2266; *Boemke/Tietze*, DB 1999, 1389, 1389; *Bracker*, Betriebsübergang und Betriebsverfassung, S. 102; *C. Meyer*, NZA 2000, 297, 299; Fitting, BetrVG, § 111, Rn. 50; *Hauck*, in FS Richardi, S. 537, 544; *Hohenstatt/Willemsen*, in H/W/K-ArbR Kommentar, § 111 BetrVG, Rn. 53; *Koch*, in *Schaub ArbR-Handbuch*, § 244, Rn. 8; *Konzen*, Unternehmensaufspaltungen und Organisationsänderungen im BetrVR, S. 133; *Matthes*, in Münchn. Anwaltshandbuch. ArbR, § 360, Rn. 58; *Matthes*, NZA 2000, 1073, 1073; *Moll*, RdA 2003, 129, 134; *Müller-Glöge*, in MünchKomm BGB, § 613a Rn. 74; *Oetker*, in GK-BetrVG, § 111, Rn. 175–176; *Schwanda*, Der Betriebsübergang in § 613a BGB, S. 281; *Steffan*, in Düwell-BetrVG, § 111, Rn. 30; *Spirolke*, in Gesamtes Arbeitsrecht, § 111 BetrVG, Rn. 13.

186 LAG Frankfurt a. Main 02.12.1976 – 6 Sa 1150/75, DB 1977, 2054, 2054; LAG Frankfurt a. Main 29.11.1978 – 10 Sa 310/78, BB 1979, 1142, 1142; LAG Düsseldorf 14.08.1973 – 4 Ta BV 41/73, DB 1973, 2453, 2453 f.

187 LAG Baden-Württemberg 11.10.1978 – 9 TaBV 4/78, EzA, § 111, BetrVG 1972, Nr. 10 – aufgehoben durch BAG vom 17.02.1981 – 1 ABR 101/78, AP BetrVG 1972 § 111 Nr. 9.

188 BAG 04.12.1979 – 1 AZR 843/76, AP Nr. 6 zu § 111 BetrVG 1972.

In einer späteren Entscheidung führte der 1. Senat seine Begründung aus und setzte sich mit der Entscheidung des LAG Baden-Württemberg[189] auseinander. Danach verkenne das LAG Baden-Württemberg[190] den Betriebsbegriff aus § 111 BetrVG.[191] Nicht jede Maßnahme des Unternehmers, die wesentliche Nachteile für die Belegschaft oder erhebliche Teile der Belegschaft zur Folge haben könne, sei mitbestimmungspflichtig, da die Maßnahme auch eine Änderung des Betriebs im Sinne von § 111 BetrVG erfordere.[192] Der Betriebsbegriff des Betriebsverfassungsgesetzes umfasse nicht den Betriebsinhaberwechsel.[193] Es solle nur dann von einer Änderung des Betriebs ausgegangen werden können, wenn entweder die organisatorische Einheit, die Betriebsmittel, der Betriebszweck oder die in der Belegschaft zusammengefassten Arbeitnehmer eine Änderung in quantitativer oder qualitativer Hinsicht erfahre.[194]

(3) Literatur

Die Rechtsprechung des 1. Senats des BAG wurde durch eine Vielzahl von Autoren rechtswissenschaftlicher Literatur bestätigt.[195] Darin werden Argumente des BAG aufgegriffen, zum Teil ergänzt und fortentwickelt.

Bracker setzt sich mit dem Begriff der Betriebsänderung auseinander und konstatiert, dass nicht jede Veränderung eines der Elemente des Betriebsbegriffs zur Betriebsänderung führe.[196] Es können nur solche Maßnahmen als

189 Vgl. LAG Baden-Württemberg 11.10.1978 – 9 TaBV 4/78, EzA, § 111, BetrVG 1972, Nr. 10.
190 Vgl. LAG Baden-Württemberg 11.10.1978 – 9 TaBV 4/78, EzA, § 111, BetrVG 1972, Nr. 10.
191 BAG 17.02.1981 – 1 ABR 101/78, AP BetrVG 1972 § 111 Nr. 9.
192 BAG 17.02.1981 – 1 ABR 101/78, AP BetrVG 1972 § 111 Nr. 9.
193 BAG 17.02.1981 – 1 ABR 101/78, AP BetrVG 1972 § 111 Nr. 9.
194 BAG 17.02.1981 – 1 ABR 101/78, AP BetrVG 1972 § 111 Nr. 9.
195 Vgl. u.a.: *Annuß*, in Richardi-BetrVG, § 111, Rn. 124; *Bauer*, DB 1994, 217, 220; *B. Gaul*, DB 1995, 2265, 2266; *Boemke/Tietze*, DB 1999, 1389, 1389; *Bracker*, Betriebsübergang und Betriebsverfassung, S. 102; *C. Meyer*, NZA 2000, 297, 299; Fitting, BetrVG, § 111, Rn. 50; *Hauck*, in FS Richardi, S. 537, 544; *Hohenstatt/Willemsen*, in H/W/K-ArbR Kommentar, § 111 BetrVG, Rn. 53; *Koch*, in *Schaub ArbR-Handbuch*, § 244, Rn. 8; *Konzen*, Unternehmensaufspaltungen und Organisationsänderungen im BetrVR, S. 133; *Matthes*, in Münchn. Anwaltshandb. ArbR, § 360, Rn. 58; *Matthes*, NZA 2000, 1073, 1073; *Moll*, RdA 2003, 129, 134; *Müller-Glöge*, in MünchKomm BGB, § 613a Rn. 74; *Oetker*, in GK-BetrVG, § 111, Rn. 175–176; *Schwanda*, Der Betriebsübergang in § 613a BGB, S. 281; *Steffan*, in Düwell-BetrVG, § 111, Rn. 30; *Spirolke*, in Gesamtes Arbeitsrecht, § 111 BetrVG, Rn. 13.
196 *Bracker*, Betriebsübergang und Betriebsverfassung, S. 102.

Betriebsänderung gelten, die auf der gegenständlichen Ebene und nicht im personellen Bereich ein aliud schaffen und sich die Maßnahme des Arbeitgebers konkret auf die Situation der Arbeitnehmer auswirken müsse.[197]

Hauck stellt heraus, dass es sich jeweils um Maßnahmen auf unterschiedlichen Gebieten handle, die zum einen eine unternehmerische Entscheidung hinsichtlich Organisation, Struktur und Standort des Betriebs betreffe und zum anderen den Übergang der wesentlichen sächlichen oder immateriellen Betriebsmittel beziehungsweise der Hauptbelegschaft des Erwerbers berühre.[198]

Moll weist darauf hin, dass dem Betriebsübergang die für eine Betriebsänderung notwendige arbeitstechnische Dimension fehle.[199] Durch einen Betriebsübergang würde weder die Belegschaft, noch die Betriebsmittel, der Betriebszweck oder die Organisationseinheit etc. berührt.[200] Es bestünde zwar die Möglichkeit negativer Auswirkungen, wie der durch einen Rechtsträgerwechsel eintretende Ausschluss der Sozialplanpflicht nach § 112a Abs. 2 S. 1 BetrVG[201], jedoch habe § 613a BGB nicht den Zweck, solchen Nachteilen zu begegnen, was auch für die übrigen nachteiligen Auswirkungen, wie die Verringerung der Haftungsmasse oder die Verschlechterung der Arbeitsbedingungen gelte.[202] Dass im Zuge einer Überleitung der Arbeitsverhältnisse auf den Erwerber Nacheile entstünden, könne weder durch einen Ausschluss noch die Heranziehung des Betriebsänderungsinstrumentariums abgefangen werden.[203] Missbräuche würden jedoch in diesem Zusammenhang kontrolliert, die Rechtsprechung ziehe dabei Haftungsregeln des allgemeinen Zivil- und Gesellschaftsrechts heran.[204]

---

197 *Bracker*, Betriebsübergang und Betriebsverfassung, S. 102.

198 *Hauck*, in FS Richardi, S. 537, 544.

199 *Moll*, RdA 2003, 129, 131. Auch mit Hinweis auf die fehlende Betroffenheit der Betriebsebene: *Annuß*, in Richardi-BetrVG, § 111, Rn. 125; *Bauer*, DB 1994, 217, 220; *Matthes*, NZA 2000, 1073, 1073; *Schweibert*, in W/H/S/S, C, 79.

200 *Moll*, RdA 2003, 129, 131. Ähnlich auch *Hohenstatt/Willemsen*, in H/W/K-ArbR Kommentar, § 111 BetrVG, Rn. 53.

201 *Moll*, RdA 2003, 129, 131.

202 *Moll*, RdA 2003, 129, 131. So auch *Matthes*, NZA 2000, 1073, 1073, der in der Beteiligung des Betriebsrats nicht die Aufgabe erkennt Nachteilen zu begegnen, die allein durch einen Inhaberwechsel entstehen.

203 *Moll*, RdA 2003, 129, 131.

204 *Moll*, RdA 2003, 129, 131, mit Verweis auf Rspr. und Literatur und dem Hinweis auf folgende Stichworte in diesem Zusammenhang: Durchgriffshaftung, Gesellschafterdarlehn und Kapitalersatzleistungen, Konzernhaftung, § 826 BGB, § 613a Abs. 2 BGB, § 25 HGB, § 159 HGB

Andere Autoren argumentieren mit dem Schutzweck des § 111 BetrVG, welcher beim Betriebsübergang bereits durch § 613a BGB erfüllt werde.[205]

3 Stellungnahme

Jeder Betriebsübergang setzt den Wechsel des Betriebsinhabers voraus.[206] Nur soweit dieser Wechsel eine Änderung im Sinne einer Betriebsänderung von § 111 BetrVG ist, ließe sich die Behauptung aufstellen, dass der Betriebsübergang eine Betriebsänderung auslöst. Entscheidend ist daher zunächst die Beantwortung der Frage, ob der Wechsel des Rechtsträgers des Betriebs als Betriebsänderung nach § 111 BetrVG erfasst werden kann.

a) Wortlaut

Nach § 111 S. 1 BetrVG hat der Betriebsrat bei geplanten Betriebsänderungen, die wesentliche Nachteile für die Belegschaft oder erhebliche Teile der Belegschaft haben können, mitzubestimmen. Voraussetzung ist, dass der Betriebsinhaberwechsel zur Änderung des Betriebs im Sinne von § 111 BetrVG führt. Dies erscheint bei Berücksichtigung der jeweiligen Tatbestandsvoraussetzungen zweifelhaft, da die rechtsgeschäftliche Übertragung der betrieblichen Einheit nach § 613a BGB den Erhalt der betrieblichen Einheit als Voraussetzung hat und so in Disparität zur Betriebsänderung steht, die die Mitbestimmungsrechte an die geplante Änderung der betrieblichen Einheit knüpft. Für diese Schlussfolgerung bedarf es keiner ausdrücklichen Klarstellung, wie von *Pottmeyer*[207] gefordert wurde, sondern einer Auseinandersetzung mit dem Betriebsbegriff aus § 111 BetrVG und der Untersuchung, ob der Wechsel des Betriebsinhabers von einer Betriebsänderung im Sinne von § 111 BetrVG erfasst wird.

Das Betriebsverfassungsgesetz definiert den Betrieb nicht. Auch im Wege der BetrVG-ReformG 2001 hat der Gesetzgeber den Betrieb nicht definieren wollen, um den Betriebsbegriff weiterhin flexibel zu erhalten.[208] Es gilt daher der von der

---

205 *Koch*, in Schaub ArbR-Handbuch, § 244, Rn. 8. Vgl. auch *Matthes*, NZA 2000, 1073, 1073.

206 St. Rspr.: BAG 21.05.2015 – 8 AZR 409/13, NZG 2016, 35, 36; BAG 15.12.2011 – 8 AZR 197/11, NZA-RR 2013, 179, 182; BAG 14.08.2007 – 8 AZR 803/06, NZA 2007, 1428, 1430. Zustimmend in der Literatur u.a.: *Fuchs*, in BeckOK-BGB, § 613a, Rn. 25; *Müller-Glöge*, in MünchKomm BGB, § 613a, Rn. 55; *Preis*, in ErfK, § 613a BGB, Rn. 43.

207 *Pottmeyer*, Betriebsinhaberwechsel und Mitbestimmung, S. 181 f.

208 BT-Drucks. 14/5741, 26.

arbeitsrechtlichen Literatur entwickelte und in der Rechtsprechung angenommene Betriebsbegriff für das Betriebsverfassungsgesetz, wonach:

> *„Der Betrieb die organisatorische Einheit ist, innerhalb dessen der Arbeitgeber allein oder mit seinen Arbeitnehmern mit Hilfe von sächlichen und immateriellen Mitteln bestimmte arbeitstechnische Zwecke fortgesetzt verfolgt, die sich nicht in der Befriedigung des Eigenbedarfs erschöpfen."*[209]

Der Arbeitgeber ist damit Teil der allgemeinen Betriebsdefinition. Das hat jedoch noch nicht zur Folge, dass auch die Änderung der Person des Betriebsinhabers als Änderung der betrieblichen Einheit im Sinne von § 111 BetrVG zu verstehen ist. Maßgeblich in diesem Zusammenhang ist, ob der Betriebsinhaber als solcher Teil des Betriebs im Sinne der organisatorischen Einheit zu verstehen ist, dessen Veränderung als Gegenstand der Beteiligungsrechte gilt. Gegen letzteres spricht jedoch, dass der Rechtsträger des Betriebs keine zentrale Bedeutung innerhalb der betrieblichen Organisation einnimmt, was sich aus der Rechtsfigur des Gemeinschaftsbetriebs schließt, wonach auch mehrere Unternehmen einen Betrieb führen können (§ 1 Abs. 2 BetrVG).[210] Auch die Abgrenzung der Betriebsverfassung zur Unternehmensmitbestimmung unterstützt diese Annahme. Anders als in der Unternehmensmitbestimmung[211] hat die Rechtsform und damit die Figur des Betriebsinhabers keine Auswirkung auf die Wahrnehmung von Mitbestimmungsrechten. Entscheidend ist vielmehr, dass ein Arbeitgeber die Verpflichtung zur Wahrnehmung der betriebsverfassungsrechtlichen Beteiligungsrechte wahrnimmt.[212] Dies wird von den Autoren verkannt, welche den Arbeitgeber konträr zur Belegschaft in den Bereich betrieblicher Änderungen einbeziehen. Anders als die Belegschaft ist der Arbeitgeber und

---

209 St. Rspr. und Lit. nur: BAG 17.01.2007 – 7 ABR 63/05, NZA 2007, 704, 705 f.; BAG 14.12.1994 – 7 ABR 26/94, NZA 1995, 906, 907; BAG 14.09.1988 – 7 ABR 10/87, NZA 1989, 190, 190; Fitting, BetrVG, § 1, Rn. 63; *Koch*, in ErfK, § 1 BetrVG, Rn. 8; *Oetker*, in GK-BetrVG, § 111, Rn. 17; *Spirolke*, in Gesamtes Arbeitsrecht, § 111 BetrVG, Rn. 5; *Steffan*, Düwell-BetrVG, § 1 Rn. 9. Kritisch zu einem einheitlichen Betriebsbegriff *Joost*, Betrieb und Unternehmen, § 21, S. 333; *Trümmer*, in D/K/K/W-BetrVG, § 1, Rn. 40 ff. Zur Entwicklung des Betriebsbegriffs und seiner heutigen Bedeutung *Boemke*, in FS 600 Jahre Universität Leipzig, 203, 218.

210 Vgl. *B. Gaul*, in H/W/K-ArbR Kommentar, § 1 BetrVG, Rn. 12. Ausführlich zur Kennzeichnung des Gemeinschaftsbetriebs *Jochums*, Gemeinschaftsbetrieb, S. 17 ff.

211 Zur Rechtsformen die unter das Mitbestimmungsgesetz fallen: *Oetker*, in ErfK, § 1 MitbestG, Rn. 1 ff., *Seibt*, in H/W/K-ArbR Kommentar, § 1 MitbestG, Rn. 2.

212 Vgl. zum Arbeitgeber als Adressaten betriebsverfassungsrechtlicher Beteiligungsrechte *Richardi*, in Richardi-BetrVG, § 1, Rn. 42.

damit ebenfalls der Betriebsinhaber nicht Gegenstand der organisatorischen Einheit, auf die sich die Mitbestimmung im Rahmen von § 111 BetrVG bezieht.

Dass die Mitbestimmung im Rahmen von § 111 BetrVG durch den Unternehmer wahrgenommen wird, ändert am Ergebnis nichts. Unternehmer im Sinne der § 111 BetrVG ist die Rechtsperson, die als Betriebsinhaber die Betriebsänderung plant und durchführt.[213] Entscheidend ist, dass es für die Mitbestimmung nach der Betriebsverfassung nur eines Repräsentanten zur Wahrnehmung der Mitbestimmungsrechte bedarf. Eben diese Funktion nimmt die Person des Unternehmers als Betriebsinhaber innerhalb des Betriebsbegriffs in Bezug auf § 111 BetrVG ein, ohne selbst Gegenstand der organisatorischen Einheit und damit auch der betrieblichen Mitbestimmung zu werden. Davon streng zu trennen ist der betriebliche Leitungsapparat, der zum einen eine Kennzeichnung des Betriebs ist[214] und zum anderen auch Gegenstand der Mitbestimmungsrechte werden kann[215].

b) Systematik

Der Betriebsinhaberwechsel, als Wechsel des Rechtsträgers des Betriebs, ist eine Voraussetzung des Betriebsübergangs.[216] Die Regelung des Betriebsinhaberwechsels innerhalb einer zivilrechtlichen Vorschrift bedeutet jedoch nicht – wie teilweise geschlussfolgert – die Entziehung aus dem kollektivrechtlichen Normenbereich. Es zeigt vielmehr die Nichtregelung im Bereich der § 111 BetrVG, die der übrigen Systematik der Betriebsverfassung entspricht und zuletzt erst durch das Risikobereinigungsgesetz bestätigt wurde. Der Gesetzgeber hat den Betriebsübergang im Allgemeinen und dem Betriebsinhaberwechsel im Besonderen weder ausdrücklich als Beteiligungsrecht geregelt, noch als Anknüpfungspunkt im Zuge kollektivrechtlicher Interessenvertretung bestimmt.[217]

---

213 BAG 15.01.1991 – 1 AZR 94/90, NZA 1991, 681, 682 f.; Fitting, BetrVG, § 111, Rn. 2.

214 Zur Kennzeichnung des Leitungsapparats als Institution nur: BAG 9.12.2009 – 7 ABR 38/08, NZA 2010, 906, 908; BAG 17.01.2007 – 7 ABR 63/05, NZA 2007, 703, 705 f.

215 Vgl. dazu: BAG 18.03.2008 – 1 ABR 77/06, NZA 2008, 957, 960 f.; *Annuß*, in Richardi-BetrVG, § 111, Rn. 108; Fitting, BetrVG, § 111, 92; *Hohenstatt/Willemsen*, in H/W/K-ArbR Kommentar, § 111 BetrVG, Rn. 47.

216 St. Rspr.: BAG 21.05.2015 – 8 AZR 409/13, NZG 2016, 35, 36; BAG 15.12.2011 – 8 AZR 197/11, NZA-RR 2013, 179, 182; BAG 14.08.2007 – 8 AZR 803/06, NZA 2007, 1428, 1430. Zustimmend in der Literatur u.a.: *Fuchs*, in BeckOK-BGB, § 613a, Rn. 25; *Müller-Glöge*, in MünchKomm BGB, § 613a, Rn. 55; *Preis*, in ErfK, § 613a BGB, Rn. 43.

217 Vgl. unter II./C./2.

Das Argument, der Gesetzgeber beabsichtige durch die Regelung des Betriebsübergangs innerhalb des BGB einen allgemeinen zivilrechtlichen Schutz zu schaffen, der keinen betriebsverfassungsrechtlichen Schutz sperre[218], verkennt, dass Regelungen des BGB keine Mitbestimmungsrechte des Betriebsrats begründen. Die Tatsache, dass der Gesetzgeber den Betriebsübergang als Rechtsfolge in § 613a BGB normierte, ersetzt keine positive Regelung eines Beteiligungsrechts nach dem BetrVG.

c) Historie

Der Gesetzgeber hat § 613a BGB durch § 122 BetrVG am 15.01.1972 mit dem BetrVG 1972 ins Gesetz eingefügt und bediente sich dabei einer besonderen Mechanik, welche sich aus dem Gesetzgebungsverfahren heraus erklärt.[219]

Im Zuge der Verabschiedung des BetrVG 1972 wurde die Verabschiedung einer Regelung innerhalb des BetrVG zum Schutz bei Betriebsübergängen diskutiert, wobei der Gesetzgeber sich indes für eine zivilrechtliche Regelung innerhalb des BGB entschieden hatte. Aus dieser Mechanik der Gesetzesverabschiedung lassen sich keine Bezüge des § 613a BGB zur Betriebsverfassung ziehen, sondern nur die Tatsache erkennen, dass der Gesetzgeber keine Regelung dahingehendend traf, beim Betriebsinhaberwechsel kollektivrechtlichen Schutz durch die Mitbestimmungsrechte des Betriebsrats zu normieren.

Schlussfolgerungen zum Verständnis des Gesetzgerbers im Hinblick auf die Beteiligungspflicht beim Betriebsübergang, lassen sich aus bisherigen Gesetzesinitiativen ziehen. Der Gesetzgeber beabsichtigte in der Vergangenheit mehrfach Novellierungen bezüglich der Mitbestimmung beim Betriebsübergang.[220] Zuletzt verfolgte die SPD-Fraktion mit ihrem Antrag an die Bundesregierung vom 14.05.2013 eine Reformierung des BetrVG, wonach unter anderem der Betriebsübergang in den Katalog der Betriebsänderungen aufzunehmen sei. Dies bedeutet, dass der Gesetzgeber scheinbar nicht von der Beteiligungspflicht

---

218 Vgl. *Fischer*, in Brennpunkte des ArbR 2001, S. 167, 179.

219 Dazu unter II./B./1.

220 Gesetzesentwurf der SPD-Fraktion zum Ausbau und Änderung der betrieblichen Mitbestimmung vom 28.09.1988, BT-Drucks. 11/2995, 29; Antrag auf Vorlage eines Gesetzesentwurfs der SPD-Fraktion vom 14.05.2013, BT-Drucks. 17/13476, 2. Vgl. auch Gesetzesentwurf der SPD-Fraktion vom 23.07.1985 – zu einem Entwurf eines Gesetztes zum Ausbau und Sicherung der betrieblichen Mitbestimmung, BT-Drucks. 10/3666, 7f.; Entwurf DER GRÜNEN-Fraktion für ein Betriebsverfassungsgesetz vom 11.05.1989 BT-Drucks. 11/4525, 29 – wonach § 111 S. 1 BetrVG regeln sollte, dass die wirtschaftliche Mitbestimmung unabhängig eines Betriebsinhaberwechsels anzuwenden ist.

beim Betriebsübergang beziehungsweise beim Betriebsinhaberwechsel ausgeht. Die vergangenen Novellierungsbemühungen deuten vielmehr daraufhin, dass § 613a BGB keine Betriebsänderung erfüllt.

d) Sinn und Zweck

Das Mitbestimmungsrecht in wirtschaftlichen Angelegenheiten nach §§ 111 BetrVG berücksichtigt Arbeitnehmerinteressen durch die Beteiligung des Betriebsrats an unternehmerischen Entscheidungen.[221] Die Beteiligungsrechte knüpfen dabei an eine geplante Betriebsänderung als Ausgangpunkt zur Wahrnehmung kollektiver Interessenvertretung an.

§ 613a BGB selbst dient ebenfalls der Umsetzung von Arbeitnehmerinteressen, welche sich in mehrere Teilzwecke gliedern lassen. Ausweislich der Begründung im Gesetzgebungsverfahren sollen durch § 613a BGB der Bestand des Arbeitsverhältnisses gesichert, die Kontinuität des amtierenden Betriebsrats gewährleistet sowie durch eine zeitlich begrenzte Mithaftung des Betriebsveräußerers die Ansprüche betroffener Arbeitnehmer über den Zeitpunkt des Betriebsübergangs hinaus geschützt werden.[222] Im Zuge europarechtlicher Vorgaben traten durch das EG-Anpassungsgesetz vom 13.08.1980 Regelungen zur Bestandssicherung von Kollektivvereinbarungen sowie zum Kündigungsschutz in Kraft.[223]

Beide Normen verfolgen auf unterschiedliche Art und Weise den Anspruch, Arbeitnehmerinteressen zu entsprechen. Aus dem Sinn und Zweck § 111 BetrVG kann dabei nicht gefolgert werden, den Betriebsinhaberwechsel zu erfassen, da jegliche Beteiligungspflicht an die Planung einer Betriebsänderung gebunden ist. Ob kollektive Beteiligungsmechanismen neben den individualrechtlichen Regelungen von § 613a BGB sinnvoll erscheinen, wie *Pottmeyer* konstatiert[224], hat nicht die rechtswissenschaftliche Literatur, sondern der Gesetzgeber zu entscheiden. Im Wege der teleologischen Auslegung ist vielmehr maßgeblich, ob § 111 BetrVG sämtliche Maßnahmen erfasst, aus denen wesentliche Nachteile für die Arbeitnehmer entstehen können. Gegen diese Annahme spricht, dass die Beteiligung nicht umfassend bei betrieblichen Maßnahmen ausgelöst wird, sondern erst bei Änderungen des Betriebs. Die mögliche Betroffenheit von Arbeitnehmerinteressen allein genügt nicht, um eine betriebsänderungsgebundene Beteiligung des Betriebsrats nach §§ 111 ff. BetrVG auszulösen.

---

221 Vgl. ausführlich zum Zweck *Annuß*, in Richardi-BetrVG, § 111, Rn. 15, 16.
222 BT-Drucks. 6/1786, S. 59.
223 BGBl. I S. 1308.
224 *Pottmeyer*, Betriebsinhaberwechsel und Mitbestimmung, S. 185.

e) *Ergebnis*

Der Betriebsinhaberwechsel erfüllt nicht den Tatbestand einer Betriebsänderung nach § 111 BetrVG. Unter Berücksichtigung der juristischen Auslegungsmethodik lässt sich eine Betriebsänderung nicht derart auslegen, auch den Wechsel eines Betriebsinhaberwechsels zu erfassen, da dieser nicht Gegenstand einer betrieblichen Änderung im Sinne § 111 BetrVG ist. Dieses Ergebnis wird durch die Systematik der Betriebsverfassung bestätigt, die den im Betriebsübergang inbegriffenen Betriebsinhaberwechsel nicht als Gegenstand der Mitbestimmungsrechte des Betriebsrats regelt. Aus der Berücksichtigung der historischen Gesetzgebungsverfahren und Gesetzesinitiativen ergeben sich keine Anhaltspunkte dafür, den Betriebsinhaberwechsel als Betriebsänderung zu subsumieren. Dies gilt auch für den Sinn und Zweck von § 111 BetrVG. Die Norm soll keine Mitbestimmung bei sämtlichen betrieblichen Maßnahmen garantieren, aus denen Nachteile für die Arbeitnehmer folgen könnten.

Der Betriebsinhaberwechsel kann weder eine Betriebsänderung im Sinne von § 111 S. 3 Nr. 1 bis 5 BetrVG erfüllen, noch nach § 111 S. 1 BetrVG eine Betriebsänderung bewirken. Der Betriebsinhaberwechsel ist vom Begriff der Betriebsänderung nach § 111 BetrVG nicht erfasst, weshalb der Betriebsübergang keine Betriebsänderung im Sinne von § 111 BetrVG erfüllt.

4 Auswirkungen der Betriebsübergangsrichtlinie – RL 2001/23/EG

a) *Hintergrund und Inhalt*

Die Richtlinie 2001/23/EG[225] des Rates vom 12. März 2001 zur Angleichung der Rechtsvorschriften der Mitgliedstaaten über die Wahrung von Ansprüchen beim Übergang von Unternehmen, Betrieben oder Unternehmens- und Betriebsteilen (Betriebsübergangsrichtlinie) trennt zwischen individualrechtlichen und kollektivrechtlichen Pflichten beim Betriebsübergang. Die kollektiven Beteiligungsrechte dienen als Ergänzung zum individuellen Schutz der Arbeitnehmer beim Betriebsübergang und sollen diejenigen nachteiligen Auswirkungen kompensieren, die durch den Individualschutz nicht gewährt werden können.[226]

---

225 Richtlinie 2001/23/EG vom 12.03.2001 (ABl. Nr. L 82/16).

226 *Grau/Hartmann*, in Preis/Sagan, Europäisches Arbeitsrecht, § 11, Rn. 185, mit Verweis auf die Stellungnahme des Wirtschafts- und Sozialausschusses zum Kommissionsvorschlag Abl. C 255 vom 07.11.1975. Vgl. *Riesenhuber*, RdA 2004, 340, 341, der die kollektive Beteiligung der Arbeitnehmervertreter als eine Grundregel im Rahmen des Arbeitnehmerschutzes erkennt.

Erfasst werden neben Informations- und Konsultationspflichten auch Beratungsrechte der Vertreter der Arbeitnehmer, mit dem Ziel einer Einigung. Der Veräußerer ist nach Art. 7 Abs. 1 Unterabschnitt 2 RL 2001/23/EG verpflichtet die Vertreter der Arbeitnehmer zu informieren, und zwar über den Zeitpunkt beziehungsweise den geplanten Zeitpunkt des Übergangs, den Grund für den Übergang, die rechtlichen, wirtschaftlichen und sozialen Folgen des Übergangs für die Arbeitnehmer und die hinsichtlich der Arbeitnehmer in Aussicht genommenen Maßnahmen. Nach Art. 7 Abs. 2 RL 2001/23/EG hat der Veräußerer, beziehungsweise Erwerber, soweit er Maßnahmen hinsichtlich der Arbeitnehmer in Betracht zieht, die Vertreter seiner Arbeitnehmer rechtzeitig zu diesen Maßnahmen zu konsultieren, um eine Übereinkunft anzustreben. Die Informations- und Konsultationspflichten nach Art. 7 Abs. 1 Unterabschnitt 2 und Abs. 3 RL 2001/23/EG werden im Hinblick auf die Systematik von Art. 7 RL 2001/23/EG als Grundmodell bezeichnet.[227]

Die Regelung in Art. 7 Abs. 3 RL 2001/23/EG wird demgegenüber als Ausnahmemodell tituliert.[228] Art. 7 Abs. 3 RL 2001/23/EG begrenzt die Abs. 1 und 2 auf die Fälle, in denen die Mitgliedsstaaten Rechts- und Verwaltungsvorschriften vorsehen, wonach die Vertreter der Arbeitnehmer eine Schiedsstelle anrufen können, um eine Entscheidung über eine hinsichtlich der Arbeitnehmer treffende Maßnahmen zu erhalten, sowie in den Fällen in denen der Übergang eine Betriebsänderung hervorruft, die wesentliche Nachteile für einen erheblichen Teil der Arbeitnehmer zur Folge haben kann. Die Information und Konsultation hat sich dabei nach Art. 7 Abs. 3 Unterabschnitt 2 RL 2001/23/EG mindestens auf die in Aussicht genommenen Maßnahmen zu erstrecken und rechtzeitig vor dem Vollzug der Betriebsänderung zu erfolgen.

Es ist umstritten, ob das nationale Recht den Anforderungen aus Art. 7 RL 2001/23/EG entspricht.[229] Zum Teil wird gefordert, den Betriebsänderungsbegriff

---

227 *Franzen*, RdA 2002, 258, 260; *Grau*, ZfA 2005, 647, 653; *Grau/Hartmann*, in Preis/Sagan, Europäisches Arbeitsrecht, § 11, Rn. 185; *Oetker*, NZA 1998, 1193, 1193 f.

228 *Grau/Hartmann*, in Preis/Sagan, Europäisches Arbeitsrecht, § 11, Rn. 188.

229 Kein Umsetzungsdefizit: BAG 31.01.2008 – 8 AZR 1116/06, NZA 2008, 642, 645; *Aßmuth*, Bagatellspaltungen, S. 50; *B. Gaul*, BB 1999, 582, 583; *B. Gaul*, § 28, Rn. 109; *Franzen*, RdA 2002, 258, 260; *Grau/Hartmann*, in Preis/Sagan, Europäisches Arbeitsrecht, § 11, Rn. 203 ff.; *Hanau*, in FS Gaul, 297, 303 f.; *v. Alvensleben*, Die Rechte der Arbeitnehmer bei Betriebsübergang im europäischen Gemeinschaftsrecht, S. 291 f., 329 ff.; *Wank*, in Hanau/Steinmeyer/Wank, Handbuch des europ. Arbeits- und Sozialrechts, § 18, Rn. 151; A.A.: *Däubler*, in D/K/K/W-BetrVG, § 111, Rn. 126; *Düwell*, in FS Dieterich, S. 101, 109 ff.; *Riesenhuber*, RdA 2004, 340, 344; *Thüsing*, Europäisches Arbeitsrecht, § 5, Rn. 83. *Trittin*, AuR 2009, 119, 121. Mit zumindest Bedenken *Franzen*, RdA 1999, 361, 372 f.

aus § 111 BetrVG wegen der bestehenden Umsetzungsdefizite richtlinienkonform auszulegen, sodass auch der Wechsel des Betriebsinhabers als Betriebsänderung zu erfassen ist.[230] Es gilt zu beantworten, ob durch die Anforderung der RL 2001/23/EG eine Erweiterung der Beteiligungsrechte des Betriebsrats beim Betriebsübergang geboten ist.

b) Anforderungen beim Betriebsübergang

(1) Erfüllung durch den Wirtschaftsausschuss

Der Betriebsübergang ist eine wirtschaftliche Angelegenheit im Sinne von § 106 Abs. 3 Nr. 10 BetrVG, weshalb der Wirtschaftsausschuss im Falle eines Betriebsübergangs sowohl Informations- als auch Beratungsrechte gegenüber dem Unternehmer trägt.[231] Ob diese Beteiligung den Anforderungen der Betriebsübergangsrichtlinie im Einzelnen genügt, wäre nur dann zu prüfen, soweit der Wirtschaftsausschuss eine Arbeitnehmervertretung im Sinne von Art. 7 RL 2001/23/EG wäre.

Die Arbeitnehmervertretung im Sinne der RL 2001/23/EG definiert sich nach Art. 2 Nr. 1 c) RL 2001/23/EG durch Verweis auf die Bestimmungen der Rechtsvorschriften oder der Praxis der jeweiligen Mitgliedsstaaten. Entscheidend ist somit die Einordnung des Wirtschaftsausschusses innerhalb der Betriebsverfassung, wonach der Wirtschaftsausschuss ein Informations- und Beratungsgremium und damit Hilfsorgan des Betriebsrats ist.[232] Der Wirtschaftsausschuss kann im Falle von Meinungsverschiedenheiten keine Rechte durchsetzen, da dies nach § 109 Abs. 1 BetrVG Aufgabe des Betriebsrats ist. Eine Arbeitnehmervertretung im Sinne der Betriebsverfassung kennzeichnet sich durch die selbständige Aufgabenwahrnehmung, um Rechte und Pflichten der vertretenen Arbeitnehmer durchzusetzen.[233] Diese wird von *Löw*[234] nicht berücksichtigt, da dieser vertritt, dass durch die Beteiligungsrechte des Wirtschaftsausschusses die Richtlinienvorgaben insofern umgesetzt werden, dass der Betriebsrat durch den Wirtschaftsausschuss mittelbar beteiligt werde. Art. 7 Abs. 1 und 2 der RL 2001/23/EG sind jedoch dem Wortlaut nach eindeutig. Danach regelt die RL 2001/23/EG nicht nur, dass die Arbeitnehmervertretung zu unterrichten und mit ihr gegebenfalls zu beraten ist, sondern auch durch wen und zwar in

230 *Däubler*, in D/K/K/W-BetrVG, § 111, Rn. 126; *Trittin*, AuR 2009, 119, 121.
231 Ausführlich unter II./C./1./b).
232 Zur Klassifizierung des Wirtschaftsausschusses II./C./1.
233 *B. Gaul*, § 28, Rn. 107.
234 *Löw*, Die Betriebsveräußerung im europäischen Arbeitsrecht, S. 179.

unmittelbarer Art und Weise dies zu erfolgen hat.[235] Es ist Aufgabe des Veräußerers, beziehungsweise des Erwerbers, die jeweiligen Arbeitnehmervertretungen zu beteiligen. Die Informations- und Beratungsrechte des Wirtschaftsausschusses beim Betriebsübergang sind daher nicht geeignet, die Richtlinienvorgaben umzusetzen.

(2) Anwendbarkeit des Ausnahmemodells Art. 7 Abs. 3 RL 2001/23/EG

Die Anforderungen nach Art. 7 Abs. 1 und 2 der RL 2001/23/EG könnten im Falle eines Betriebsübergangs nach § 613a BGB nur durch die Beteiligung des Betriebsrats erfüllt werden. Der Umfang der Beteiligungspflichten beim Betriebsübergang richtet sich danach, ob die Bundesrepublik Deutschland Art. 7 Abs. 3 der RL 2001/23/EG anwenden kann.

Nach Art. 7 Abs. 3 der RL 2001/23/EG können die Mitgliedsstaaten die Verpflichtungen der Absätze 1 und 2 auf die Fälle beschränken, in dem der vollzogene Übergang eine Betriebsänderung hervorruft, die wesentliche Nachteile für einen erheblichen Teil der Arbeitnehmer zur Folge haben können. Diese Beschränkung gilt dabei nur für die Mitgliedsstaaten, in denen die Vertreter der Arbeitnehmer eine Schiedsstelle anrufen können, um eine Entscheidung über hinsichtlich der Arbeitnehmer zu treffende Maßnahmen zu erhalten. Insbesondere seit der Verabschiedung des Beschäftigungsförderungsgesetzes[236] 1985 und der damit verbundenen Einfügung des § 112a BetrVG ist die Frage umstritten, ob die §§ 111 ff. BetrVG den Anforderungen der Richtlinie entsprechen.[237]

(a) Keine Anwendung Art. 7 Abs. 3 RL 2001/23/EG

Es wird vertreten, dass die §§ 111 BetrVG keine Anwendbarkeit von Art. 7 Abs. 3 RL 2001/23/EG ermöglichen, da das Recht der Arbeitnehmervertretung fehle, einen Interessensausgleich vor der Einigungsstelle zu erzwingen.[238] Die Erzwingung des Sozialplans nach § 112 Abs. 4 S. 1 BetrVG bewirke keine Entscheidung über die zu treffenden Maßnahmen, sondern beinhalte nur Regelungen zum Ausgleich von Nachteilen, die durch die Maßnahmen eintreten.[239]

---

235 *Riesenhuber*, RdA 2004, 340, 342 f.

236 BGBl. I. S. 710 ff.

237 Die Ausführungen zur Anwendbarkeit von Art. 7 Abs. 3 RL 2001/23/EG beziehen sich teilweise auf die Vorschriften des Art. 6 Abs. 3 RL 77/187/EWG und später RL 98/50/EG. Wegen fehlender relevanter Unterschiede, soll auf eine weitere Differenzierung weitestgehend verzichtet werden.

238 *B. Gaul*, § 28, Rn. 106; *Grau*, ZfA 2005, 647, 676 f.; *Riesenhuber*, RdA 2004, 340, 346.

239 *B. Gaul*, § 28, Rn. 106; *Grau*, ZfA 2005, 647, 676 f.; *Riesenhuber*, RdA 2004, 340, 346.

§§ 111 ff. BetrVG seien daneben auch nicht geeignet, eine Ausnahme der allgemeinen Beteiligungspflichten im Rahmen von Art. 7 Abs. 3 RL 2001 zu rechtfertigen, da Beschränkungen aus § 112a Abs. 1 BetrVG eine Schutzlücke enthalte, die in Art. 7 Abs. 3 RL 2001/23/EG nicht vorgesehen sei.[240] Es entspreche nicht der Regelung aus Art. 7 Abs. 3 RL 2001/23/EG, dass bei einer durch reinen Personalabbau gekennzeichneten Betriebsänderung die Beteiligungspflichten erst entstehen, sofern die in § 112a Abs. 1 BetrVG genannten Schwellenwerte erreicht seien.[241]

Dazu wird ein Umsetzungsdefizit darin erkannt, dass die Aufstellung eines Sozialplans eine von Art. 7 Abs. 3 RL 2001/23/EG nicht vorgesehene Beschränkung durch Ausklammerung von Unternehmensneugründungen nach § 112a Abs. 2 BetrVG enthalte.[242] Es wird unter anderem argumentiert, dass die Richtlinie keine Beschränkungen für die Anrufung der Schiedsstelle zulasse.[243]

240 *Colneric*, in FS Steindorff, S. 1129, 1136; *Düwell*, in FS Dieterich, S. 101, 111; *Riesenhuber*, RdA 2004, 340, 343.

241 *Riesenhuber*, RdA 2004, 340, 343. In diesem Zusammenhang wird vorgeschlagen sich an den Schwellenwerten aus Art. 1 Abs. 1 lit. a Massenentlassungsrichtlinie zu orientieren. Vgl. auch *Colneric*, in FS Steindorff, S. 1129, 1137 f.; *Franzen*, RdA 1999, 361, 373.

242 *Bachner*, in K/Z/D-Arbeitsrecht, § 97, Rn. 62; *Bauer/von Steinau-Steinrück*, ZIP 2002, 457, 461; *Däubler*, in D/K/K/W-BetrVG, § 111, Rn. 126; *Riesenhuber*, RdA 2004, 340, 344 f.; *Düwell*, in FS Dieterich, S. 101, 111; *Thüsing*, Europäisches Arbeitsrecht, § 5, Rn. 83; *Trittin*, AuR 2009, 119, 121; *Weber*, in FS Konzen, S. 921, 937; kritisch bereits für Art. 6 RL 77/187/EWG: *Franzen*, RdA 1999, 361, 373, *Colneric*, in FS Steindorff, 1129, 1135; *Löw*, Betriebsveräußerung, S. 183 f.; *Oetker*, NZA 1998, 1193, 1198 f. Dieses Defizit der nationalen Gesetzgebung solle nach Ansicht von *Thüsing* nicht dadurch beseitigt werden, dass insoweit Art. 7 Abs. 1 und 2 RL 2001/23/EG durch §§ 111 ff. BetrVG erfüllt werden können, da der Betriebsübergang nicht – trotz Bedenken im Hinblick auf die RL 2002/14/EG – als Betriebsänderung klassifiziert werde (*Thüsing*, Europäisches Arbeitsrecht, § 5, Rn. 83). Es wird daher vertreten, § 112a Abs. 2 BetrVG richtlinienkonform auszulegen und nicht auf solche Betriebsänderungen anzuwenden, die zugleich mit einem Betriebsübergang einhergehen (*Bachner*, in K/Z/D-Arbeitsrecht, § 97, Rn. 62). Mit anderen Begrünungen zur den Rechtsfolgen des Umsetzungsdefizits vgl. auch: *Oetker*, NZA 1998, 1193, 1200; *Colneric*, in FS Steindorff, 1129, 1139 f.; *Löw*, Betriebsveräußerung, S. 183 f.

243 Vgl. nur *Riesenhuber*, RdA 2004, 340, 344.

(b) Anwendung von Art. 7 Abs. 3 RL 2001/23/EG

Das BAG und Stimmen der Literatur erkennen die Voraussetzungen zur Anwendbarkeit des Art. 7 Abs. 3 RL 2001/23/EG durch §§ 111 ff. BetrVG als erfüllt an.[244] Dem stünde nicht entgegen, dass die Aufstellung eines Interessenausgleichs nicht vom Betriebsrat erzwungen werden könnte, da die Erzwingbarkeit eines Sozialplans den Anforderungen des Art. 7 Abs. 3 RL 2001/23/EG genüge.[245] Das Gemeinschaftsrecht fordere keine spezifische Einigung zwischen Arbeitnehmervertretern und Arbeitgeber, wonach der Sozialplan als Regelung über die Folgen der Betriebsänderung für eine Entscheidung im Sinne von Art. 7 Abs. 3 RL 2001/23/EG ausscheide.[246] Daneben regle die Betriebsübergangsrichtlinie keine besonderen Verfahrensvorschriften, weshalb sich kein Umsetzungsdefizit bei Anwendung von § 112a Abs. 2 BetrVG ergebe.[247] § 112a BetrVG konkretisiere nur den unbestimmten Rechtsbegriff der „erheblichen Teile der Belegschaft", welcher auch von Art. 7 Abs. 3 RL 2001/23/EG verwendet wird.[248]

Die Anwendbarkeit von Art. 7 Abs. 3 RL 2001/23/EG wird auch aus dem Gesetzgebungsverfahren der vorhergehenden RL 77/187/EWG geschlossen. Auf Drängen der Bundesrepublik Deutschland wurde Der damalige Art. 6 Abs. 3 RL 77/187/EWG sei auf das Drängen der Bundesrepublik Deutschland zurückzuführen und verstehe sich damit als Kompromiss für die Zustimmung zum

244 BAG 31.01.2008 – 8 AZR 1116/06, NZA 2008, 642, 645; *Aßmuth*, Bagatellspaltungen, S. 50; *Franzen*, RdA 2002, 258, 260; *Hanau*, in FS Gaul, 297, 303 f.; *Löw*, Die Betriebsveräußerung im europäischen Arbeitsrecht, 1992, S. 179 ff.; *v. Alvensleben*, Die Rechte der Arbeitnehmer bei Betriebsübergang im europäischen Gemeinschaftsrecht, S. 291 f.; *Wank*, in Hanau/Steinmeyer/Wank, Handbuch des europ. Arbeits- und Sozialrechts, § 18, Rn. 151.

245 *Balze/Rebel/Schuck*, Outsourcing, Rn. 423; *Oetker*, NZA 1998, 1193, 1197; *Ritter*, Wirtschaftsausschuss, S. 53; *Löw*, Die Betriebsveräußerung im europäischen Arbeitsrecht, 1992, S. 179 ff.; *Wank*, in Hanau/Steinmeyer/Wank, Handbuch des europ. Arbeits- und Sozialrechts, § 18, Rn. 151; *Weber*, in FS Konzen, S. 921, 936 f.

246 Nur *Oetker*, NZA 1998, 1193, 1197, noch für den vorhergehenden, aber inhaltsgleichen Art. 6 Abs. 3 RL 77/187/EWG.

247 *Hanau*, in FS Gaul, S. 297, 303; *v. Alvensleben*, Die Rechte der Arbeitnehmer bei Betriebsübergang im europäischen Gemeinschaftsrecht, S. 291 f; *Wank*, in Hanau/Steinmeyer/Wank, Handbuch des europ. Arbeits- und Sozialrechts, § 18, Rn. 151.

248 *Oetker*, NZA 1998, 1193, 1200.

kollektiven Beteiligungsrecht sowie gelte das in Art. 6 Abs. 3 RL 77/187/EWG konstruierte Modell als Zuschnitt auf §§ 111 BetrVG.[249]

(c) Stellungnahme

In den Gesetzesmaterialien finden sich keine eindeutigen Belege für die Annahme, der europäische Gesetzgeber habe Art. 7 Abs. 3 RL 2001/23/EG auf das deutsche System der beteiligungspflichtigen Betriebsänderungen abgestimmt. Es hat lediglich Indizwirkung, dass der europäische Gesetzgeber einmalig in Art. 7 Abs. 3 RL 2001/23/EG zwischen Betriebsübergang und Betriebsänderung unterscheidet und ein System beteiligungspflichtiger Betriebsänderungen zu Grunde legt.

Entscheidendes Argument ist jedoch die fehlende Konkretisierung im Rahmen von Art. 7 Abs. 3 RL 2001/23/EG, welcher weder den Begriff der Betriebsänderung definiert, noch Verfahrensvorschriften für die Einrichtung und die Ausübung einer Schiedsstelle regelt. Das Argument, dass der europäische Gesetzgeber bei Verabschiedung der Richtlinie eine Beschränkung wie die Sozialplanprivilegierung nach § 112a Abs. 2 BetrVG nicht vorgesehen habe, kann deshalb nicht überzeugen, da auf der anderen Seiten auch nicht ausgeschlossen wurde, dass weitere Verfahrensvorschriften gesperrt sein sollten. So schließen auch die Zahlengrenzen aus § 112a Abs. 1 BetrVG eine Anwendung von Art. 7 Abs. 3 RL 2001/23/EG nicht aus.

Maßgeblich können nur die Voraussetzungen sein, die in Art. 7 Abs. 3 RL 2001/23/EG genannt werden. Darin wird ausdrücklich auf die Rechts- und Verwaltungsvorschriften der Mitgliedsstaaten Bezug genommen, welche für die Arbeitnehmervertretung die Anrufung einer Schiedsstelle regeln können, um eine Entscheidung hinsichtlich der die Arbeitnehmer zu treffenden Maßnahmen zu erhalten. Eine Pflicht, unter allen Umständen dann eine Entscheidung zu erhalten, besteht nicht. Diese Anforderungen werden von der Institution einer Einigungsstelle nach § 112 BetrVG erfüllt. Die Betriebsübergangsrichtlinie zeigt, dass zwischen Beteiligungsrechten beim Betriebsübergang auf der einen Seite und einem System der Arbeitnehmerbeteiligung im Rahmen von Betriebsänderungen auf der anderen Seite kein Widerspruch besteht.[250] Der europäische Gesetzgeber begreift durch Art. 7 Abs. 3 RL 2001/23/EG das System der beteiligungspflichtigen Betriebsänderungen der Mitgliedsstaaten, die erhebliche Nachteile für die Belegschaft haben können, als eigenständige Alternative

---

249 *Löw*, Die Betriebsveräußerung im europäischen Arbeitsrecht, 1992, S. 179 ff.; *v. Alvensleben*, Die Rechte der Arbeitnehmer bei Betriebsübergang im europäischen Gemeinschaftsrecht, S. 291 f; *Wank*, in Hanau/Steinmeyer/Wank, Handbuch des europ. Arbeits- und Sozialrechts, § 18, Rn. 151.

250 *Aßmuth*, Bagatellspaltungen, S. 50 f.

zur Unterrichtungs- und Beratungspflicht der Arbeitnehmervertretung beim Betriebsübergang.

(3) Ergebnis und Bedeutung für die Untersuchung

Die Betriebsübergangsrichtlinie verlangt Informations- und Beteiligungsrechte der Arbeitnehmervertretung für den Fall des Betriebsübergangs. Gleichzeitig wird ermöglicht, diese Rechte dann auszuklammern, soweit Beteiligungsmodalitäten im Zuge einer Betriebsänderung nach Art. 7 Abs. 3 RL 2001/23/EG erfüllt werden. Solche Beteiligungsmodalitäten werden von den Regelungen aus §§ 111 ff. BetrVG erfüllt. Die Rechte der Interessenvertretung sind auf die Fälle begrenzt, in denen der vollzogene Übergang eine Betriebsänderung hervorruft, die wesentliche Nachteile für einen erheblichen Teil der Arbeitnehmer zur Folge haben kann. Die Umsetzungspflicht bezüglich der Informations- und Beteiligungsrechte bezieht sich damit nur auf Betriebsänderungen im Sinne § 111 BetrVG.[251] Es besteht keine Umsetzungspflicht bezüglich Informations- und Beteiligungsmaßnahmen beim Betriebsübergang, weshalb eine richtlinienkonforme Auslegung des Betriebsänderungsbegriffs aus § 111 BetrVG dahingehend ausscheidet, den Betriebsinhaberwechsel als Betriebsänderung zu erfassen.

5 Auswirkungen der Anhörungsrichtlinie – RL 2002/14/EG

a) Hintergrund

Die Richtlinie zur Festlegung eines allgemeinen Rahmens für die Unterrichtung und Anhörung der Arbeitnehmer in der Europäischen Gemeinschaft vom 11.03.2002 (Anhörungsrichtlinie)[252] trat am 23.03.2002 in Kraft. Nach Art. 1

251 Zur Umsetzung der Anforderungen aus Art. 7 Abs. 3 RL 2001/23/EG kommen nur die §§ 111 BetrVG in Betracht. Nach § 111 S. 1 BetrVG hat der Betriebsrat sowohl eine Unterrichtungs- als Beratungsrecht, soweit der Unternehmer eine Betriebsänderung plant, die wesentliche Nachteile für die Belegschaft oder erhebliche Teile der Belegschaft zur Folge haben können, vgl. auch: *Oetker*, NZA 1998, 1193, 1196 f.; *Riesenhuber*, RdA 2004, 340, 348 f. Abzulehnen ist in diesem Zusammenhang die Annahme den Betriebsänderungsbegriff dahingehend richtlinienkonform auszulegen, dass nationale Wertungsmaßstäbe wie *grundlegend* oder *wesentlich* entfallen, da diese nicht in Art. 7 Abs. 3 RL 2001/23/EG vorgesehen seien – so aber *Riesenhuber*, RdA 2004, 340, 348. Der europäische Gesetzgeber hat den Begriff weder definiert noch konkretisiert, sondern nur auf die Vorschriften des jeweiligen Mitgliedsstaats bezuggenommen, weswegen der Betriebsänderungsbegriff aus § 111 BetrVG zu Grunde zu legen ist.

252 RL 2002/14/EG – Abl. 23.03.2003 L80/29.

Abs. 1 RL 2002/14/EG ist es das Ziel der Richtlinie, einen Rahmen aus Mindestvorschriften für Unterrichtungs- und Anhörungsrechte der Arbeitnehmer der in der Gemeinschaft ansässigen Unternehmen und Betriebe festzulegen. Art. 4 RL 2002/14/EG regelt dazu Gegenstände und Umfänge der Unterrichtung und Anhörung. Verpflichteter zur Durchführung der Unterrichtungs- und Anhörungsrechte nach Art. 4 RL 2002/14/EG ist der Arbeitgeber sowie demgegenüber die Arbeitnehmervertretungen als Berechtigte der Mitwirkungsrechte.[253] Die Arbeitnehmervertretung im Sinne der RL definiert sich nach Art. 2 e RL 2002/14/EG aus den einzelstaatlichen Rechtsvorschriften und/ oder deren Gepflogenheiten.

Das Unterrichtungs- und Anhörungsrecht soll nach Art. 4 Abs. 2 c) der RL 2002/14/EG Entscheidungen umfassen, die wesentliche Veränderungen der Arbeitsorganisation oder der Arbeitsverträge mit sich bringen können, einschließlich solcher, die Gegenstand der in Art. 9 Abs. 1 RL 2002/14/EG genannten Gemeinschaftsbestimmungen sind. Dies umfasst konkret das Konsultations- und Anhörungsverfahren des Art. 2 der Richtlinie 98/59/EG (Massenentlassungsrichtlinie) sowie des Art. 7 der Richtlinie 2001/23/EG (Betriebsübergangsrichtlinie). Ziel der Anhörung ist nach Art. 4 Abs. 4 e) der RL 2002/14/EG eine Einigung über die in Abs. 2 c) genannten Entscheidungen. Die Richtlinie fordert dabei nicht die Durchführung von Mitbestimmungsrechten, sondern setzt formelle und materielle Anforderungen an die Mitwirkungsrechte.[254] Art. 9 Abs. 1 RL 2002/14/EG bestimmt dabei Kollisionsregelungen zu bereits bestehenden Richtlinienvorgaben wie der Betriebsübergangsrichtlinie 2001/23/EG. In der Literatur wird vertreten, dass die RL 2002/14/EG verpflichte, den Betriebsübergang als Betriebsänderung im Sinne von § 111 BetrVG zu erfassen.[255]

b) Anforderungen beim Betriebsübergang

(1) Betriebsübergang als Änderung der Arbeitsorganisation

Nach Art. 4 Abs. 2 c) der RL 2002/14/EG soll die Unterrichtung und Anhörung unter anderem solche Entscheidungen umfassen, welche wesentliche

---

253 *Bonin*, AuR 2004, 321, 322.

254 *Bonin*, AuR 2004, 321, 321; *Reichold*, NZA 2003, 289, 297.

255 *Deinert*, NZA 1999, 800, 803; *Karthaus*, AuR 2007, 114, 118; *Reichold*, NZA 2003, 289, 298. Vgl. auch *Däubler*, in D/K/K/W-BetrVG, § 111, Rn. 126. Noch in der vorherigen Auflage Fitting, 27. Aufl., BetrVG, § 111, Rn. 50a. Bereits kritisch gegen die Ausklammerung des Betriebsübergangs vom Verfahren nach § 111 ff. BetrVG im Hinblick auf europarechtliche Vorgaben der Richtlinie 77/127/EWG: *Fabricius*, in GK-BetrVG, 6. Auflage, § 111, Rn. 282 f.; *Kohte*, AUA Beilage zu Heft 1/1995, 1, 6.

Veränderungen der Arbeitsorganisation mit sich bringen können. Die Arbeitsorganisation im Sinne von Art. 4 Abs. 2 RL 2002/14/EG erfasst die äußeren rechtlichen und tatsächlichen Umstände, unter denen die Arbeitsleistung zu erbringen ist.[256] Eine wesentliche Änderung der Arbeitsorganisation liegt regelmäßig dann vor, wenn die Maßnahme als geplante Betriebsänderung im Sinne von § 111 BetrVG Beteiligungsrechte sowie darüber hinaus weitere Arbeitsabläufe und Verfahren in Anlehnung an §§ 90, 91 BetrVG auslöst.[257]

Der Betriebsübergang löst keine Betriebsänderung im Sinne von § 111 BetrVG aus.[258] Der Wechsel des Betriebsinhabers wirkt sich darüber hinaus auch nicht auf weitere Umstände aus, die Arbeitsabläufe und Arbeitsprozesse erfassen, weshalb durch einen Betriebsübergang nicht die in Art. 4 Abs. 2 RL 2002/14/EG genannte Arbeitsorganisation berührt wird.[259]

(2) Betriebsübergang als wesentliche Änderung der Arbeitsverträge

Alternativ zu wesentlichen Veränderungen der Arbeitsorganisation[260] werden von Art. 4 Abs. 2 RL 2002/14/EG wesentliche Veränderungen der Arbeitsverträge erfasst. Welche Maßnahmen des Unternehmers eine wesentliche Änderung der Arbeitsverträge bewirken können, regelt die RL 2002/14/EG nicht.

In der Literatur wurde versucht, diesen Begriff zu konkretisieren. Nach *Bonin* sollen die „Arbeitsverträge“ im Sinne der RL 2002/14/EG die inneren und materiellen Arbeitsbedingungen umfassen.[261] Dabei soll nach *Deinert* nicht nur das rechtliche Konstrukt des „Arbeitsvertrags“ maßgeblich sein, sondern vielmehr ein Berühren der Interessen der Arbeitnehmer hinsichtlich der zu verrichtenden Arbeit erfasst werden.[262] Nach *Reichold* soll die „subjektive“ Alternative im Vergleich zu der „objektiven“ Arbeitsorganisation an die materiellen Arbeitsbedingungen der Arbeitnehmer – wie z. B. bei Tarifwechsel, neuen Arbeitsanforderungen oder Arbeitszeitverkürzungen angeknüpft werden.[263]

---

256 *Bonin*, AuR 2004, 321, 325; *Reichold*, NZA 2003, 289, 297.

257 *Deinert*, NZA 1999, 800, 803; *Franzen*, in FS Birk, S. 101, 103; *Reichold*, NZA 2003, 289, 297.

258 Vgl. unter III./B./3.

259 *Aßmuth*, Bagatellspaltungen, S. 53; *Bonin*, AuR 2004, 321, 325; *Deinert*, NZA 1999, 800, 803.

260 Ausführlich dazu *Deinert*, NZA 1999, 800, 803.

261 *Bonin*, AuR 2004, 321, 325.

262 *Deinert*, NZA 1999, 800, 803; zustimmend *Spreer*, Unterrichtung und Anhörung der Arbeitnehmer in der Europäischen Gemeinschaft, S. 53.

263 *Reichold*, NZA 2003, 289, 297.

Ob ein Betriebsübergang mit dem Wechsel des Betriebsinhabers eine wesentliche Veränderung der Arbeitsverträge bewirkt, ist umstritten.

(a) Änderung der Vertragspartei als wesentliche Änderung der Arbeitsverträge

Nach *Karthaus* seien die Arbeitsverträge nicht nur inhaltlich, sondern auch hinsichtlich der zugehörigen Vertragsparteien zu verstehen.[264] Hierfür spreche Art. 9 Abs. 1 der RL 2002/14/EG, der auf die Betriebsübergangsrichtlinie verweist sowie die englischsprachige Fassung, welche eine Unterrichtung bei „*decisions likely to lead to substantial changes in work organisation or in contractual relations*" fordert – und somit die Vertragsbeziehungen ausdrücklich benennt.[265]

(b) Keine wesentliche Veränderung der Arbeitsverträge

Andere Stimmen der Rechtsliteratur vertreten, dass der Betriebsübergang nicht zu einer wesentlichen Änderung der Arbeitsverträge im Sinne von Art. 4 Abs. 2 c) 2. Alt. der RL 2002/14/EG führe.[266] Erforderlich sei dafür eine Änderung des Vertragsinhalts.[267] Beim Betriebsübergang ordne § 613a Abs. 1 S. 1 BGB jedoch den Eintritt des Betriebserwerbers in die betroffenen Arbeitsverhältnisse an, wodurch keine Änderungen der Rechte und Pflichten infolge eines Wechsels des Vertragsinhabers bewirkt werde.[268]

(c) Stellungnahme

Die Begriffsbestimmungen der RL 2002/14/EG aus Art. 3 definieren eine Änderung der Arbeitsverträge nicht näher. Unter dogmatischen Gesichtspunkten ist von Änderungen des Arbeitsverhältnisses auszugehen, da der Arbeitsvertrag als Rechtsgeschäft nur das Arbeitsverhältnis entstehen lässt und Änderungen regelmäßig den Inhalt des Arbeitsverhältnisses betreffen. Die Systematik des Art. 4 RL 2002/14/EG spricht dafür, den Begriff nicht nur auf Änderungen des materiellen Vertragsinhalts zu begrenzen. Anders als in § 111 BetrVG, der die Mitbestimmungsrechte an Änderungen der betriebliche Organisation koppelt und somit Beteiligungsrechte an die betriebliche Einheit knüpft, fehlt innerhalb von

---

264 *Karthaus*, AuR 2007, 114, 116.

265 *Karthaus*, AuR 2007, 114, 116. So auch: *Bonin*, AuR 2004, 321, 325; *Deinert*, NZA 1999, 800, 803; *Trittin*, AuA 2009, 119, 121.

266 *Aßmuth*, Bagatellspaltungen, S. 52 f.; *Oetker*, in GK-BetrVG, § 111, Rn. 5.

267 *Oetker*, in GK-BetrVG, § 111, Rn. 5.

268 *Aßmuth*, Bagatellspaltungen, S. 52 f.

Art. 4 RL 2002/14/EG eine solche Begrenzung der Beteiligungspflicht. Auch die Bezugnahme aus Art. 4 Abs. 2 c) RL 2002/14/EG auf die in Art. 9 Abs. 1 RL 2002/14/EG genannten Gemeinschaftsbestimmungen deuten darauf hin, den Betriebsübergang und damit den Wechsel einer Vertragspartei zu berücksichtigen. Die Arbeitsverträge im Sinne von Art. 4 Abs. 2 c) RL 2002/14/EG sind umfassend zu verstehen und beziehen neben Vertragsinhalten auch die Vertragsparteien mit ein.

Die Einbeziehung von Art. 9 Abs. 1 RL 2002/14/EG und damit der Verweis auf die Betriebsübergangsrichtlinie stellt in diesem Zusammenhang kein alternatives drittes Tatbestandsmerkmal dar[269], stattdessen hat ein Betriebsübergang zusätzlich die Voraussetzungen aus Art. 4 Abs. 2 c) RL 2002/14/EG zu erfüllen. Es zeigt sich bereits an dieser Stelle die besondere Berücksichtigung der Betriebsübergangsrichtlinie innerhalb der Anhörungsrichtlinie. Eine wesentliche Änderung der Arbeitsverträge beschränkt sich damit nicht nur auf die durch einen Arbeitsvertrag entstehenden Leistungsverpflichtungen, sondern es werden zusätzlich auch die jeweiligen Verpflichteten erfasst. Deren Wechsel ist dabei als wesentliche Änderung einzustufen, da der Wechsel der Person des Arbeitgebers das arbeitsrechtliche Grundverhältnis[270] elementar verändert.

(3) Umsetzung der Betriebsübergangsrichtlinie

In der Literatur wird vertreten, dass § 106 BetrVG die Richtlinienvorgaben nicht umsetze.[271] Zum einen überschreite der für die Errichtung erforderliche Schwellenwert von 100 ständig Beschäftigten den Grenzwert des Anwendungsbereichs aus Art. 3 Abs. 1 Buchst. b) RL 2002/14/EG um das Doppelte, wofür § 106 BetrVG keinen Auslegungsspielraum enthalte.[272] Zum anderen verfolge der Wirtschaftsausschuss nicht das Ziel Vereinbarungen zu schließen.[273] Nur das Verfahren aus § 111 BetrVG könne den Anforderungen der RL 2002/14/EG genügen, insbesondere der Betriebsübergang nach § 613a BGB müsse aufgrund europarechtlicher Vorgaben als eine interessenausgleichspflichtige Maßnahme

---

269 *Aßmuth*, Bagatellspaltungen, S. 53.

270 Ausführlich zur Einordnung des Arbeitsverhältnis als schuldrechtliches Austauschverhältnis *Boemke*, Schuldvertrag und Arbeitsverhältnis, § 6, S. 220 ff.

271 *Bonin*, AuR 2004, 321, 325 f.; *Däubler*, in D/K/K/W-BetrVG, § 111, Rn. 126; *Reichhold*, NZA 2003, 289, 299; *Schlachter*, EuZA 2015, 149, 155.

272 *Bonin*, AuR 2004, 321, 325 f.; *Reichhold*, NZA 2003, 289, 299; *Schlachter*, EuZA 2015, 149, 155.

273 *Däubler*, in D/K/K/W-BetrVG, § 111, Rn. 126.

ausgelegt werden.[274] Daneben wird vertreten die richtlinienkonforme Auslegung auf Unternehmen ohne Wirtschaftsausschuss zu begrenzen.[275]

Entscheidend für die Frage, ob Art. 4 Abs. 2 c) der RL 2002/14/EG zu einer richtlinienkonformen Auslegung des § 111 BetrVG zwingt, ist jedoch die Auslegung von Art. 9 Abs. 1 RL 2002/14/EG bezüglich der Geltung der RL 2001/23/EG. Danach lässt die RL 2002/14/EG die in Art. 2 der RL 98/59/EG und die in Art. 7 der RL 2001/23/EG vorgesehenen spezifischen Informations- und Konsultationsverfahren unberührt. Art. 7 Abs. 3 2001/23/EG eröffnet dem nationalen Gesetzgeber die Möglichkeit, Unterrichtungs- und Konsultationspflichten auf die Maßnahmen zu beschränken, bei denen der vollzogene Übergang eine Betriebsänderung hervorruft, die wesentliche Nachteile für einen erheblichen Teil der Arbeitnehmer zur Folge haben kann. Umstritten ist, ob Art. 9 Abs. 1 RL 2002/14/EG als Kollisionsregelung die Anwendung von Art. 4 Abs. 2 c) der RL 2002/14/EG aufgrund der Spezialität sperrt oder darüber hinaus anwendbar ist.

(a) Betriebsübergangsrichtlinie als lex specialis

In der Literatur wird vertreten, die Anhörungsrichtlinie regle nur allgemeine Rahmenrichtlinien und trete hinter spezielleren Anhörungs- und Unterrichtungsrichtlinien zurück.[276] Art. 4 Abs. 2 c) der RL 2002/14/EG verfolge nicht den Zweck, die in Art. 7 der Richtlinie 2001/23/EG konstatierten Konsultations- und Unterrichtungsverpflichtungen zu erweitern, da Art. 9 Abs. 1 der Richtlinie 2002/14/EG anordne, dass die dort geregelten Vorgaben unberührt bleiben sollen.[277] Danach strahle Art. 7 Abs. 3 der RL 2001/23/EG seine Wirkung auch auf Art. 4 Abs. 2 Buchst. c der RL 2002/14/EG aus und werde durch diese nicht überwunden.[278]

---

274 *Däubler*, in D/K/K/W-BetrVG, § 111, Rn. 126; *Deinert*, NZA 1999, 800, 803; *Franzen*, RdA 2002, 258, 262; *Karthaus*, AuR 2007, 114, 118. Bereits kritisch gegen die Ausklammerung des Betriebsübergangs vom Verfahren nach § 111 ff. BetrVG im Hinblick auf europarechtliche Vorgaben der Richtlinie 77/127/EWG: *Fabricius*, in GK-BetrVG, 6. Auflage, § 111, Rn. 282 f., 286; *Kohte*, AUA Beilage zu Heft 1/1995, 1, 6.

275 *Reichhold*, NZA 2003, 289, 298.

276 *Oetker*, in GK-BetrVG, § 111, Rn. 176; *Spreer*, Unterrichtung und Anhörung der Arbeitnehmer in der Europäischen Gemeinschaft, S. 63.

277 *Oetker*, in GK-BetrVG, § 111, Rn. 176.

278 *Oetker*, in GK-BetrVG, § 111, Rn. 176.

(b) Nebeneinander von Anhörungs- und Betriebsübergangsrichtlinie

Nach Ansicht von *Karthaus* sind die Regelungen der Betriebsübergangsrichtlinie 2001/23/EG nicht durch Art. 9 Abs. 1 RL 2002/14/EG als lex specialis Vorschrift gegenüber den Regelungen der Anhörungsrichtlinie 2002/14/EG anzuwenden.[279]

Ein Argument dafür sei, dass im ehemaligen Kommissionsentwurfs des Art. 9 Abs. 1 der RL 2002/14/EG noch geregelt war, dass die Anhörungsrichtlinie einen allgemeinen Rahmen für Informationen und Anhörung der Arbeitnehmer regle und auch in dem in Art. 7 der RL 2001/23/EG geregelten Informations- und Konsultationsverfahren Anwendung finde.[280] Zwar sei dieser Entwurf nicht in die Richtlinie übernommen worden, dennoch lagen keine Änderungsanträge des Europäischen Parlaments gegen diesen Entwurf vor und wurden auch nicht explizit durch den Rat abgelehnt.[281]

Ein weiteres Argument begründe Art. 4 Abs. 2 c) der RL 2002/14/EG durch seinen Verweis auf Art. 9 Abs. 1 RL 2002/14/EG, wonach die dort genannten Gemeinschaftsbestimmungen von der Anhörungsrichtlinie umfasst sein sollen.[282] Eine Ausklammerung würde zu einem effet in-utile führen, weshalb kein Verhältnis „entweder-oder" sondern ein „sowohl-als auch" zwischen Anhörungsrichtlinie und der Betriebsübergangrichtlinie bestehe.[283]

(c) Stellungnahme

Entscheidend ist Art. 9 Abs. 1 RL 2002/14/EG. Die Vorschrift regelt nicht nur, dass die in Art. 2 der RL 98/59/EG und die in Art. 7 der RL 2001/23/EG geregelten Informations- und Konsultationsverfahren von der Rahmenrichtlinie unberührt bleiben, sondern auch, dass dadurch spezifische Informations- und Konsultationsverfahren festgelegt wurden. Es gilt daher, dass spezifische Regelungen der Beteiligungsrechte hinter den allgemeinen Regelungen der Rahmenrichtlinie zurücktreten müssen.

Dass ein Entwurf einen abweichenden Regelungsinhalt hatte, welcher nicht in die Richtlinie übernommen wurde, spricht im Gegensatz zu der Interpretation von *Karthaus*[284] gerade gegen die Annahme, der europäische Gesetzgeber habe

279 *Karthaus*, AuR 2007, 114, 116.
280 *Karthaus*, AuR 2007, 114, 116 – vgl. ABl. vom 28.01.2008, Nr. 240 E, S. 133.
281 *Karthaus*, AuR 2007, 114, 116.
282 *Karthaus*, AuR 2007, 114, 116 f.
283 *Karthaus*, AuR 2007, 114, 116 f.
284 Vgl. *Karthaus*, AuR 2007, 114, 116.

sich für eine uneingeschränkte Anwendung der Anhörungsrichtlinie entschieden. Die Nichtannahme eines Gesetzesentwurfs bedarf nicht der ausdrücklichen Ablehnung. Entscheidend kann nur der in die RL übernommene Wortlaut sein, welcher gerade nicht die uneingeschränkte Anwendung der Anhörungsrichtlinie vorsieht, sondern dass nach Art. 9 Abs. 1 RL 2002/14/EG die spezifischen Informations- und Konsultationsverfahren aus Art. 7 RL 2001/23/EG von der Rahmenrichtlinie unberührt bleiben sollen.

Aus Art. 4 Abs. 2 c) der RL 2002/14/EG lässt sich kein Argument ziehen, dass die in Art. 9 Abs. 1 RL 2002/14/EG genannten Gemeinschaftsbestimmungen von der Anhörungsrichtlinie umfasst sein sollen. Der Zusatz ist vielmehr dahingehend auszulegen, dass der europäische Gesetzgeber den Anwendungsbereich der RL 98/59/EG und der RL 2001/23/EG auch auf die durch Art. 2 der RL 98/59/EG und Art. 7 der RL 2001/23/EG genannten Maßnahmen erweitern wollte. Wenn durch den europäischen Gesetzgeber etwas anderes gewollt worden wäre, hätte er nicht in den Erwägungsgründen zur Rahmenrichtlinie in Nr. 29 darauf hingewiesen, dass durch die Richtlinie RL 2002/14/EG die spezifischeren Regelungen der Betriebsübergangsrichtlinie RL 2001/23/EG unberührt bleiben sollen.

Die europäische Kommission kündigte an, nach einer Eignungsprüfung der EU-Richtlinien über die Unterrichtung und Anhörung der Arbeitnehmer[285] eine Konsolidierung der Massenentlassungsrichtlinie 98/59/EG, der Übergangsrichtlinie 98/23/EG sowie der Rahmenrichtlinie 2002/14/EG anzustreben, was mittels einer Neufassung im Wege der Zusammenfassung erfolgen könne[286]. Die Eignungsprüfung umfasste dabei unter anderem die Untersuchung von Kohärenzen und möglicher Vereinfachungen der EU-Richtlinien über die Unterrichtung und Anhörung untereinander. Die Kommission kam dabei zu dem Ergebnis, dass die Richtlinien kohärent zueinander seien, also es keinen Hinweis auf Überschneidungen oder Widersprüche gäbe, welche zu Problemen bei der praktischen Umsetzung führen.[287]

Dieses Ergebnis bestätigt nicht das in diesem Abschnitt gefundene Ergebnis zum Verhältnis der Betriebsübergangsrichtlinie 98/23/EG zur Anhörungsrichtlinie 2002/14/EG. Es widerspricht ihm jedoch auch nicht, sondern kann als Indiz dafür herangezogen werden, dass zumindest die bisherige Rechtspraxis in der

285 Comission Staff Working Document, 26.07.2013, SWD (2013) 293 final.
286 Anhörungsdokument, S. 2, C (2015) 2303 final.
287 Abschnitt 6.4.c der Eignungsprüfung.

Bundesrepublik Deutschland,[288] die dem hier gefundenen Ergebnis entspricht, keinen offensichtlicher Widerspruch begründet, der durch eine Novellierung zu korrigieren wäre.

Die Rahmenrichtlinie zwingt nicht zur richtlinienkonformen Auslegung des Betriebsänderungsbegriffs aus § 111 BetrVG dahingehend, dass der Betriebsinhaberwechsel von den Beteiligungsrechten des Betriebsrats aus §§ 111 BetrVG erfasst werden müsste.

C Betriebsteilübergang als Betriebsänderung

1 Betriebsteilübergang: Gleiche Rechtsfolge – andere Voraussetzungen

§ 613a BGB erschöpft sich nicht darin, im Falle eines Übergangs des ganzen Betriebs den Übergang der Arbeitsverhältnisse auf den Erwerber anzuordnen. Es wird daneben auch der Betriebsteilübergang von § 613a BGB erfasst.

Wie auch beim Betriebsübergang regelt das BetrVG für den Betriebsteilübergang keine ausdrücklichen Beteiligungsrechte des Betriebsrats. Im Gegensatz zum Betriebsübergang setzt der Betriebsteilübergang weitere Tatbestandsmerkmale voraus.[289] Aus diesem Grund ist eine separate Untersuchung erforderlich, ob der Betriebsteilübergang eine Betriebsänderung nach § 111 BetrVG erfüllen kann, da zumindest der Ursprungsbetrieb betroffen ist und somit der Betriebsteilübergang den Betrieb als Organisationseinheit in seiner ehemaligen Betriebsstruktur berührt.[290]

2 Betriebsteilübergang

a) Betriebsteil

(1) Wirtschaftliche Einheit als Maßgabe

(a) Vorgaben der Richtlinie 77/187/EWG

Durch die Richtlinie 77/187/EWG des Rates vom 14.02.1977 zur Angleichung der Rechtsvorschriften der Mitgliedstaaten über die Wahrung von Ansprüchen der Arbeitnehmer beim Übergang von Unternehmen, Betrieben oder Betriebsteilen – Betriebsübergangsrichtlinie – verabschiedete der europäische Gesetzgeber erstmals Rahmenbedingungen zur Gewährung eines Mindestschutzes für

---

288 Vgl. BAG 31.01.2008 – 8 AZR 1116/06, NZA 2008, 642, 645.

289 *Aßmuth*, Bagatellspaltungen, S. 55.

290 Mit diesem Ansatz schon *Aßmuth*, Bagatellspaltungen, S. 55 f.

Arbeitnehmer bei Inhaberwechseln.[291] Der EuGH legt Art. 1 Abs. 1 Richtlinie 77/187/EWG dahingehend aus, dass Gegenstand des Übergangs eine wirtschaftliche Einheit sei.[292] Der Begriff der wirtschaftlichen Einheit zeichnet sich demnach als organisatorische Gesamtheit von Personen und Sachen zur dauerhaften Ausübung einer wirtschaftlichen Tätigkeit mit eigener Zielsetzung aus.[293]

(b) Änderung der BAG-Rechtsprechung

Mit Urteil vom 24.04.1997 übernahm der 8.Senat des BAG die Interpretation einer übergangsfähigen Einheit als wirtschaftliche Einheit und verstand damit die von einem Übergang betroffene Belegschaft nicht nur als Gegenstand der Rechtsfolge des Übergangs von § 613a BGB, sondern nunmehr als eines der Kriterien, die eine übergangsfähige wirtschaftliche Einheit kennzeichnen können.[294] Insbesondere in betriebsmittelarmen Branchen mit Fokus auf die menschliche Arbeitskraft soll eine Gesamtheit von Arbeitnehmern eine wirtschaftliche Einheit darstellen können, soweit sie durch ihre gemeinsame Tätigkeit dauerhaft verbunden sind.[295]

(c) Geltung für den Betriebsteil

Für den Betriebsteil gelten diese Rechtsprechungsgrundsätze gleichermaßen.[296] Nach der Rechtsprechung des BAG ist ein übergangsfähiger Betriebsteil eine Untergliederung innerhalb der wirtschaftlichen Einheit, mit der innerhalb des betrieblichen Gesamtzwecks ein sachlich und organisatorisch abgrenzbarer

291 Erwägungsgründe der RL 77/187/EWG, Abl. L 61 vom 05.03.1977, S. 26–28.

292 EuGH 18.03.1986 – 24/85, EAS Teil C RL 77/187/EWG Art. 1 Nr. 2.

293 St. Rspr.: EuGH 06.03.2014 – C-458/12, NZA 2014, 423, 425; EuGH 13.09.2007 – C-458/05, NZA 2007, 1151, 1152; EuGH 15.12.2005 – C 232, 233/04, NZA 2006, 29, 30; EuGH 11.03.1997 – C-13/95, NZA 1997, 433, 433 f.

294 BAG 24.04.1997 – 8 AZR 848/94, NZA 1998, 253, 254. Im Anschluss daran auch BAG 22.05.1997 – 8 AZR 101/96, NZA 1997, 1050, 1052; BAG 13.11.1997 – 8 AZR 295/95, NZA 1998, 251, 252. Zuletzt etwa: BAG 21.05.2015 – 8 AZR 409/13, NZG 2016, 35, 37; BAG 21.08.2014 – 8 AZR 648/13, NZA 2015, 167, 169; BAG 22.08.2013 – 8 AZR 521/12, AP BGB § 613a Nr. 444; BAG 15.12.2011 – 8 AZR 197/11, NZA-RR 2013, 179, 182.

295 Vgl. nur: BAG 21.08.2014 – 8 AZR 648/13, NZA 2015, 167, 169; BAG 22.05.1997 – 8 AZR 101/96, NZA 1997, 1050, 1052.

296 BAG 21.08.2014 – 8 AZR 648/13, NZA 2015, 167, 169; BAG 17.12.2009 – 8 AZR 1019/08, NZA 2010, 499, 500; *Annuß*, in Staudinger, § 613a, Rn. 58; *Steffan*, NZA 2000, 687, 687.

Teilzweck verfolgt wird.[297] Der Teilzweck soll dabei die Abgrenzung zur organisatorischen Einheit ermöglichen.[298] Im Teilbetrieb müssen nicht andersartige Zwecke als im übrigen Betrieb verfolgt werden, es genügt auch wenn der Betriebsteil sogenannte Hilfsfunktionen und damit – bezogen auf den Hauptbetrieb – nur eine untergeordnete Rolle einnimmt.[299]

(2) Zeitpunkt der Bewertung

Der Betriebsteil im Sinne von § 613a BGB darf nicht erst durch Maßnahmen des Erwerbers nach vollzogenem Betriebsübergang die Voraussetzungen einer übergangsfähigen Teileinheit erfüllen, sondern muss als wirtschaftliche Einheit schon beim Veräußerer und damit vor dem Inhaberwechsel die Voraussetzungen erreichen, da nur eine existente, selbständig abtrennbare, organisatorische Einheit Gegenstand einer Übertragung sein kann.[300] § 613a BGB schützt nur die Arbeitsverhältnisse aus bestehenden wirtschaftlichen Einheiten, die Gegenstand eines Inhaberwechsels werden und nicht die sich aus einem Inhaberwechsel bildenden wirtschaftlichen Einheiten. Dies entspricht auch der Auslegung von Art. 1 Abs. 1 lit. a und b der Betriebsübergangsrichtlinie 2001/23/EG, wonach der Bestandsschutz nur für bereits bestehende wirtschaftliche Einheiten gewährt werden muss.[301]

b) Identitätswahrende Fortführung und Abkehr von der fortgeführten Betriebsorganisation

Zu unterscheiden von der Voraussetzung des Bestehens einer übertragungsfähigen wirtschaftlichen Einheit auf Seite des Veräußerers, sind die Voraussetzungen an den Betrieb und Betriebsteil, die auf Seiten des Erwerbers zusätzlich erfüllt sein müssen, um die Rechtsfolge aus § 613a Abs. 1 S. 1 BGB auszulösen. Nach

---

297 BAG 24.08.2006 – 8 AZR 556/05, AP BGB § 613a Nr. 315; BAG 13.07.2006 – 8 AZR 331/05, NZA 2006, 1357, 1358; BAG 26.08.1999 – 8 AZR 718/98, NZA 2000, 144, 145; BAG 16.10.1987 – 7 AZR 519/86, AP BGB § 613a Nr. 69 m.w.N.

298 BAG 24.08.2006 – 8 AZR 556/05, AP BGB § 613a Nr. 315; BAG 16.05.2002 – 8 AZR 319/01, NZA 2003, 93, 97.

299 BAG 16.05.2002 – 8 AZR 319/01, NZA 2003, 93, 97; BAG 14.12.2000 – 8 AZR 220/00, RzK I 5e Nr. 154; BAG 26.08.1999 – 8 AZR 718/98, NZA 2000, 144, 145; *Annuß*, in Staudinger, § 613a, Rn. 58.

300 BAG 15.12.2011 – 8 AZR 692/10, NZA-RR 2012, 570, 575; BAG 27.01.2011 – 8 AZR 326/09, NZA 2011, 1162, 1164; *C. Meyer*, NZA-RR 2013, 225, 225; *Willemsen*, in W/H/S/S, G, Rn. 37.

301 EuGH 06.03.2014 – C-458/12, NZA 2014, 423, 425.

der Rechtsprechung des EuGH erfordert es jeweils eine identitätswahrende Fortführung des Betriebs oder Betriebsteils, wonach eine Vielzahl von Kriterien zu berücksichtigen sind.[302] Als berücksichtigungsfähige Merkmale gelten in diesem Zusammenhang unter anderem: Die Art des betreffenden Unternehmens oder Betriebs, der etwaige Übergang der materiellen Betriebsmittel wie Gebäude und bewegliche Güter, der Wert der immateriellen Aktiva im Zeitpunkt des Übergangs, die etwaige Übernahme der Hauptbelegschaft, der etwaige Übergang der Kundschaft sowie der Grad der Ähnlichkeit zwischen den vor und nach dem Übergang verrichteten Tätigkeiten und die Dauer einer eventuellen Unterbrechung dieser Tätigkeit.[303] Der Prüfungskatalog ist nicht abschließend, daneben werden weitere Merkmale zur Ermittlung der Identität einer wirtschaftlichen Einheit berücksichtigt, die sich aus ihrem Personal, ihren Führungskräften, ihrer Arbeitsorganisation, ihren Betriebsmethoden und gegebenenfalls den ihr zur Verfügung stehenden Betriebsmitteln ergeben.[304] Zur Beurteilung, in welcher Qualität diese identitätsprägenden Faktoren auf Seiten des Erwerbers fortzuführen sind, setzte der EuGH in seiner Klarenberg-Entscheidung[305] neue Maßgaben einer Bewertung. Eine identitätswahrende Fortführung fordert danach nicht zwangsläufig, dass die Organisation übertragener Produktionsfaktoren erhalten bleibt, sondern nur die Aufrechterhaltung der funktionellen Verknüpfung der Wechselbeziehungen und gegenseitigen Ergänzung dieser Faktoren zueinander.[306] Der Erwerber hat dann die Möglichkeit die funktionelle Verknüpfung der Faktoren für selbe oder gleiche wirtschaftliche Tätigkeiten zu nutzen.[307]

---

302 EuGH 26.11.2015 – C-509/14, NZA 2016, 31, 32; EuGH 15.12.2005 – C 232, 233/04, NZA 2006, 29, 30; EuGH 11.03.1997 – Rs. C-13/95, NZA 1997, 433, 434.

303 EuGH 15.12.2005 – C 232/04, 233/04, NZA 2006, 29, 30; EuGH 11.03.1997 – Rs. C-13/95, NZA 1997, 433, 434.

304 EuGH 15.12.2005 – C, 232/04, 233/04, NZA 2006, 29, 30; EuGH 11.03.1997 – Rs. C-13/95, NZA 1997, 433, 434.

305 EuGH 12.02.2009 – C-466/07, NZA 2009, 251, 253. Vgl. für den Meinungsüberblick in der Literatur *Annuß*, in Staudinger, § 613a, Rn. 60.

306 EuGH 12.02.2009 – C-466/07, NZA 2009, 251, 253. So insgesamt auch das BAG – zuletzt etwa: BAG 21.05.2015 – 8 AZR 409/13, NZG 2016, 35, 38; BAG 13.10.2011 – 8 AZR 455/10, NZA 2012, 504, 507; BAG 07.04.2011 – 8 AZR 730/09, NZA 2011, 1231, 1232 f.

307 EuGH 12.02.2009 – C-466/07, NZA 2009, 251, 253.

3 Beteiligungspflicht beim Betriebsteilübergang nach §§ 111 BetrVG

a) Meinungsstand

(1) Betriebsteilübergang – Eine Betriebsänderung

Nach Ansicht von *Hüper* drohen bei einem Betriebsteilübergang zahlreiche potenzielle Gefährdungen der rechtlichen und tatsächlichen Lage der Arbeitnehmer und ihrer Interessenvertretung, weshalb der Betriebsteilübergang als Betriebsänderung zu qualifizieren sei.[308]

Nach *Neef* ist der Betriebsteilübergang zumindest im Regelfall eine grundlegende Änderung der Betriebsorganisation.[309] Gleichwohl seien Nachteile der einzelnen Arbeitnehmer durch diese Betriebsänderung grundsätzlich nicht ersichtlich, da allein der Übergang der Arbeitsverhältnisse der im ausgegliederten Betriebsteil beschäftigten Arbeitnehmer auf den neuen Inhaber nach Rechtsprechung des BAG noch keinen Nachteil begründe.[310] Aus der BAG Entscheidung vom 16.08.1987[311] gefolgert, sei ein Betriebsteilübergang ohne gleichzeitige Betriebsänderung nur noch in den Fällen möglich, in denen die veräußerten Betriebsmittel zwar einen Betriebsteil darstellen, aber noch nicht von solcher Bedeutung sind, dass die Trennung vom Hauptbetrieb eine grundlegende Änderung der Betriebsorganisation darstelle.[312]

(2) Betriebsteilübergang – Keine Betriebsänderung

Nach Ansicht der höchstrichterlichen Rechtsprechung sowie Meinungen aus der rechtswissenschaftlichen Literatur löst der Betriebsteilübergang – als solcher – keine mitbestimmungspflichtigen Betriebsänderungen aus.[313]

---

308 *Hüper*, Der Betrieb im Unternehmerzugriff, S. 170.

309 *Neef*, NZA 1994, 97, 100.

310 *Neef*, NZA 1994, 97 100, mit Verweis auf BAG 16.06.1987 – 1 ABR 41/85, NZA 1987, 671, 671 ff.

311 Vgl. BAG 16.06.1987 – 1 ABR 41/85, NZA 1987, 671, 671 ff.

312 *Neef*, NZA 1994, 97, 99.

313 BAG 11.11.2010 – 8 AZR 169/09, NJW-Spezial 2011, 211, 211; BAG 31.01.2008 – 8 AZR 1116/06, NZA 2008, 642, 645; BAG 10.12.1996 – 1 ABR 32/96, NZA 1997, 898, 899; BAG 16.06.1987 – 1 ABR 41/85, NZA 1987, 671, 672; BAG 21.10.1980 – 1 AZR 145/79, NJW 1981, 2599, 2599; *Annuß*, in Richardi-BetrVG, § 111, Rn. 132; *Aßmuth*, Bagatellspaltungen, S. 55 explizit im Fall der Betriebsspaltung nach § 111, S. 3 Nr. 3 2. Alt. BetrVG; Bracker, Betriebsübergang und Betriebsverfassung, S. 123; Fitting, BetrVG, § 111, Rn. 52; *Hauck*, in FS Richardi, S. 537, 545; *Hohenstatt/Willemsen*, in H/W/K-ArbR Kommentar, § 111 BetrVG, Rn 55; *Matthes*, NZA 2000, 1073, 1074; *Moll*, RdA 2003, 129, 140.

In der Entscheidung vom 16.06.1987 differenzierte das BAG dahingehend, dass bei einer Übertragung eines Betriebsteils die rechtliche Zuordnung, die § 613a BGB auslöse, von der Änderung des Betriebs unterschieden werden müsse.[314] Beides könne zwar zusammenfallen, sei aber nicht notwendig einheitlich zu bewerten, da ein Betrieb auch ohne Übertragung eines Betriebsteils auf einen neuen Inhaber gespalten werden könne.[315] Auch hinsichtlich des Regelungszwecks müsse nach Ansicht des Gerichts unterschieden werden, da § 613a BGB die Arbeitnehmer vor dem Verlust des Arbeitsplatzes schütze, der Sozialplan hingegen die wirtschaftlichen Nachteile ausgleiche oder mildere, die in Folge einer Betriebsänderung entstehen.[316] Dies führe dazu, dass sich eine Betriebsänderung dann ausschließe, sofern sie sich in einem Betriebsübergang erschöpfe.[317]

Diese Differenzierung folgt auch aus der Entscheidung des Großen Senats des BAG vom 10.12.1996.[318] Danach sei der Betriebsteilübergang keine beteiligungspflichtige Betriebsänderung, selbst wenn er mit beteiligungspflichtigen Betriebsänderungen verbunden wäre.[319]

Nach *Bracker*[320] ist die Betriebsteilveräußerung von einer Aus- und Eingliederung in betriebliche Organisationseinheiten zu trennen. Danach sei der Betriebsteilinhaberwechsel von organisatorischen Änderungen im abgebenden und aufnehmenden Betrieb voneinander zu separieren.[321] Jeder Übertragung gehe eine Verselbständigung voraus, die unabhängig vom eigentlichen Übertragungsakt zu bewerten sei, während die Übertragung selbst keine organisatorischen Veränderungen bewirke, sondern nur die vom Betriebsteil erfassten Arbeitsverhältnisse auf den Erwerber übergehen lasse.[322] Gleiches müsse für die Eingliederung des Betriebsteils beim Erwerber gelten, dieser Vorgang sei ähnlich dem Zusammenschlusse zweier Betriebe zu bewerten.[323]

---

314 BAG 16.06.1987 – 1 ABR 41/85, NZA 1987, 671, 672.
315 BAG 16.06.1987 – 1 ABR 41/85, NZA 1987, 671, 672.
316 BAG 16.06.1987 – 1 ABR 41/85, NZA 1987, 671, 672.
317 BAG 16.06.1987 – 1 ABR 41/85, NZA 1987, 671, 672.
318 BAG 10.12.1996 – 1 ABR 32/96, NZA 1997, 898, 899.
319 BAG 10.12.1996 – 1 ABR 32/96, NZA 1997, 898, 899. Für die Verbindung mit einer Betriebsänderungen als Spaltung im Sinne von § 111 Satz 2 Nr. 3 BetrVG a.F. oder eine Organisationsänderung im Sinne des § 111 Satz 2 Nr. 4 BetrVG a.F.
320 *Bracker*, Betriebsübergang und Betriebsverfassung, S. 123 f.
321 *Bracker*, Betriebsübergang und Betriebsverfassung, S. 123.
322 *Bracker*, Betriebsübergang und Betriebsverfassung, S. 123.
323 *Bracker*, Betriebsübergang und Betriebsverfassung, S. 124.

Der Betriebsteilübergang wird vereinzelt als beteiligungspflichtige Betriebsänderung tituliert, soweit über den Betriebsteilübergang hinausgehende Organisationsänderung geplant sind.[324]

b) *Stellungnahme*

Die Argumentationsbemühungen von *Hüper*[325] leiden daran, die beteiligungspflichtige Betriebsänderungen nicht an ihren Voraussetzungen zu messen, sondern anhand von ermittelten Gesetzeslücken im Bereich des Arbeitnehmerschutzes zu erklären. Entscheidend ist nicht in erster Linie der Schutzcharakter von § 613a BGB beziehungsweise von § 111 BetrVG und deren Kohärenz zueinander, sondern vielmehr steht die Frage im Vordergrund, ob beim Betriebsteilübergang der Betriebsinhaberwechsel zur Änderungen des Betriebs im Sinne von § 111 BetrVG führen würde. Nur in diesem Fall könnte im Gegensatz zum Betriebsübergang ein abweichendes Ergebnis bei der Frage der Beteiligungspflicht nach § 111 BetrVG festgestellt werden. Im Vergleich zum Betriebsübergang verschiebt der Betriebsteilübergang die Rechtsfolge aus § 613a Abs. 1 S. 1 BGB nur auf eine andere betriebliche Einheit. Entscheidend ist dann, dass sich der Betriebsteilübergang ebenso wie auch der Betriebsübergang durch den Wechsel des Inhabers kennzeichnet. Aus dem Inhaberwechsel im Betriebsteil folgt dann jedoch ebenso wenig wie beim Betriebsübergang eine Änderung im Sinne einer Betriebsänderung nach § 111 BetrVG.

Der Betriebsteilübergang qualifiziert sich auch nicht als Betriebsänderung, weil ihm Maßnahmen vorausgehen können, welche seinerseits eine Beteiligungspflicht nach § 111 BetrVG auslösen. Die vom BAG angewandte „Erschöpfensformel“[326] differenziert richtigerweise zwischen den unterschiedlichen Maßnahmen, die bei und im Zusammenhang mit einem Betriebsteilübergang nach § 613a BGB entstehen können. Unter Berücksichtigung der getroffenen Ergebnisse zum Betriebsübergang als Betriebsänderung kann auch der Betriebsteilübergang keine Betriebsänderung im Sinne von § 111 BetrVG auslösen. Der Betriebsinhaberwechsel ändert weder den ganzen Betrieb noch den Betriebsteil. Die Verschiebung des Inhaberwechsels auf einer anderen Ebene unterliegt den gleichen Kriterien wie beim Betriebsinhaberwechsel im ganzen Betrieb. Gründe für eine Abweichung bestehen insofern nicht.

---

324 Vgl. *Lingemann/Göpfert*, NZA 1997, 1325, 1326.
325 Vgl. *Hüper*, Der Betrieb im Unternehmerzugriff, S. 170 ff.
326 Nach *Matthes*, RdA 2003, 129, 134.

Dass der Betriebsteilübergang regelmäßig mit einer beteiligungspflichtigen Betriebsänderung in Verbindung gebracht wird, ist Folge der für einen Betriebsteilübergang erforderlichen Voraussetzungen. Welche Voraussetzungen dabei im Einzelnen eine Beteiligungspflicht im Rahmen von § 111 BetrVG auslösen können, soll im 4.Kapitel separat untersucht werden.

D Ergebniszusammenfassung zu Betriebsübergang und Betriebsänderung

1 Betriebsänderung trotz Betriebsübergang

Der Betriebsübergang nach § 613a BGB begrenzt kein Beteiligungsrecht im Rahmen von §§ 111 BetrVG.

2 Betriebsübergang: Keine Betriebsänderung nach § 111 BetrVG

Der Betriebsübergang nach § 613a BGB löst keine Betriebsänderung im Rahmen von § 111 BetrVG aus, da der Wechsel des Betriebsinhabers den Betrieb im Sinne von § 111 BetrVG nicht in der Art und Weise berührt, dass ein Beteiligungsrecht des Betriebsrats entstehen kann. Die Betriebsübergangsrichtlinie 2001/23/EG und die Anhörungsrichtlinie 2002/14/EG zwingen nicht zur abweichenden, richtlinienkonformen Auslegungen des Betriebsänderungsbegriffs aus § 111 BetrVG.

3 Betriebsteilübergang: Keine Betriebsänderung nach § 111 BetrVG

Im Fall des Betriebsteilübergangs gilt das gleiche Ergebnis, wie für die Betriebsübergangs. Der Betriebsteilübergang bezieht sich im Anwendungsbereich auf eine andere betriebliche Ebene, setzt jedoch gleichwohl den Wechsel des Inhabers voraus, wodurch sich kein Beteiligungsrecht aus § 111 BetrVG ergeben kann. Oftmals wird diese Trennung, zumindest sprachlich, nicht hinreichend herausgestellt. Danach sei der Betriebsübergang eine Betriebsänderung, wenn er sich nicht allein im Wechsel des Betriebsinhabers erschöpfe, sondern gleichzeitig Maßnahmen ergriffen werden, welche eine oder mehrere der Tatbestandsmerkmale des § 111 BetrVG erfüllen.[327] Erfolgen Maßnahmen, die als Betriebsänderung einzustufen sind, können diese selbst nicht den Tatbestand eines Betriebsteilübergangs erfüllen.

---

327 BAG 11.11.2010 – 8 AZR 169/09, NJW-Spezial 2011, 211, 211; BAG 31.01.2008 – 8 AZR 1116/06, NZA 2008, 642, 645. Vgl. auch *Lingemann/Göpfert*, NZA 1997, 1325, 1326: Der Betriebsteilübergang sei eine Betriebsänderung, wenn sich infolge des Betriebsübergangs die bestehende betriebliche Organisation ändere.

IV Viertes Kapitel – Betriebsänderungen beim Betriebsübergang

A Überblick

Betriebsänderung und Betriebsteilübergänge sollen *miteinander einhergehen*, *miteinander verbunden sein*, *zusammentreffen* oder *fast notwendig zusammen auftreten*.[328] Diese Behauptungen beziehen sich auf Maßnahmen, in denen der Betrieb gespalten wird. Spiegelbildich dazu wird das Verhältnis zwischen einem Betriebsübergang und einer Betriebsstilllegung nach § 111 S. 3 Nr. 3 2. Alt. BetrVG als ein Alternatives beschrieben.[329] Im Falle eines Betriebsteilübergangs ist durch das Betroffen sein des Restbetriebs die Einschränkung dessen und damit eine Betriebsänderung nach § 111 S. 3 Nr. 1 2.Alt. BetrVG in Betracht zu ziehen. Durch einen Vergleich auf Tatbestandsebene des Betriebs- und Betriebsteilübergangs mit den oben genannten Betriebsänderungen sollen mögliche Überschneidungen ermittelt werden.

B Betriebseinschränkung und Betriebsstilllegung

1 Betriebseinschränkung

a) Tatbestand

Die Einschränkung des Betriebs oder eines wesentlichen Betriebsteils ist nach § 111 S. 3 Nr. 1 BetrVG eine Betriebsänderung. Die Einschränkung nach § 111 S. 3 Nr. 1 BetrVG kennzeichnet sich durch eine dauerhafte oder eine wenigstens

---

328 Vgl.: *Moll*, RdA 2003, 129, 134; *Steffan*, in Düwell-BetrVG, § 111, Rn. 31.

329 Für die Rspr. etwa: BAG 21.05.2015 – 8 AZR 409/13, NZG 2016, 35, 37; BAG 16.02.2012 – 8 AZR 693/10, NZA-RR 2012, 465, 468; BAG 26.04.2007 – 8 AZR 695/05, AP Nr. 4 zu § 125 InsO; BAG 16.05. – 2002 – 8 AZR 319/01, NZA 2003, 93, 96; BAG 09.02.1994 – 2 AZR 666/93, NZA 1994, 686, 687; BAG 28.04.1988 – 2 AZR 623/87, NZA 1989, 265, 266; BAG 12.02.1987 – 2 AZR 247/86, NZA 1988, 170, 171. Aus der Literatur *Bauer*, DB 1994, 217, 218; *B. Gaul*, § 28, Rn. 247; *Däubler*, in D/K/K/W-BetrVG, § 111, Rn. 50; Fitting, BetrVG, § 111, Rn. 67; *Hohenstatt/Willemsen*, in H/W/K-ArbR Kommentar, § 111 BetrVG, Rn. 23; *Kania*, in ErfK, § 111 BetrVG, Rn. 12; *Moll*, RdA 2003, 129, 131 f.; *Oetker*, in GK-BetrVG, § 111, Rn. 74; *Rumpff/Boewer*, S. 292, Rn. 113; *Schweibert*, in W/H/S/S, C, Rn. 102; *Stege/Weinspach/Schiefer*, BetrVG, §§ 111–113; Rn. 48.

zeitlich nicht absehbare Herabsetzung der sächlichen oder personellen Leistungsfähigkeit des Betriebs oder eines wesentlichen Betriebsteils.[330] Im Gegensatz zur Stilllegung des Betriebs bleibt die Betriebsorganisation trotz ihrer Einschränkung erhalten.[331] Die Herabsetzung der sächlichen Leistungsfähigkeit kann durch Stilllegung, Veräußerung oder Verringerung der sächlichen Betriebsmittel verursacht werden.[332] Daneben kann die Herabsetzung auch durch einen bloßen Personalabbau unter gleichzeitiger Beibehaltung sämtlicher Betriebsmittel bedingt sein.[333]

Die Herabsetzung der Leistungsfähigkeit im Betrieb setzt voraus, dass erhebliche Teile der Belegschaft betroffen werden.[334] Zur Bestimmung von erheblichen Teilen der Belegschaft sind die Zahlen- und Prozentangaben aus § 17 Abs. 1 KSchG als Orientierungsmaßstab heranzuziehen.[335] In diesem Zusammenhang gilt nach der Rechtsprechung des BAG als Besonderheit, dass in Betrieben mit mehr als 600 Arbeitnehmern mindestens fünf von Hundert der Belegschaft betroffen sein müssen.[336] Die in § 17 Abs. 1 S. 1 KSchG festgesetzte Zeitspanne

330 BAG 28.04.1993 – 10 AZR 38/92, AP BetrVG 1972 § 111 Nr. 32; BAG 15.10.1979 – 1 ABR 49/77, AP BetrVG 1972 § 111 Nr. 5; *Besgen*, in BeckOK-ArbR, § 111 BetrVG, Rn. 14; *Däubler*, in D/K/K/W-BetrVG, § 111, Rn. 58, 59; *Hohenstatt/Willemsen*, in H/W/K-BetrVG, § 111, Rn. 23 f.; *Kania*, in ErfK, § 111 BetrVG, Rn. 11; *Oetker*, in GK-BetrVG, § 111, Rn. 81.

331 *Besgen*, in BeckOK-ArbR, § 111 BetrVG, Rn. 14; *Kania*, in ErfK, § 111 BetrVG, Rn. 11; *Oetker*, in GK-BetrVG, § 111, Rn. 81.

332 BAG 28.04.1993 – 10 AZR 38/92, NZA 1993, 1142, 1142; BAG 15.10.1979 – 1 ABR 49/77, AP BetrVG 1972 § 111 Nr. 5.

333 BAG 07.08.1990 – 1 AZR 445/89, AP BetrVG 1972, § 111, Nr. 34; BAG 06.12.1988 – 1 ABR 47/87, AP BetrVG 1972, § 111, Nr. 26; Vgl. auch: BAG 31.05.2007 – 2 AZR 254/06, NZA 2007, 1307, 1308; *Annuß*, in Richardi-BetrVG, § 111, Rn. 70–71 mit Verweisen zum Streitstand vor der Verabschiedung von § 112a BetrVG; *Besgen*, in BeckOK-ArbR, § 111 BetrVG, Rn. 14; *Däubler*, in D/K/K/W-BetrVG, § 111, Rn. 69; Fitting, BetrVG, § 111, Rn. 73; *Hohenstatt/Willemsen*, in H/W/K-BetrVG, § 111, Rn. 27; *Kania*, in ErfK, § 111 BetrVG, Rn. 11; *Oetker*, in GK-BetrVG, § 111, Rn. 89; *Schweibert*, W/H/S/S, C, Rn. 45.

334 BAG 15.10.1979 – 1 ABR 49/77, AP BetrVG 1972 § 111, Nr. 5.

335 St. Rspr. u.a.: BAG 23.02.2012 – 2 AZR 773/10 , NZA 2012, 992, 993; BAG 28.03.2006 – 1 ABR 5/05, NZA 2006, 932, 933; zustimmend Literatur u.a.: Fitting, BetrVG, § 111, Rn. 74; *Matthes*, in FS Gaul, S. 397, 398; *Oetker*, in GK-BetrVG, § 111, Rn. 94, auch mit Verweisen zur a.A. in der Literatur.

336 BAG 23.02.2012 – 2 AZR 773/10, NZA 2012, 992, 993; BAG 31.05.2007 – 2 AZR 254/06, NZA 2007, 1307, 1308.

von 30 Tagen ist in diesem Zusammenhang nicht zu berücksichtigen[337], da anders als bei § 17 Abs. 1 S. 1 KSchG[338], die Beteiligungspflicht bei Betriebsänderungen an eine einheitliche unternehmerische Maßnahme knüpft[339]. Der Zeitumfang zwischen den Entlassungen kann bezüglich der Frage, ob eine einheitliche unternehmerische Planung vorliegt, lediglich als Indiz herangezogen werden.[340]

Nach § 111 S. 3 Nr. 1 BetrVG gilt auch die Einschränkung eines wesentlichen Betriebsteils als mitbestimmungspflichtige Betriebsänderung. Ein wesentlicher Betriebsteil ist eine organisatorische Teileinheit, die sich nach der Rechtsprechung anhand der Anzahl der jeweilig beschäftigten Arbeitnehmer bestimmt und sich wiederum an den Zahlen- und Prozentangaben aus § 17 Abs. 1 KSchG orientiert.[341] Zur Beurteilung, ob ein wesentlicher Betriebsteil durch einen Personalabbau eingeschränkt wurde, gelten bezüglich der Anzahl entlassener Arbeitnehmer wiederum die Zahlen- und Prozentangaben aus § 17 Abs. 1 KSchG als Indiz.[342] In Abgrenzung zur Einschränkung des Betriebs werden die Zahlengrenzen nicht allein auf den wesentlichen Betriebsteil bezogen, vielmehr ist maßgeblich, ob die Einschränkung des wesentlichen Betriebsteils wesentliche Nachteile für erhebliche Teile der Belegschaft des Gesamtbetriebs zur Folge haben kann.[343] Nicht entscheidend ist, ob die von den Nachteilen betroffenen Arbeitnehmer dem eingeschränkten Betriebsteil angehören oder in anderen Teilen des Gesamtbetriebs beschäftigt sind.[344]

---

337 BAG 22.01.2004 – 2 AZR 111/02, AP BetrVG 1972 Namensliste § 112 Nr. 1; BAG 22.05.1979 – 1 AZR 848/76, AP BetrVG 1972 § 111 Nr. 3.

338 *Boemke*, in Nomos-Kommentar, § 17 KSchG, Rn. 40.

339 BAG 31.05.2007 – 2 AZR 254/06, NZA 2007, 1307, 1308; BAG 28.03.2006 – 1 ABR 5/05, NZA 2006, 932, 933; *Annuß*, in Richardi-BetrVG, § 111, Rn. 75; Fitting, BetrVG, § 111, Rn. 76; *Oetker*, in GK-BetrVG, § 111, Rn. 102.

340 BAG 28.03.2006 – 1 ABR 5/05, NZA 2006, 932, 933 f.

341 BAG 09.11.2010 – 1 AZR 708/09, NZA 2010, 466, 468; BAG 27.06.2002 – 2 AZR 489/01, EzA § 1 KSchG Betriebsbedingte Kündigung, Nr. 119.

342 BAG 19.07.2012 – 2 AZR 386/11, NZA 2013, 333, 334; BAG 09.11.2010 – 1 AZR 708/09, NZA 2010, 466, 467; *Besgen*, in BeckOK-ArbR, § 111 BetrVG, Rn. 13; *Däubler*, in D/K/K/W-BetrVG, § 111, Rn. 69; *Matthes*, in FS Gaul, S. 397, 399, 403 f.; *Matthes*, in MünchHdb. zum ArbR, § 268, 32; *Oetker*, in GK-BetrVG, § 111, Rn. 121.

343 BAG 19.07.2012 – 2 AZR 386/11, NZA 2013, 333, 334; BAG 09.11.2010 – 1 AZR 708/09, NZA 2010, 466, 467; *Annuß*, in Richardi-BetrVG, § 111, Rn. 85; *Matthes*, in FS Gaul, S. 397, 399, 403 f.; *Matthes*, in MünchHdb. zum ArbR, § 268, 32; *Oetker*, in GK-BetrVG, § 111, Rn. 122.

344 BAG 19.07.2012 – 2 AZR 386/11, NZA 2013, 333, 334; BAG 09.11.2010 – 1 AZR 708/09, NZA 2010, 466, 467; *Annuß*, in Richardi-BetrVG, § 111, Rn. 85; *Matthes*, in FS Gaul, S. 397, 399, 403 f.; *Matthes*, in MünchHdb. zum ArbR, § 268, 32; *Oetker*, in GK-BetrVG, § 111, Rn. 122.

b) Betriebsübergang und Betriebseinschränkung

(1) Grundsatz

Der Betriebsübergang führt nicht zur Einschränkung des Betriebs, da der Wechsel der Person des Betriebsinhabers keine Auswirkungen auf die Leistungsfähigkeit des Betriebs im Sinne von §111 S. 3 Nr. 1 1. Alt. BetrVG hat. Dies gilt in personeller als auch in materieller Hinsicht.

Die personelle Leistungsfähigkeit des Betriebs kennzeichnet sich durch die dem Betrieb angehörenden Arbeitnehmer. Die Leistungsfähigkeit des Betriebs ist hingegen nicht betroffen, soweit ein Erwerber den Betrieb übernimmt, der im Vergleich zum Veräußerer eine geringere Solvenz besitzt. Auch in diesem Zusammenhang gilt, dass der Betriebsänderungsbegriff nicht den Betriebsinhaber erfasst und damit auch nicht dessen Leistungsfähigkeit im betriebsänderungsrechtlichen Sinne betreffen kann.

Sind die Voraussetzungen eines Betriebsübergangs erfüllt, wird der Betrieb identitätswahrend fortgeführt[345]. Die damit erfüllten Merkmale stehen dem Grundsatz nach konträr zu einer Herabsetzung der Leistungsfähigkeit des Betriebs. Dies gilt sowohl bezüglich der personellen, als auch der materiellen Leistungsfähigkeit des Betriebs. Grundsätzlich kann daher keine beteiligungspflichtige Einschränkung in solchen Fällen ausgelöst werden, in denen der Betrieb vom Erwerber fortgeführt wird.[346]

Im Gegensatz zum Übergang des Betriebs im Ganzen ist der Betrieb beim Betriebsteilübergang nach § 613a BGB bereits auf Seiten des Veräußerers betroffen. Nach Ansicht von *Kleinebrink/Commandeur* soll eine Betriebseinschränkung nicht schon deshalb vorliegen, weil eine wirtschaftliche Teileinheit auf einen Dritten übergeht.[347] Dies gilt jedoch nur, sofern es um den vom Übergang betroffenen Betriebsteil geht. Der bei einem Betriebsteilübergang zurückbleibende Restbetrieb kann in Folge der Lösung vom Übertragungsobjekt beteiligungspflichtig eingeschränkt werden.[348] In solchen Fällen tritt die Beteiligungspflicht wegen einer

345 Zur identitätswahrenden Fortführung ausführlich: *Fuchs*, in BeckOK-BGB, § 613a, Rn. 15 ff.; *Müller-Gloge*, in MünchKomm BGB, § 613a Rn. 20 ff.

346 *B. Gaul*, § 28, Rn. 98; *Schweibert*, in W/H/S/S, C, Rn. 33. A.A.: *Birk*, BB 1976, 1227, 1231; *Pottmeyer*, S. 205, die von einer Einschränkung ausgehen soweit ein Betriebsteil gelöst und übertragen wird.

347 *Kleinebrink/Commandeur*, NZA 2007, 113, 114.

348 *Däubler*, in D/K/K/W-BetrVG, § 111, Rn. 130; *Heither*, ZIP 1985, 513, 514. Vgl. auch in diesem Zusammenhang: *Annuß*, in Richardi-BetrVG, § 111, Rn. 133; *Hauck*, in FS Richardi, S. 537, 544, *Schweibert*, in W/H/S/S, C, Rn. 94.

Einschränkung eines wesentlichen Betriebsteils jedoch hinter dem spezielleren Beteiligungsrecht der Betriebsspaltung aus § 111 S. 3 Nr. 3 2. Alt. BetrVG zurück.[349]

(2) Einschränkung des Betriebs und Kündigungsverbot

Ob eine beteiligungspflichtige Betriebseinschränkung durch Herabsetzung der personellen Leistungsfähigkeit ausgelöst wird, bestimmt sich unter anderem anhand der Anzahl der vom Unternehmer geplanten Entlassungen. Einzubeziehen sind dabei grundsätzlich sämtliche vom Unternehmer veranlassten Beendigungen der im Betrieb betroffenen Arbeitsverhältnisse.[350] Nicht die Art und Weise der Beendigung des Arbeitsverhältnisses, sondern der Grund als Entschluss seitens des Unternehmers ist maßgeblich für die Berücksichtigung als Herabsetzung der betrieblichen Leistungsfähigkeit nach § 111 S. 3 Nr. 1 1. Alt. BetrVG.[351] Es sollen auch Kündigungen als berücksichtigungsfähige Entlassungen gelten, die gegen das Kündigungsverbot aus § 613a Abs. 4 S. 1 BGB verstoßen. § 613 Abs. 4 S. 1 BGB habe nicht den Zweck, dass eine mitbestimmungspflichtige Betriebseinschränkung entfalle.[352] Lediglich für den erzwingbaren Sozialplan solle es von Bedeutung sein, ob sich Arbeitnehmer auf die Nichtigkeit der Kündigungen berufe.[353]

Dem ist im Ergebnis zuzustimmen. Für die Berücksichtigungsfähigkeit ist entscheidend, ob der Unternehmer plant, das Arbeitsverhältnis mit dem Arbeitnehmer beenden zu wollen. Erklärt er daraufhin die Kündigung des Arbeitsverhältnisses, konkretisiert sich dieser Wille. Dass möglicherweise die Kündigung aufgrund eines Kündigungsverbotes im Sinne von § 13 Abs. 3 KSchG[354] zur Unwirksamkeit der Kündigung führen kann, ersetzt nicht die Beteiligungspflicht des Betriebsrats. Ein Zweck der Beteiligung des Betriebsrats bei Betriebsänderungen ist die Möglichkeit der Einflussnahme auf die unternehmerische Entscheidung.[355] Ob eine Kündigung gegen das Kündigungsverbot aus § 613a Abs. 4 S. 1 BGB verstößt kann zu diesem Zeitpunkt noch nicht festgestellt werden,

---

349 *Oetker*, in GK-BetrVG, § 111, Rn. 84.

350 *Annuß*, in Richardi-BetrVG, § 111, Rn. 76; *Däubler*, in D/K/K/W, § 111 BetrVG, Rn. 77; *Oetker*, in GK-BetrVG, § 111, Rn. 103.

351 *Oetker*, in GK-BetrVG, § 111, Rn. 103.

352 *Annuß*, in Richardi-BetrVG, § 111, Rn. 76.

353 *Annuß*, in Richardi-BetrVG, § 111, Rn. 76.

354 Vgl. dazu: *Gussen*, in BeckOK-ArbR, § 613a BGB, Rn. 115; *Preis*, in ErfK, § 613a BGB, Rn. 153.

355 BAG 14.09.1976 – 1 AZR 784/75, AP BetrVG 1972 § 113 BetrVG Nr. 2; Fitting, BetrVG, § 111, Rn. 109; *Hohenstatt/Willemsen*, in H/W/K-BetrVG, § 111 BetrVG, Rn. 61.

weshalb auch Kündigungen zu berücksichtigen sind, die durch das Kündigungsverbot von § 613a Abs. 4 S. 1 BGB erfasst werden können.

2 Betriebsstillegung

a) Tatbestand

Nach § 111 S. 3 Nr. 1 1. Alt. BetrVG ist die Stilllegung eines Betriebs oder eines wesentlichen Betriebsteils eine mitbestimmungspflichtige Betriebsänderung. Zur Bestimmung eines wesentlichen Betriebsteils im Sinne von § 111 S. 3 Nr. 1 1. Alt. BetrVG dienen die Prozentangaben und Zahlengrößen aus § 17 Abs. 1 KSchG als Indiz.[356] Neben einer quantitativen Bewertung des Betriebsteils können auch qualitative Kriterien ausschlaggebend sein. Diese gelten im Besonderen, insofern der Betriebsteil innerhalb der Gesamtorganisation des Betriebs eine besondere Kennzeichnung beziehungsweise Bedeutung für den Gesamtbetrieb trägt, ohne dass es auf die Anzahl der in diesem Teil beschäftigten Arbeitnehmer ankommt.[357] Für Betriebsänderungen, die sich in einem Personalabbau erschöpfen, gilt dabei zusätzlich § 112a Abs. 1 BetrVG. Die Norm schließt keine Beteiligungspflicht aus, sondern modifiziert das Verfahren bei beteiligungspflichtigen Betriebsänderungen, die der Staffelung aus § 112a Abs. 1 Nr. 1 bis 4 BetrVG unterfallen, sodass § 112 Abs. 4 und 5 BetrVG nicht anwendbar sind.[358]

Die Stilllegung eines Betriebs oder Betriebsteils kennzeichnet sich durch die Aufgabe des Betriebszwecks unter Auflösung der Betriebsorganisation und ihrer Produktionsgemeinschaft[359] und gilt als dringendes betriebliches Erfordernis

---

356 BAG 28.03.2006 – 1 ABR 5/05, NZA 2006, 932, 934; BAG 02.08.1983 – 1 AZR 516/81, AP BetrVG 1972 § 111 Nr. 12; BAG 21.10.1980 – 1 AZR 145/79, NJW 1981, 2599, 2599 f.; BAG 22.05.1979 – 1 AZR 848/76, AP BetrVG 1972 § 111 Nr. 3; *Hohenstatt/Willemsen*, in H/W/K, § 111, Rn. 25.

357 BAG 27.06.2002 – 2 AZR 489/01, EzA § 1 KSchG Betriebsbedingte Kündigung, Nr. 119 – wonach ein Labor einer Fachklinik kein wesentlicher Betriebsteil sei, da es weder einen wesentlichen wirtschaftlichen Beitrag leiste, noch sich das Wesen und der Charakter einer Fachklinik nicht dadurch ändern, dass Laboruntersuchungen nicht mehr im eigenen Hause stattfinden würden.

358 Vgl. zum Anwendungsbereich *Hohenstatt/Willemsen*, in H/W/K-BetrVG, § 112a, Rn. 2.

359 BAG 15.12.2011 – 8 AZR 692/10, NZA-RR 2012, 570, 575; BAG 21.06.2001 – 2 AZR 137/00, NZA 2002, 212, 214; BAG 12.02.1987 – 2 AZR 247/86, NZA 1988, 170, 171; Fitting, BetrVG, § 111, Rn. 65; *Hohenstatt/Willemsen*, in H/W/K-BetrVG, § 111, Rn. 23.

im Sinne von § 1 Abs. 2 S. 1 KSchG[360]. Nach der Rechtsprechung des BAG ist die Stilllegung Folge eines ernsthaften und endgültigen Willensentschlusses des Unternehmers die Fortführung des Betriebs oder Betriebsteil beenden zu wollen.[361] Kennzeichnend für eine Stilllegung ist, dass der Betriebszweck mindestens für eine wirtschaftlich nicht unerhebliche Zeitspanne nicht weiter verfolgt wird.[362] Keine Betriebsstilllegung im Sinne von § 111 S. 3 Nr. 1 1. Alt. BetrVG soll erfüllt sein, sofern die Stilllegung sich aus der Eigenart des Betriebs ergibt, wie bei sogenannten Saison- und Kampagnenbetrieben.[363]

b) Betriebsübergang und Betriebsstilllegung

(1) Grundsatz

Der Konnex von Betriebsstillegung und Betriebsübergang ist über die Grenzen der Betriebsverfassung hinaus relevant. Im Kündigungsschutzverfahren ist die Unterscheidung von Betriebsstilllegung und Fortführung im Falle eines Betriebsübergangs maßgeblich für das Vorliegen eines betriebsbedingten Kündigungsgrundes. Eine Kündigung kann danach nicht mehr nach § 1 Abs. 2 S. 1 KSchG wegen der Stilllegung des Betriebs sozial gerechtfertigt sein, sofern sich die Maßnahme des Arbeitgebers als Betriebsveräußerung kennzeichnet.[364]

Nach Auffassung der Rechtsprechung des BAG[365] und Teilen der rechtswissenschaftlichen Literatur[366] gilt der Grundsatz der Alternativität auch zwischen Betriebsstillegungen nach § 111 S. 3 Nr. 1 1. Alt. BetrVG und dem Betriebsübergang. Sofern der Unternehmer beabsichtige einen Betrieb oder Betriebsteil zu

---

360 BAG 16.02.2012 – 8 AZR 693/10, NZA-RR 2012, 465, 468; BAG 28.05.2009 – 8 AZR 273/08, NZA 2009, 1267, 1268.

361 BAG 16.02.2012 – 8 AZR 693/10, NZA-RR 2012, 465, 468; BAG 28.05.2009 – 8 AZR 273/08, NZA 2009, 1267, 1268; BAG 14.08.2007 – 8 AZR 1043/06, AP BGB § 613a, Nr. 325.

362 BAG 16.05.2002 – 8 AZR 319/01, NZA 2003, 93, 97.

363 Fitting, BetrVG, § 111, Rn. 66; *Oetker*, in GK-BetrVG, § 111, Rn. 79; *Rumpff/Boewer*, S. 288, Rn. 101.

364 BAG 16.02.2012 – 8 AZR 693/10, NZA-RR 2012, 465, 468; BAG 28.05.2009 – 8 AZR 273/08, NZA 2009, 1267, 1268.

365 BAG 26.04.2007 – 8 AZR 695/05, AP InsO § 125 Nr. 4; BAG 12.02.1987 – 2 AZR 247/86, NZA 1988, 170, 171.

366 *Bauer*, DB 1994, 217, 218; *B. Gaul*, § 28, Rn. 247; *Däubler*, in D/K/K/W-BetrVG, § 111, Rn. 50; Fitting, BetrVG, § 111, Rn. 67; *Hauck*, in FS Richardi, 537, 546; *Hohenstatt/ Willemsen*, in H/W/K-BetrVG, § 111, Rn. 23; *Kania*, in ErfK, § 111 BetrVG, Rn. 12; *Moll*, RdA 2003, 129, 131 f.; *Oetker*, in GK-BetrVG, § 111, Rn. 74; *Rumpff/Boewer*, S. 292, Rn. 113; *Schweibert*, in W/H/S/S, C, Rn. 102.

veräußern, könne keine Beteiligungspflicht durch § 111 S. 3 Nr. 1 1. Alt. BetrVG ausgelöst werden.[367] Zur Begründung dieses Ergebnisses wurde unter anderem auf die unterschiedlichen Schutzregelungen verwiesen, die beide Normen auslösen.[368] Die Annahme, dass sich Betriebsstilllegung und Betriebsübergang ausschließen, folgt schon aus dem Vergleich beider Normen auf Tatbestandsebene: Auflösung der wirtschaftlichen Einheit steht im Widerspruch zur identitätswahrenden Fortführung im funktionalen Sinne[369] und umgekehrt.[370] Dies gilt unabhängig davon, auf welche Rechtsgrundlage der Betriebsübergang zurückzuführen ist.[371]

(2) Ausnahme bei Funktionsnachfolge

Voraussetzungen, nach denen ein Betriebsübergang durch eine Auftragsnachfolge ausgelöst werden kann, wurden durch die Betriebsübergangsrichtlinie und die daran angelehnte Judikatur geprägt.[372] Unabhängig der Voraussetzungen, nach denen die Fortführung eines Auftrags die Rechtsfolge aus § 613a Abs. 1 S. 1 BGB auslöst, ist ungewiss, ob durch den Auftragsnachfolger die Voraussetzungen erfüllt werden, da beide Auftragnehmer in keinerlei vertraglichen Beziehungen zueinander stehen.

Diese Besonderheit zum Anlass nehmend, soll nach Ausführungen von *Matthes*[373] das Alternativverhältnis von Betriebsstillegung und Betriebsübergang nicht uneingeschränkt gelten. Zu berücksichtigen sei, dass in den Fällen der sogenannten Funktionsnachfolge (Auftragsnachfolge) trotz ausgelöstem Beteiligungsrecht wegen einer geplanten Betriebs- oder Betriebsteilstilllegung dennoch ein Betriebsübergang nach § 613a BGB eintreten könne.[374] Eine vom

---

367 BAG 26.04.2007 – 8 AZR 695/05, InsO § 125 Nr. 4.

368 BAG 12.02.1987 – 2 AZR 247/86, NZA 1988, 170, 171.

369 Vgl. unter III./C./2./b).

370 Vgl. *Moll*, RdA 2003, 129, 132 f. Daneben führt der der Wechsel des Rechtsträgers im Sinne von § 613a BGB auch nicht zur Stilllegung des Betriebs oder eines wesentlichen Betriebsteils im Sinne von § 111 S. 3 Nr. 1 1. Alt. BetrVG, da die Auswechslung des Betriebsinhabers die organisatorische Einheit im Sinne von § 111 BetrVG nicht berührt, erst Recht nicht beendet. Ebenso *Oetker*, in GK-BetrVG, § 111, 74.

371 *Oetker*, in GK-BetrVG, § 111, Rn. 74. Vgl. zur Verpachtung BAG 28.04.1988 – 2 AZR 623/87, NZA 1989, 265, 266 ff.

372 Zu den Voraussetzungen und Abgrenzung der bloßen Funktionsnachfolge: EuGH 20.01.2011 – C-463/09, NZA 2011, 148, 149 f.; BAG 22.05.2014 – 8 AZR 1069/12 – NZA 2014, 1335, 1337; *Fuchs*, in BeckOK-BGB, § 613a, Rn. 12. Vgl. instruktiv *C. Meyer*, NZA 2000, 297, 297 ff.

373 *Matthes*, NZA 2000, 1073, 1074. Zustimmend *Steffan*, in Düwell-BetrVG, § 111, Rn. 32.

374 *Matthes*, NZA 2000, 1073, 1074.

früheren Auftragnehmer ausgelöste Betriebsänderung durch Kündigung einer entsprechenden Anzahl an Arbeitnehmern werde dadurch nicht hinfällig, da der Auftragsnachfolger unter Umständen im Rahmen der Auftragsnachfolge einen Betriebsübergang auslöse.[375] Bedenken gegen diese, als Aufgabe des Rechtsgrundsatzes des Ausschließlichkeitsverhältnisses aufgefasste Rechtsansicht, richten sich gegen die einheitliche Bewertung verschiedener, separat zu bewertender Umstände.[376]

Entscheidend ist, welcher Vorgang betrachtet wird. Im Falle einer differenzierenden Betrachtungsweise, bei dem nur der Entstehungszeitpunkt des Beteiligungsrechts maßgebend ist, bedarf es keiner Ausnahme vom Grundsatz. Bezogen auf diesen Zeitpunkt gilt der Grundsatz der Alternativität von Betriebsstillegung und Betriebsübergang uneingeschränkt. Der Alternativgrundsatz reduziert sich daher zeitlich und mechanisch auf den Zeitpunkt, in dem die Beteiligungspflicht nach § 111 BetrVG ausgelöst wird. Entscheidend ist die vom Beteiligungspflichtigen getroffene Prognose.[377] Veränderungen, die nachträglich eine Beteiligungspflicht hätten entfallen oder entstehen lassen, müssen hiervon getrennt[378] und separat bewertet werden[379]. Bei umfassender Betrachtung einer Umstrukturierungsmaßnahme können dieser gleichwohl Betriebsstillegung als auch der Übergang einer wirtschaftlichen Einheit nach § 613a BGB zugrunde liegen.

3 Betriebsübergang/Widerspruch/Betriebsänderung

a) Überblick

Nach § 613a Abs. 6 S. 1 BGB können Arbeitnehmer dem Übergang des Arbeitsverhältnisses innerhalb eines Monats nach Zugang der Unterrichtung (§ 613a Abs. 5 BGB)[380] widersprechen. Erklärungsempfänger des Widerspruchs ist nach

375 *Matthes*, NZA 2000, 1073, 1074.

376 *Moll*, RdA 2003, 129, 133 f.

377 *C. Meyer*, NZA 2000, 297, 299; *Moll*, RdA 2003, 129, 134.

378 Vgl. *Moll*, RdA 2003, 129, 134.

379 Zum vorsorglichen Sozialplan sowie zur nachträglichen Änderung eines Sozialplans wegen Übernahme des Betriebs nach § 613a BGB im Rahmen eines Wegfalls der Geschäftsgrundlage nach § 313 BGB vgl.: BAG 28.08.1996 – 10 AZR 886/95, AP BetrVG 1972 § 112 Nr. 104 mit Anm. *C. Meyer*; *C. Meyer*, NZA 2000, 297, 303 ff. und 306 ff.; *Moll*, RdA 129, 139 ff.; kritisch *Matthes*, NZA 2000, 1073, 1074.

380 Ausführlich zur Unterrichtung nach § 613a Abs. 5 BGB *C. Meyer*, Die Unterrichtung der Arbeitnehmer vor Betriebsübergang – Grundlagen – Gestaltung – Muster, 2007, S. 64 ff.

§ 613a Abs. 6 S. 2 BGB der Veräußerer oder der Erwerber. Ein Widerspruch nach Übertragung wirkt dabei auf den Zeitpunkt des Betriebsübergangs zurück und lässt die Anwendung von § 613a Abs. 1 S. 1 BGB entfallen.[381]

Bleiben die Arbeitsverhältnisse dann dem Veräußerer zugeordnet, können weitere personelle Maßnahmen getroffen werden, insbesondere dann, wenn die Beschäftigungsmöglichkeit beim alten Betriebsinhaber entfallen ist. Welche Relevanz in diesem Zusammenhang erklärte, betriebsbedingte Kündigungen einnehmen – auch in Bezug auf vor dem Widerspruch getroffenen Maßnahmen des Unternehmers – soll im folgenden Abschnitt untersucht werden.

b) Grundsatz

Die systematische Einordnung des Widerspruchsrechts in die Ordnung beteiligungspflichtiger Betriebsänderungen nach § 111 BetrVG ist zunächst von der Frage zu trennen, ob Arbeitnehmer wegen eines unbegründeten Widerspruchs gegen den Betriebsübergang von Sozialplanansprüchen ausgeschlossen werden können.[382]

Entscheidend ist in diesem Zusammenhang die Auswirkung des Widerspruchs auf unternehmerische Entscheidungen. Eine Betriebsänderung durch Personalabbau kann nach § 111 S. 3 Nr. 1 BetrVG sowohl zur beteiligungspflichtigen Einschränkung als auch Stilllegung betrieblicher Einheiten führen. Sind nach Ausübung des Widerspruchsrechts Beschäftigungsmöglichkeiten beim früheren Betriebsinhaber entfallen, kann dieser nach § 1 Abs. 2 S. 1 KSchG betriebsbedingt kündigen. Der Entschluss, Arbeitnehmern betriebsbedingt zu kündigen kann eine beteiligungspflichtige Betriebsänderung auslösen, soweit die erforderliche Anzahl an Kündigungen erreicht wird.[383] Dies gilt unabhängig davon, ob die Entscheidung, das Widerspruchsrecht auszuüben, alleiniger Willensentschluss des Arbeitnehmers ist, der mittels empfangsbedürftiger Willenserklärung die Zuordnung zum erwerbenden Betriebsinhaber verhindert.

Obgleich dem Unternehmer aus wirtschaftlicher Sicht keine andere Option als der Erklärung betriebsbedingter Kündigungen zur Auswahl steht, stellt dies aus

---

381 BAG 27.11.2008 – 8 AZR 1021/06, AP BGB § 613a Nr. 361; BAG 13.07.2006 – 8 AZR 305/05, NZA 2006, 1268, 1273. Vgl. ausführlich zu den Rechtsfolgen *Annuß*, in Staudinger, § 613a, Rn. 307 ff.; *C. Meyer*, NZA 2005, 9, 9 ff.; *Fuchs*, in BeckOK-BGB, § 613a, Rn. 84; *S. Edenfeld*, in Erman, § 613a, Rn. 47 ff.

382 Vgl. dazu: BAG 15.12.1998 – 1 AZR 332/98, NZA 1999, 667, 668; BAG 19.02.1998 – 6 AZR 367/96, NZA 1998, 1239, 1241; *Moll*, RdA 2003, 129, 138; *S. Edenfeld*, in Erman, § 613a, Rn. 56.

383 *Moll*, RdA 2003, 129, 137.

rechtlicher Sicht, eine geplante Maßnahme im Sinne von § 111 S. 1 BetrVG dar. Dass der Entschluss des Unternehmers durch vorherigen Entschluss der Arbeitnehmer ausgelöst wird, ist für die rechtliche Einstufung als geplante Maßnahme nicht maßgeblich. Das Gesetz trifft dahingehend keine Unterscheidungen. Die Maßnahme ist dann daraufhin zu überprüfen, ob sie die Voraussetzungen einer Betriebsänderung erfüllt.

Etwas anderes gilt für die Erklärung des Widerspruchs an sich. Dieser kann die Voraussetzungen einer beteiligungspflichtigen Maßnahme des Unternehmers im Sinne von § 111 S. 1 BetrVG nicht erfüllen. Dies folgt aus dem Widerspruchsrecht als Gestaltungsrecht des Arbeitnehmers und dem damit zusammenhängenden Entzug einer geplanten Maßnahme des Unternehmers.[384] Das Erfordernis einer geplanten Maßnahme des Unternehmers verkennt *Däubler*, wenn dieser konstatiert, dass der Widerspruch aus Sicht der Beschäftigten wie eine Betriebsstilllegung wirke, da eine Trennung zwischen den Betriebsmitteln und einem (kleineren oder größeren) Teil der Belegschaft bestehe und ohne die bisherigen Arbeitsgeräte und übergegangenen Arbeitskollegen weitergearbeitet werde.[385] Dies erfülle dann die Voraussetzungen aus § 111 S. 3 Nr. 1 BetrVG und erfordere keine Richtwerte aus § 17 I KSchG.[386]

c) Berücksichtigung von Kündigungen nach Widerspruch

Im Zuge einer betrieblichen Umstrukturierung können Sachverhalte auftreten, die durch einen Betriebsteilübergang sowie die Schließung anderer Betriebsteile gekennzeichnet sind. Ob die Schließung der Betriebsteile eine beteiligungspflichtige Betriebsänderung nach § 111 S. 3 Nr. 1 BetrVG auslöst, hängt maßgeblich von der Zahl der Entlassungen ab. Widersprechen Arbeitnehmer dem Übergang ihres Arbeitsverhältnisses, kann der Arbeitgeber nach § 1 Abs. 2 KSchG aufgrund dringender betrieblicher Erfordernisse die Arbeitsverhältnisse betriebsbedingt kündigen. Für das Bestehen einer beteiligungspflichtigen Betriebsänderung im Zuge eines Personalabbaus kann es dann entscheidend sein, ob auch solche Kündigungen bei Ermittlung eines relevanten Personalabbaus berücksichtigt werden können, die erst aufgrund fehlender Beschäftigungsmöglichkeit nach Widerspruch gegen einen Betriebsübergang erklärt wurden.[387]

---

384 So für die Betriebsspaltung durch Widerspruch *Aßmuth*, Bagatellspaltungen, S. 57 f. Vgl. zum Erfordernis der Veranlassung des Ausscheidens durch den Unternehmer BAG 23.08.1988 – 1 AZR 276/87, NZA 1989, 31, 33.

385 *Däubler*, in D/K/K/W-BetrVG, § 111, Rn. 129.

386 *Däubler*, in D/K/K/W-BetrVG, § 111, Rn. 129.

387 Vgl. Sachverhalt nach BAG 10.12.1996 – 1 AZR 290/96, NZA 1996, 787, 787.

(1) Maßgabe der Gesamtplanung

Das BAG entschied, dass auch Entlassungen von Arbeitnehmern, die aufgrund fehlender Beschäftigungsmöglichkeit nach Widerspruch gegen den Betriebsübergang erklärt wurden, bei der Ermittlung eines beteiligungspflichtigen Personalabbaus mitzuzählen seien.[388] Die Kündigungen von Arbeitsverhältnissen der Arbeitnehmer, die dem Übergang widersprochen hätten, wären damit in einer Gesamtplanung inbegriffen. Die Anwendung des §§ 111 ff. BetrVG dürfe durch das Dazwischentreten des Widerspruchs nicht ausgeschlossen werden, da sonst beispielsweise Arbeitnehmer, die mit sachlichem Grund dem Übergang widersprochen hätten, schutzlos wären.[389] Zudem würde bereits zum Zeitpunkt der Übertragung des Betriebsteils feststehen, dass widersprechende Arbeitnehmer umgehend betriebsbedingt gekündigt werde.[390]

(2) Differenzierung nach Maßnahmen

Einzelne Autoren der Literatur berücksichtigen Entlassungen aufgrund eines Widerspruches des Arbeitnehmers gegen den Betriebsübergang nicht als hinzurechenbare Ermittlung und damit als Teil einer Gesamtplanung.[391] Die Entlassung von Arbeitnehmern, die gegen einen Betriebsübergang widersprochen haben, stelle einen neuen Sachverhalt dar.[392] Die Differenzierung sei geboten, da die Mitbestimmungsrechte bei Betriebsänderungen unmittelbar an die Maßnahme des Unternehmers anknüpfe, weshalb Kündigungen widersprochener Arbeitnehmer isoliert zu erfassen und an den Maßgaben aus § 17 KSchG zu messen seien.[393] Die Planung des Unternehmers als Gegenstand der Beteiligungspflicht enthalte weder den Entschluss, widersprochene Arbeitnehmer zu entlassen, noch könne oder müsse ein Unternehmer davon ausgehen, wie viele

---

388 BAG 10.12.1996 – 1 AZR 290/96, NZA 1996, 787, 788 – darüber hinaus wurde offengelassen, ob die Entlassung auch die Stilllegung des Restbetriebs bewirkt. Allgemein zustimmend: Fitting, BetrVG, § 111, Rn. 78; *Henssler*, NZA 1994, 913, 922; *Hromadka/Maschmann*, Arbeitsrecht Band 2, § 16, Rn. 608; *Kania*, in ErfK, § 111 BetrVG, Rn. 11; *Neef*; NZA 1994, 97, 101; *Preis/Bender*, in W/P/K, § 111, Rn. 15.

389 *Annuß*, in Richard-BetrVG, § 111, Rn. 138.

390 *Baeck/Diller*, NZA 1997, 689, 694.

391 *Bauer*, DB 1994, 217, 220; *Henssler*, NZA 1994, 913, 922 f.; *Matthes*, NZA 2000, 1073, 1076; *Moll* RdA 2003, 129, 137 f.

392 *Moll*, RdA 2003, 129, 138.

393 *Matthes*, NZA 2000, 1073, 1076; *Moll* RdA 2003, 129, 137 f; *Wellenhofer-Klein*, SAE 2000, 183, 186 f.

und ob überhaupt Arbeitnehmer dem Betriebsübergang widersprechen.[394] Maßnahmen, die der Unternehmer nach Ausübung von Widersprüchen plane, seien als neuer Sachverhalt einzuordnen.[395]

(3) Stellungnahme

Zuletzt genannte Bedenken der rechtwissenschaftlichen Literatur gegen die Entscheidung des BAG überzeugen durch Berücksichtigung des Gegenstands, auf den sich die Beteiligungspflicht im Rahmen von §§ 111 ff. BetrVG bezieht.

Die Mitbestimmungsrechte in wirtschaftlichen Angelegenheiten nach §§ 111 ff. BetrVG knüpfen nach § 111 S. 1 BetrVG an eine geplante Maßnahme des Unternehmers an. Maßnahmen, die auf unterschiedliche Planungen zurückzuführen sind, können nicht kumulativ die Anforderungen beteiligungspflichtiger Maßnahmen erfüllen. Das BAG selbst vertritt in diesem Zusammenhang, dass die Beteiligungspflicht anhand einer einheitlichen unternehmerischen Entscheidung zu prüfen sei.[396] Dem widerspricht jedoch, wenn Kündigungen, die nach Ausübung des Widerspruchsrechts erklärt werden, nicht als neuen Sachverhalt gewertet und separiert auf die Erfüllung etwaiger Beteiligungspflichten nach § 111 BetrVG geprüft werden. Der Einwand des BAG, dass die Entlassungen Teil einer Gesamtplanung seien, kann nicht überzeugen und widerspricht dem Alternativgrundsatz von Betriebsstilllegung und Betriebsübergang.[397] Würde, wie das BAG annimmt, die Stilllegung des Betriebs von Anfang an beabsichtigt, müssten die dann von Betriebsteilübergang erfassten Arbeitsverhältnisse bereits zu diesem Zeitpunkt als Teil eines beteiligungspflichtigen Personalabbaus gewertet werden. Dem ist jedoch nicht so. Der Planung lag die Veräußerung des Betriebsteils mit daraus folgendem Übergang der Arbeitsverhältnisse zugrunde. Entgegen Bedenken[398] wären Arbeitnehmer, die aus sachlichen Gründen widersprechen, nicht schutzlos gestellt, da durch die sich daran anschließende Maßnahme des Unternehmers eine beteiligungspflichtige Maßnahme ausgelöst werden kann.

---

394 *Moll*, RdA 2003, 129, 138.

395 *Matthes*, NZA 2000, 1073, 1076; *Moll*, RdA 2003, 129, 137 f.

396 BAG 31.05.2007 – 2 AZR 254/06, NZA 2007, 1307, 1308; *Oetker*, in GK-BetrVG, § 111, Rn. 102 m.w.N.

397 Vgl. unter IV./B./2./b)/(2).

398 *Annuß*, in Richardi-BetrVG, § 111 BetrVG, Rn. 138.

C Betriebsspaltung

1 Überblick

Nach § 111 S. 3 Nr. 3 2. Alt. BetrVG ist die Spaltung des Betriebs eine mitbestimmungspflichtige Betriebsänderung. Der Betriebsteilübergang nach § 613a BGB soll Anlass einer Betriebsspaltung sein können beziehungsweise sollen die Voraussetzungen im Rahmen eines Betriebsteilübergangs regelmäßig bei einer Betriebsspaltung nach § 111 S. 3 Nr. 3 2. Alt. BetrVG vorliegen.[399] Um tatbestandliche Überschneidungen zu erfassen, sollen Betriebsteilübergang und Betriebsspaltung auf Tatbestandsebene in Kohärenz gesetzt werden.

2 Allgemein

a) Umwandlungsbereinigungsgesetz

Am 01.01.1995 trat das Umwandlungsbereinigungsgesetz in Kraft.[400] In diesem Zusammenhang wurde § 111 S. 2 Nr. 3 BetrVG a.F. erweitert. Neben dem Zusammenschluss, gilt auch die Spaltung von Betrieben als mitbestimmungspflichtige Betriebsänderung im Sinne von § 111 BetrVG. Dem neuen Betriebsänderungstatbestand wurde dabei in erster Linie die Funktion der Klarstellung bezüglich der geltenden Rechtslage unterstellt.[401] Im Zuge einer Spaltung wurde bereits vor der Novellierung der Tatbestand einer Betriebsänderung regelmäßig erfüllt, da die Spaltung zu einer grundlegenden Änderung der Betriebsorganisation oder des Betriebszwecks führte.[402]

---

399 BAG 10.12.1996 – 1 ABR 32/96, NZA 1997, 898, 899; LAG Bremen 21.10.2004 – 3 Sa 77/04, NZA-RR 2005, 140, 141; LAG Baden-Württemberg 04.12.2003 – 10 TaBV 2/03, AuR 2004, 118, 118; *Däubler*, in D/K/K/W-BetrVG, § 111, Rn. 130; *Hauck*, in FS Richardi, S. 545; *Kania*, in ErfK, § 111 BetrVG, Rn. 10; *Karthaus*, AuR 2007, 114, 115 – *„notwendigerweise verbundene Spaltung"*; *Kleinebrink/Commandeur*, NZA 2007, 113, 116.

400 BGBl. 1994 I, S. 3210.

401 BAG 10.12.1996 – 1 ABR 32/96; NZA 1997, 898, 899; *Wlotzke*, DB 1995, 40, 47.

402 BAG 16.06.1987 – 1 ABR 41/85, NZA 1987, 671, 671 f.; BAG 10.12.1996 – 1 ABR 32/96, NZA 1997, 898, 899 m.w.N.

b) Spaltung nach § 123 UmwG

Die Voraussetzungen einer beteiligungspflichtigen Betriebsspaltung nennt das Gesetz nicht.[403] Die zeitgleich in Kraft getretenen Normen der §§ 123 ff. UmwG enthalten erstmals ein Spaltungsrecht.[404] Dabei definiert § 123 UmwG Varianten einer Spaltung. Unterschieden wird zwischen Aufspaltung (Abs. 1), Abspaltung (Abs. 2) und Ausgliederung (Abs. 3). Die Aufspaltung nach § 123 Abs. 1 UmwG determiniert sich durch die Übertragung des Vermögens des Rechtsträgers auf mindestens zwei übernehmende Rechtsträger, die entweder vor der Übertragung bestehen[405] oder zum Zwecke der Übertragung neugegründet werden[406]. Die Abspaltung nach § 123 Abs. 2 UmwG unterscheidet sich von der Aufspaltung dadurch, dass nicht das gesamte Vermögen des Rechtsträgers von der Spaltung betroffen ist, sodass der ursprüngliche Rechtsträger durch den Bestand eines Restvermögens fortbesteht.[407] Die in § 123 Abs. 3 UmwG geregelte Ausgliederung kennzeichnet sich bezüglich einer Gegenleistung für die Vermögensübertragung. Mitgliedschaftsrechte und Gesellschafteranteile werden nicht auf die Gesellschafter und Anteilsinhaber des Rechtsträgers übertragen, sondern der Rechtsträger selbst generiert zum Inhaber dieser Vermögenswerte.[408]

3 Betriebsspaltung nach § 111 S. 3 Nr. 3 2. Alt. BetrVG

a) Allgemein

Die Spaltung von Betrieben ist eine mitbestimmungspflichtige Betriebsänderung. Im Gegensatz zur Spaltung nach dem UmwG ist die organisatorische Einheit *Betrieb* der Bezugspunkt der Spaltung. Darüber hinaus werden keine weiteren Anforderungen an den Mitbestimmungstatbestand in § 111 S. 3 Nr. 3 2. Alt. BetrVG gestellt, was die Betriebsspaltung als Betriebsänderung aus § 111 S. 3 BetrVG von den übrigen Nummern des § 111 S. 3 BetrVG unterscheidet.

---

403 Vgl. *Aßmuth*, Bagatellspaltungen, S. 26. – mit dem Hinweis, der geplanten Neufassung zum SpTruG vom 05.04.1991 (BGBl. 1991, Teil I, S. 854) und der auch darin fehlenden Begriffsbestimmung der Betriebsspaltung.

404 *Simon*, in Kölner Kommentar UmwG, § 123, Rn. 3.

405 *Simon*, in Kölner Kommentar UmwG, § 123, Rn. 18; *Stengel/Schwana*, in Semler/Stengel, UmwG, § 123, Rn. 12.

406 *Simon*, in Kölner Kommentar UmwG, § 123, Rn 19.

407 *Simon*, in Kölner Kommentar UmwG, § 123, Rn. 24.

408 *Teichmann*, in Lutter, Umwandlungsgesetz, § 123, Rn. 26.

Diese erfordern entweder Auswirkungen der geplanten Maßnahme auf den Betrieb oder wesentlicher Betriebsteile[409] beziehungsweise setzen grundlegende Änderungen voraus[410].

b) Bezugspunkt Betrieb

§ 111 S. 3 Nr. 3 2. Alt. BetrVG erfasst nach dem Wortlaut nur die Spaltung von Betrieben. § 106 S. 3 Nr. 8 BetrVG erstreckt das Beteiligungsrecht des Wirtschaftsausschusses sowohl auf geplante Unternehmens- als auch Betriebsspaltungen. Anders als § 123 UmwG bezieht die Betriebsspaltung nicht den Rechtsträger als Ausgangspunkt der Maßnahme ein.[411] Entsprechend dem System von § 111 BetrVG ist die betriebliche Einheit maßgebend und nicht das Unternehmen. Dies entspricht auch dem gesetzgeberischen Verständnis, welches durch die BetrVG-Reform 2001 nicht geändert, sondern nochmals klargestellt wurde. Danach gilt zwar für den Schwellenwert aus § 111 S. 1 BetrVG die Unternehmensgröße als Maßgabe, jedoch sollte sich diese ausdrücklich nicht auf die Gegenstände der Mitbestimmung erstrecken, da der Gesetzgeber keine beteiligungspflichtigen Unternehmensänderungen beabsichtigte.[412]

Daraus folgt ein unabhängiges Verhältnis von Betriebsspaltungen und Unternehmensspaltungen. Mitbestimmungspflichtige Betriebsspaltungen werden durch Unternehmensspaltungen weder erweitert noch beschränkt und können somit unternehmensintern- als auch -extern erfolgen.[413] Betriebe im Sinne des BetrVG können Gegenstand der Spaltung sein, darüber hinaus können auch selbständige Betriebsteile im Sinne von § 4 Abs. 1 BetrVG gemeinsame Betriebe mehrerer Unternehmen bilden.[414]

---

409 Vgl. § 111 S. 3 Nr. 1 und 2 BetrVG.

410 Vgl. § 111 S. 3 Nr. 4 und 5 BetrVG.

411 *Aßmuth*, Bagatellspaltungen, S. 29; *B. Gaul*, § 28, Rn. 48.

412 BT-Drucks. 14/5741, S. 51. Ebenso: *Aßmuth*, Bagatellspaltungen, S. 29 f.; *Bauer*, NZA 2001, 375, 376; *Schweibert*, in W/H/S/S, C, Rn. 6. Kritisch *Annuß*, NZA 2001, 367, 369; *Lingemann*, NZA 2002, 934, 935.

413 BAG 10.12.1996 – 1 ABR 32/96; NZA 1997, 898, 899; *B. Gaul*, § 28, Rn. 47; *Schweibert*, in W/H/S/S, C, Rn. 58.

414 *Annuß*, in Richardi-BetrVG, § 111, Rn. 105; *Aßmuth*, Bagatellspaltungen, S. 31; Fitting, BetrVG, § 111, Rn. 85; *Hohenstatt/Willemsen*, in H/W/K-BetrVG, § 111, Rn. 43.

c) Voraussetzung der Spaltung

§ 111 S. 3 Nr. 3 2. Alt. BetrVG definiert die Spaltung nicht. Gleichwohl ist dem BetrVG die Spaltung als Umstrukturierungsmaßnahme von Unternehmen und Betrieben nicht fremd. Nach § 1 Abs. 2 Nr. 2 BetrVG wird ein gemeinsamer Betrieb zweier Unternehmen dann vermutet, wenn die Spaltung eines Unternehmens zur Folge hat, dass von einem Betrieb ein oder mehrere Betriebsteile einem anderen an der Spaltung beteiligten Unternehmen zugeordnet werden, ohne dass sich dabei die Organisation des betroffenen Betriebs wesentlich ändert. Gemäß § 21a Abs. 1 BetrVG erhält nach Spaltung eines Betriebs der Betriebsrat ein Übergangsmandat für die ihm vormals zugeordneten Betriebsteile, soweit sie die Voraussetzungen des § 1 Abs. 1 S. 1 BetrVG erfüllen und nicht in einen Betrieb eingegliedert werden, in dem ein Betriebsrat besteht. Beide Normen regeln dabei nicht ausdrücklich, wodurch sich eine Betriebsspaltung kennzeichnet, lassen jedoch Rückschlüsse auf die Voraussetzungen einer Betriebsspaltung zu.[415]

§ 1 Abs. 2 BetrVG vermutet einen Gemeinschaftsbetrieb, wenn sich trotz neuer Zuordnung von Betriebsteilen die Organisation des betroffenen Betriebs nicht wesentlich ändert. Zwar erfasst § 111 S. 3 Nr. 3 2. Alt. BetrVG die Unternehmensspaltung nicht, gleichwohl ist nach § 1 Abs. 2 Nr. 2 BetrVG auch der Betrieb von der Spaltung betroffen, wonach ein oder mehrere Betriebsteil(e) neu zugeordnet wird beziehungsweise werden. Nach § 21a Abs. 1 S. 1 BetrVG ist Gegenstand der Spaltung, dass Betriebsteile neu zugeordnet werden.[416] Für die Betriebsspaltung des BetrVG und damit auch für die Spaltung von Betrieben nach § 111 S. 3 Nr. 3 2. Alt. BetrVG folgt, dass ursprüngliches Bestehen organisatorischer Einheiten vorausgesetzt wird, von denen mindestens ein Betriebsteil der ursprünglichen betrieblichen Einheit in solcher Art und Weise durch eine Maßnahme betroffen sein muss, dass dieser neu zugeordnet wird.[417]

d) Anforderung an den Betriebsteil

Die Neuzuordnung betrieblicher Einheiten setzt damit zuerst die Lösung betrieblicher Einheiten voraus, die mindestens die Qualität eines Betriebsteils erfüllen müssen. Ein Betriebsteil im Sinne des BetrVG ist gekennzeichnet durch

---

415 *B. Gaul*, § 28, Rn. 55.

416 Vgl. unter II./C./2./a).

417 BAG 10.12.1996 – 1 ABR 32/96, NZA 1997, 898, 899; *B. Gaul*, § 28, Rn. 47. Für § 1 Abs. 2 BetrVG *Aßmuth*, Bagatellspaltungen, S. 29; *B. Gaul*, § 28, Rn. 34.

eine eigene organisatorische Untereinheit innerhalb des Betriebs, die zwar an dessen Zweck ausgerichtet ist, sich jedoch durch eine Verselbständigung abgrenzen lässt.[418] Dies gilt auch für den Betriebsteil, der als Produkt aus einer Spaltung im Sinne von § 111 S. 3 Nr. 3 2. Alt. BetrVG hervorgeht. Instanzgerichte und Stimmen der Literatur bestimmen unterschiedlich, welche Anforderungen an den abgetrennten Betriebsteil zu stellen sind.[419] Entscheidend in diesem Zusammenhang ist, dass – soweit sich der Betriebsteil durch die Merkmale einer veräußerungsfähigen Einheit im Sinne von § 613a BGB kennzeichnet – die Anforderungen an den Betriebsteil als Ergebnis einer Spaltung als rechtlich relevante Größe erfüllt sind.[420]

e) Fortführung des abgetrennten Teils

Die Betriebsspaltung nach § 111 S. 3 Nr. 3 2. Alt. BetrVG ist anlassunabhängig. Während § 123 UmwG die Unternehmensspaltung auf den Rechtsträgerwechsel zurückführt, enthält die betriebsverfassungsrechtliche Betriebsspaltung keine entsprechende Voraussetzung. Auch setzt die Betriebsspaltung kein bestimmtes rechtliches Schicksal betroffener Betriebsteile nach der Spaltung voraus.[421] So kann ein aus der Spaltung hervorgehender Betriebsteil in einen schon bestehenden Betrieb mit der etwaigen Folge eingegliedert werden, dass der Betriebsteil

---

418 BAG 21.07.2004 – 7 ABR 57/03, AP BetrVG 1972 § 4 Nr. 15; BAG 19.02.2002 – 1 ABR 26/01, AP BetrVG 1972 § 4 Nr. 13; BAG 25.09.1986 – 6 ABR 68/84, NZA 1987, 708, 711; *Besgen*, in BeckOK-ArbR, § 4 BetrVG, Rn. 6.

419 Keine Beteiligungspflicht bei sog. Bagatellspaltungen: *Aßmuth*, Bagatellspaltungen, S. 259; *Kania*, in ErfK, § 111 BetrVG, Rn. 16; *Moll*, RdA 2003, 129, 134 f. Ablehnend: LAG Bremen 21.10.2004 – 3 Sa 77/04, NZA-RR 2005, 140, 141; LAG Hamm 28.08.2003 – 13 TaBV 127/03, AP BetrVG 1972 § 112 Nr. 165; *Däubler*, in D/K/K/W-BetrVG, § 111, Rn. 100; *Annuß*, in Richardi-BetrVG, § 111, Rn. 102a. Offengelassen: BAG 10.12.1996 1 ABR 32/96, NZA 1997, 898, 899; BAG 18.03.2008 – 1 ABR 77/06.

420 BAG 10.12.1996 – 1 ABR 32/96, NZA 1997, 898, 899; LAG Bremen 21.10.2004 – 3 Sa 77/04, NZA-RR 2005, 140, 141; LAG Hamm 28.08.2003 – 13 TaBV 127/03, AP BetrVG 1972 § 112 Nr. 165; Fitting, BetrVG, § 111, Rn. 87. Gleichwohl bedarf es nicht zwingend die Erfüllung einer veräußerungsfähigen Einheit: LAG München 18.07.2006 – 11 TaBV 70/05, juris Rz. 41 – aufgehoben durch BAG 18.03.2008 – 1 ABR 77/06, NZA 2008, 957; *Annuß*, in Richardi-BetrVG, § 111, Rn. 101.

421 BAG 18.03.2008 – 1 ABR 77/06, NZA 2008, 957, 958; LAG Düsseldorf 17.02.2011 – 11 Sa 1542/10, AE 2011, 252; *Aßmuth*, Bagatellspaltungen, S. 35.

untergeht.[422] Dies folgt aus einem Vergleich zur Spaltung von Rechtsträgern[423] und einer fehlenden entsprechenden gesetzlichen Voraussetzung.

Ein Kriterium an die Spaltungsprodukte resultiert aus der Abgrenzung zur Stilllegung von Betrieben nach § 111 S. 3 Nr. 1 2. Alt. BetrVG. Die Abgrenzung ist erforderlich, da die Stilllegung von Betrieben, anders als die Spaltung von Betrieben, die Stilllegung von wesentlichen Betriebsteilen erfordert.[424] Die Spaltung setzt nicht nur das Entstehen von mindestens zwei neuen betrieblichen Einheiten voraus, sondern verlangt auch, dass abgespaltene Betriebsteile nach der Spaltung entweder erhalten bleiben oder zumindest in bestehende betriebliche Einheiten eingegliedert werden, ohne dass dabei das betriebliche „Substrat" untergeht.[425]

f) Ausgestaltungen der Spaltung

Wie auch bei der Spaltung nach § 124 UmwG lassen sich bei der Betriebsspaltung unterschiedliche Spaltungsvarianten rubrizieren. Zur generellen Einteilung sind auch bei der Spaltung von Betrieben Aufspaltung und Abspaltung zu unterscheiden.[426] Die Unterschiede ergeben sich im Hinblick auf die Wahrnehmung etwaiger Mitbestimmungsrechte durch Übergangs- und / oder Restmandate nach § 21a BetrVG.[427] Eine vergleichbare Kategorie ähnlich der Ausgliederung im Sinne von § 123 Abs. 3 UmwG findet sich bei der Betriebsspaltung nicht. Der Ausgliederung ist eine besondere vermögensrechtliche Gegenleistung eigen, die für das Vorliegen einer Betriebsspaltung keine Bedeutung hat, sondern durch die betriebliche Änderung gekennzeichnet wird.[428]

Durch eine Aufspaltung wird der Ursprungsbetrieb aufgelöst und es entstehen zwei oder mehrere neue betriebliche Einheiten, in denen der Ursprungsbetrieb aufgeht. Dies entspricht der Aufspaltung nach § 123 Abs. 1 UmwG. Hingegen

---

422 BAG 18.03.2008 – 1 ABR 77/06, NZA 2008, 957, 958.

423 *Aßmuth*, Bagatellspaltungen, S. 35 f.

424 BAG 18.03.2008 – 1 ABR 77/06, NZA 2008, 957, 958 f.

425 BAG 18.03.2008 – 1 ABR 77/06, NZA 2008, 957, 958; LAG Düsseldorf 17.02.2011 – 11 Sa 1542/10, AE 2011, 252.

426 BAG 18.03.2008 – 1 ABR 77/06, NZA 2008, 957, 958; LAG Düsseldorf 17.02.2011 – 11 Sa 1542/10, AE 2011, 252; *Aßmuth*, Bagatellspaltungen, S. 37 f.; *B. Gaul*, § 28, Rn. 56 ff. – der jedoch statt Aufspaltung und Abspaltung von einer Auflösung und Ausgliederung spricht; *Däubler*, in D/K/K/W-BetrVG, § 111, Rn. 100; Fitting, BetrVG, § 21a, Rn. 9a.

427 Vgl. BAG 18.03.2008 – 1 ABR 77/06, NZA 2008, 957, 958.

428 *Aßmuth*, Bagatellspaltungen, S. 45.

bleibt bei der Abspaltung der Ursprungsbetrieb erhalten, jedoch reduziert um mindestens einen abgespaltenen Betriebsteil, was mit der in § 123 Abs. 2 UmwG geregelten Abspaltung zu vergleichen ist.[429]

4 Betriebsspaltung beim Betriebsteilübergang

a) Überblick

Beim Betriebsteilübergang wechselt der Inhaber des Betriebsteils, so dass in der Folge der Erwerber in die Arbeitsverhältnisse der im Betriebsteil beschäftigten Arbeitnehmer eintritt. Der Betriebsinhaberwechsel führt im Betriebsteil nicht zu einer organisatorischen Veränderung, so dass keine Betriebsänderung nach § 111 S. 1 BetrVG ausgelöst werden kann. In Rechtsprechung[430] und Literatur[431] wird vertreten, dass der Betriebsteilübergang nach § 613a BGB regelmäßig mit einer Betriebsspaltung verbunden sei. Im Folgenden soll untersucht werden, welche Maßnahme bei einem Betriebsteilübergang eine Betriebsspaltung nach § 111 S. 3 Nr. 3 2. Alt. BetrVG auslöst und ob eine Betriebsspaltung zwangsläufig mit einem Betriebsteilübergang einhergeht.[432]

b) Relation von Betriebsteilübergang und Betriebsspaltung

Die Betriebsspaltung erfordert als Ergebnis der Spaltung mindestens einen Betriebsteil, der zumindest die Merkmale einer veräußerungsfähigen Einheit erfüllen muss. Der Betriebsteilübergang setzt einen übergangsfähigen Betriebsteil voraus, der eine Untergliederung innerhalb der wirtschaftlichen Einheit bildet und einen sachlich und organisatorisch abgrenzbaren Teilzweck verfolgt.[433] Die Voraussetzungen einer wirtschaftliche Einheit müssen dabei schon beim Veräußerer und damit vor dem Inhaberwechsel erfüllt sein, da nur eine existente, selbständig abtrennbare, organisatorische Einheit Gegenstand einer

---

429 Ausführlich dazu *Aßmuth*, Bagatellspaltungen, S. 37 ff.

430 LAG Düsseldorf 17.02.2011 – 11 Sa 1542/10, AE 2011, 252; LAG Bremen 21.10.2004 – 3 Sa 77/04, NZA-RR 2005, 140, 141; LAG Hamm 28.08.2003 – 13 TaBV 127/03, NZA-RR 2004, 80, 81 f. Vgl. BAG 10.12.1996 – 1 ABR 32/96, NZA 1997, 898, 900.

431 Fitting, BetrVG, § 111, Rn. 86; *Hauck*, in FS Richardi, 537, 545; *Matthes*, in FS Wiese, S. 293, 294; *Matthes*, NZA 2000, 1073, 1074 – der von der Notwendigkeit einer Spaltung ausgeht; *Moll*, RdA 2003, 129, 134; *Oetker*, in GK-BetrVG, § 111, Rn. 142.

432 So zumindest *Hauck*, in FS Richardi, 537, 545.

433 BAG 13.07.2006 – 8 AZR 331/05, NZA 2006, 1357, 1358 f.

Übertragung sein kann.[434] Die für den Betriebsteil nach § 613a BGB geltende Konkretisierung wird dabei auf den Betriebsteil als Mindestprodukt eines Spaltungsprozesses übertragen und hat zur Folge, dass das Übertragungsobjekt eines Betriebsteilübergangs grundsätzlich die Voraussetzungen eines erforderlichen Spaltungsergebnisses erfüllt.[435] Im Ergebnis erfüllt damit grundsätzlich jeder Betriebsteilübergang eine beteiligungspflichtige Spaltung nach § 111 S. 3 Nr. 3 2. Alt. BetrVG.

Auch in der Rechtsprechung[436] wird vertreten, dass eine Betriebsspaltung regelmäßig mit der Veräußerung eines Betriebsteils einhergehe, ohne diese jedoch vorauszusetzen[437]. Diese Rechtsprechung konstatierte das BAG insbesondere in einem konkreten Fall, in dem die aus einem Werk mit 275 Mitarbeitern die Fertigung der Elektronik mit 24 Mitarbeitern ausgegliedert wurde.[438] Die Übertragung erfolgte auf eine vom bisherigen Abteilungsleiter gegründete GmbH, welche die Produktion in den bisherigen Werksräumen zunächst fortführte.[439] Der Große Senat des BAG entschied, dass die Ausgliederung durch Unterstellung der Fertigung der Elektronik unter einen neuen Leitungsapparat den Tatbestand der Spaltung erfülle.[440] Der Betriebsteil unterstehe nicht mehr dem bisherigen Arbeitgeber, sondern nunmehr der neugegründeten GmbH, daran ändere auch die Fortsetzung der Produktion in den bisherigen Produktionsräumen nichts.[441] Auch bestünde kein gemeinsamer Betrieb beider Unternehmen, was einen gemeinsamen Leitungsapparat erfordert hätte.[442] In einem anderen Fall entschied das LAG Bremen im Urteil vom 21.10.2004, dass der

434 BAG 27.01.2011 – 8 AZR 326/09, NZA 2011, 1162, 1164; BAG 24.04.1997 – 8 AZR 848/94, NZA 1998, 253, 254; *C. Meyer*, NZA-RR 2013, 225, 225; *Matthes*, NZA 2000, 1073, 1074; *Willemsen*, in W/H/S/S, G, Rn. 37.

435 Dass sich der Begriff des abgespaltenen Betriebsteil mit dem der wirtschaftlichen Teileinheit im Sinne von § 613a BGB deckt auch: *B. Gaul*, § 28, Rn. 64 f.; *Kleinebrink/Commandeuer*, NZA 2007, 113, 116.

436 LAG Düsseldorf 17.02.2011 – 11 Sa 1542/10, AE 2011, 252; LAG Bremen 21.10.2004 – 3 Sa 77/04, NZA-RR 2005, 140, 141; LAG Hamm 28.08.2003 – 13 TaBV 127/03, NZA-RR 2004, 80, 81 f. Vgl. BAG v. 10.12.1996 – 1 ABR 32/96, NZA 1997, 898, 900.

437 LAG München 18.07.2006 – 11 TaBV 70/05, juris Rz. 41 – aufgehoben durch BAG 18.03.2008 – 1 ABR 77/06, NZA 2008, 957; *Annuß*, in Richardi-BetrVG, § 111, Rn. 101.

438 BAG 10.12.1996 – 1 ABR 32/96, NZA 1997, 898, 898.

439 BAG 10.12.1996 – 1 ABR 32/96, NZA 1997, 898, 898.

440 BAG 10.12.1996 – 1 ABR 32/96, NZA 1997, 898, 899.

441 BAG 10.12.1996 – 1 ABR 32/96, NZA 1997, 898, 899.

442 BAG 10.12.1996 – 1 ABR 32/96, NZA 1997, 898, 899.

Verkauf einer Cafeteria aus einem Einkaufsmarkt heraus einen Betriebsteilübergang nach § 613a BGB auslöse sowie eine beteiligungspflichtige Betriebsspaltung nach § 111 S. 3 Nr. 3 2. Alt. BetrVG bewirke.[443] Die Cafeteria wurde auf einen externen Caterer übertragen.[444] Die Ausgliederung der Cafeteria durch Unterstellung einer eigenständigen organisatorischen Leitung erfülle dabei den Tatbestand einer Spaltung.[445] Danach führe eine Ausgliederung im Zusammenhang mit einer Übertragung auch dann zu einer beteiligungspflichtigen Spaltung, wenn sie nur von § 613a BGB erfasst werde.[446] Auch in der Literatur wird eine Betriebsspaltung bei der Veräußerung eines Betriebsteils angenommen, soweit der Erwerber den Betriebsteil übernehme und er damit einer eigenständigen organisatorischen Leitung unterstehe.[447] Keine Betriebsspaltung wird für die Fälle angenommen, in denen ein Gemeinschaftsbetrieb nach § 1 Abs. 2 BetrVG entsteht.[448]

In diesem Zusammenhang ist die Fortführung des Betriebsteils durch den Erwerber vom mitbestimmungsfreien Betriebsinhaberwechsel zu unterscheiden, der seinerseits voraussetzt, dass der Betriebserwerber den Betrieb fortführt.[449] Es mutet einerseits widersprüchlich an, soweit der Wechsel der Betriebsleitung auf der einen Seite als Merkmal eines mitbestimmungsfreien Rechtsträgerwechsels[450], auf der anderen Seite aber auch als Merkmal einer beteiligungspflichtigen Betriebsspaltung nach § 111 S. 3 Nr. 3 2. Alt BetrVG herangezogen wird. Der Widerspruch löst sich auf, soweit der jeweilige Bezugspunkt berücksichtigt wird, für den das Merkmal der Betriebsleitung zu Grunde gelegt wird. Die Betriebsspaltung nach § 111 S. 3 Nr. 3 2. Alt. BetrVG setzt die Entstehung neuer betrieblichen Einheiten voraus, sodass das Abstellen auf die Leitung des Betriebs in dem Zusammenhang verwendet wird, um die Unabhängigkeit und

---

443 LAG Bremen 21.10.2004 – 3 Sa 77/04, NZA-RR 2005, 140, 141.

444 LAG Bremen 21.10.2004 – 3 Sa 77/04, NZA-RR 2005, 140, 141.

445 LAG Bremen 21.10.2004 – 3 Sa 77/04, NZA-RR 2005, 140, 141.

446 LAG Bremen 21.10.2004 – 3 Sa 77/04, NZA-RR 2005, 140, 141.

447 *Annuß*, in Richardi-BetrVG, § 111, Rn. 133; *Hohenstatt/Willemsen*, in H/W/K-BetrVG, § 111 BetrVG, Rn. 55; *Hohenstatt*, in W/H/S/S, D, Rn 15 ff.; *Kleinebrink/Commandeur*, NZA 2007, 113, 116 f.

448 BAG 18.03.2008 – 1 ABR 77/06, NZA 2008, 957, 959; *Kleinebrink/Commandeuer*, NZA 2007, 113, 116; *Steffan*, in Düwell-BetrVG, § 111, Rn. 31.

449 Vgl. BAG 19.03.2015 – 8 AZR 119/14, APB BGB § 613a Nr. 464; *Gussen*, in BeckOK-ArbR, § 613a BGB, Rn. 45; *Willemsen*, in H/W/K-BGB, § 613a, Rn. 46.

450 Nur *Gussen*, in BeckOK ArbR, § 613a BGB, Rn. 48.

damit Neuentstehung der betrieblichen Einheit zu ermitteln.[451] Diese Unterscheidung wird aus der Entscheidung des BAG vom 10.12.1996[452] nicht deutlich, da nur festgestellt wird, dass der Betrieb gespalten wurde, da die Fertigung der Elektronik nicht mehr dem bisherigen Arbeitgeber, sondern nun dem Erwerber unterstehe. Die organisatorische Änderung im Sinne von § 111 S. 3 Nr. 3 2. Alt. BetrVG besteht in der Lösung vom Ursprungsbetrieb und entsprechender Neuentstehung. Diese verlangt jedoch nicht, dass der abgespaltene Betriebsteil in den anderen Betrieb eingegliedert wird oder darin aufgeht.[453]

Die Lösung vom Ursprungsbetrieb, und damit auch eine Spaltung nach § 111 S. 3 Nr. 3 2. Alt. BetrVG, wird richtigerweise für die Fälle verneint, in denen ein Gemeinschaftsbetrieb nach § 1 Abs. 2 BetrVG entsteht.[454] Werden bei der Maßnahme die Voraussetzungen eines Gemeinschaftsbetriebs erfüllt, kann ein Betriebsteil nicht nach § 613a BGB übergehen. Die jeweiligen Voraussetzungen stehen konträr zueinander. Ein Gemeinschaftsbetrieb nach § 1 Abs. 2 BetrVG setzt einen einheitlichen betriebsbezogenen Leitungsapparat voraus.[455]

D Ergebniszusammenfassung zu Betriebsänderungen beim Betriebsübergang

1 Betroffenheit trotz Kündigungsverbot

Bei der Erfassung von Betriebsänderungen nach § 111 S. 1 Nr. 1 BetrVG sind auch solche Kündigungen des Arbeitgebers zu erfassen, die gegen das Kündigungsverbot aus § 613a Abs. 4 S. 1 BGB verstoßen. Für die Berücksichtigungsfähigkeit ist entscheidend, dass der Arbeitgeber plant, das Arbeitsverhältnis beenden zu wollen.

---

451 BAG 18.03.2008 – 1 ABR 77/06, NZA 2008, 957, 959; Fitting, BetrVG § 111, Rn. 86; *Oetker*, in GK-BetrVG, § 111, Rn. 142.

452 BAG 10.12.1996 – 1 ABR 32/96, NZA 1997, 898, 899.

453 LAG Düsseldorf, 17.02.2011 – 11 Sa 152/10, AE 2011, 252; *Oetker*, in GK-BetrVG, § 111, Rn. 142.

454 *Cohnen*, in Münchn. Anwaltshandb. ArbR, § 54, Rn. 148; *Kania*, in ErfK, § 111 BetrVG, Rn. 16; *Moll*, RdA 2003, 129, 135.

455 BAG 03.06.2004 – 2 AZR 386/03, NZA 2004, 1380, 1381; BAG 16.02.2006 – 8 AZR 211/05, Rz. 18. Vgl. *Jochums*, S. 79 ff.; *Rieble*, in FS Wiese, S. 453, 458.

2 Alternativverhältnis Betriebsübergang und Stilllegung

Die Voraussetzungen eines Betriebsübergangs und einer beteiligungspflichtigen Betriebsstilllegung schließen sich gegenseitig aus. Die Alternativität bezieht sich dabei nur auf die Bewertung einer Maßnahme zum Zeitpunkt, in dem die Beteiligungspflicht entstehen soll. In den Fällen einer sogenannten Funktionsnachfolge bedarf es keiner Ausnahme vom Grundsatz der Alternativität, da unterschiedliche Maßnahmen zu Grunde liegen, die separat voneinander zu bewerten sind.

3 Keine Relation von Widerspruch und Betriebsänderung

Die Ausübung von Widerspruchsrechten gegen den Betriebsübergang löst keine Betriebsänderung nach § 111 BetrVG aus, da das Widerspruchsrecht ein Gestaltungsrecht des Arbeitnehmers ist und sich einer Planung durch den Unternehmer entzieht.

Kündigungen, die erst aufgrund des Widerspruchs des Arbeitnehmers ausgesprochen werden, sind nicht Teil einer Gesamtplanung, sondern als neue unternehmerische Maßnahme zu werten.

4 Betriebsspaltung bei einem Betriebsteilübergang

Geht ein Betriebsteil nach § 613a BGB über, sind die Voraussetzungen einer Betriebsspaltung nach § 111 S. 3 Nr. 3 2. Alt. BetrVG erfüllt, soweit die allgemeinen Voraussetzungen einer Beteiligungspflicht nach § 111 BetrVG vorliegen.

V Fünftes Kapitel – Mitbestimmungsrechte im Betriebsübergang

A Verpflichteter nach § 111 S. 1 BetrVG

1 Grundsatz

Verpflichteter zur Wahrnehmung der Mitbestimmungsrechte nach §§ 111 ff. BetrVG ist nach § 111 S. 1 BetrVG der Unternehmer. Im Sinne der Vorschrift ist Unternehmer der jeweilige Inhaber des Betriebs oder des Betriebsteils, für den die Betriebsänderung geplant ist.[456] Diese Inhaberbezogenheit stimmt mit dem Grundsatz überein, wonach Rechte und Pflichten aus dem Betriebsverfassungsgesetz jeweils an den Betrieb knüpfen und sich an den jeweiligen Rechtsträger des Betriebs richten.[457] Gehen Arbeitsverhältnisse im Zuge einer unternehmerischen Maßnahme nach § 613a BGB auf den Betriebs- oder Betriebsteilerwerber über, können in diesem Zusammenhang Beteiligungsrechte mit dem Wechsel des Betriebsinhabers kollidieren. Zur Lösung etwaiger Kollisionsfälle ist der Zeitpunkt der Entstehung des jeweiligen Beteiligungsrechts sowie des durch § 613a BGB angeordneten Rechtsträgerwechsels maßgeblich.[458]

2 Auswirkungen von Einwirkungen

a) Grundsatz

Beabsichtigt der Unternehmer den Betrieb oder Betriebsteil nach § 613a BGB zu übertragen, kann die Veräußerung davon abhängen, dass vorab Veränderungen durchgeführt werden, die Beteiligungsrechte nach §§ 111 ff. BetrVG auslösen. In solchen Fällen kann die Initiative zur Durchführung der Betriebsänderung und unter Umständen auch die Planung selbst nicht vom Unternehmer, sondern vom künftigen Erwerber ausgehen. Ob es dennoch zu einer Verschiebung der Verpflichtetenstellung zur Wahrnehmung der Mitbestimmungsrechte nach §§ 111 BetrVG kommt, sofern die Initiative beziehungsweise die Planung der Betriebsänderung vom künftigen Erwerber ausgeht, ist umstritten.

---

456 BAG 15.01.1991 – 1 AZR 94/90, NZA 1991, 681, 683; Fitting, BetrVG, § 111, Rn. 104.

457 Vgl. BAG 20.08.2014 – 7 ABR 60/12, NZA 2015, 1530, 1531 f. Dies gilt für Ansprüche aus § 40 BetrVG, wie auch die übrigen betriebsverfassungsrechtlichen Ansprüche. Grundlegend *Wißmann*, NZA 2001, 409, 409 ff.

458 Vgl. *C. Meyer*, NZA-RR 2013, 225, 230.

b) Verdopplung des Verpflichteten

Für die Fälle, in denen die Planung einer Betriebsänderung durch Veräußerer und Erwerber resultiert, wird vertreten[459], dass sowohl der betriebsinhabende Unternehmer als auch der die Betriebsänderung planende Erwerber als Verpflichtete zu Wahrnehmung der Mitbestimmungsrechte gelten, was sowohl für die Interessenausgleichsverhandlungen als auch die Aufstellung eines Sozialplans gelte. Für Letzteres solle dabei die Wirtschaftskraft des solventeren Verhandlungspartners als maßgebliche Grundlage dienen.[460]

c) Maßgabe der Inhaberschaft

Andere fordern, dass auch in den Fällen, in denen ein Dritter die Betriebsänderung forciert, plant oder anordnet, es dem Gesetz entspreche, dass die aus §§ 111 ff. BetrVG folgenden Pflichten nur gegenüber dem jeweiligen Arbeitgeber beziehungsweise Unternehmer zu erfüllen seien.[461] Dies ändere sich nicht dadurch, dass Urheber der Betriebsänderung ein Dritter sei[462] und solle auch dann gelten, soweit der Erwerber die Durchführung der Betriebsänderung zur Bedingung der Betriebsübernahme mache[463].

d) Stellungnahme

Für die zusätzliche Verpflichtung des Erwerbers als Unternehmer im Sinne von § 111 S. 1 BetrVG fehlt es an einer gesetzlichen Grundlage. Dazu lassen sich keine Anhaltspunkte feststellen, dass die Beteiligungsrechte schon dann bestehen sollen, soweit durch Dritte konzipierte und beabsichtigte Maßnahmen veranlasst werden. Die Einwirkung auf die Planung der Betriebsänderung kann

---

459 *Däubler*, in D/K/K/W-BetrVG, § 111, Rn. 127. Nicht ausgeschlossen im Falle einer gemeinsamen Planung LAG Baden-Württemberg 04.12.2003 – 10 TaBV 2/03, AuR 2004, 118, 118.

460 *Däubler*, in D/K/K/W-BetrVG, § 111, Rn. 127.

461 *Annuß*, in Richardi-BetrVG, § 111, Rn. 130; *Schweibert*, in W/H/S/S, C, 82; *Picot/Schnitker*, Arbeitsrecht bei Unternehmenskauf und Restrukturierung, II, D, Rz. 104. Zustimmend *Hohenstatt/Willemsen*, in H/W/K-BetrVG, § 111, Rn. 54. Vgl. auch allgemein für das Mandat des Betriebsrat bei Betriebsänderungen vor einem Betriebsübergang *C.Meyer*, NZA-RR 2013, 225, 230.

462 *Picot/Schnitker*, Arbeitsrecht bei Unternehmenskauf und Restrukturierung, II, D, Rz. 104.

463 *Annuß*, in Richardi-BetrVG, § 111, Rn. 130.

daher keine Verpflichtung zur Wahrnehmung der Mitbestimmungsrechte aus §§ 111 ff. BetrVG begründen.

Ein Vergleich ist zu den Fällen zu ziehen, in denen eine Konzernobergesellschaft die Anordnung und Planung einer Betriebsänderung ergreift und damit die eigentlichen Funktionen des Unternehmers im Sinne von § 111 S. 1. BetrVG übernimmt. Im Unterschied zur Planung durch den Erwerber, der regelmäßig aus wirtschaftlichen Gründen erfolgen wird, besteht im Konzernverbund ein gesellschaftsrechtliches Über- und Unterordnungsverhältnis. Gleichwohl gehen Planung und Plan zur Durchführung einer Betriebsänderung auch in diesem Fall von einem Dritten und nicht vom betriebsinnehabenden Unternehmer aus. In diesem Zusammenhang wird gefordert, den Verpflichtetenkreis auf die Konzernobergesellschaft als einflussnehmenden Dritten auszuweiten.[464] Zu Recht wird dem entgegnet, dass es an einer dafür erforderlichen gesetzlichen Grundlage fehle.[465] Folgerichtig steht dem Betriebsrat auch kein Unterrichtungsanspruch gegen das herrschende Unternehmen zu.[466]

Das Gesetz erkennt damit auch für vergleichbare Konstellationen, in denen sogar die Einflussnahme gesellschaftsrechtlich verankert ist, keine Erweiterung des Verpflichtetenkreises zur Erfüllung der Mitbestimmungsrechte nach § 111 ff. BetrVG an. Erst Recht ist nicht vom Grundsatz abzuweichen, soweit ein Dritter die Betriebsänderung in Erwartung eines Betriebsübergangs anregt. Maßgeblich ist, wer die Leitungsmacht besitzt, die beteiligungspflichtige Maßnahme umzusetzen. Dies entspricht dem System der wirtschaftlichen Mitbestimmung. Die Beteiligung ist durch den betriebsinnehabenden Unternehmer durchzuführen, da nur ihm die Durchführung der Maßnahme obliegt.[467]

464 *Däubler*, in D/K/K/W-BetrVG, § 111, Rn. 160; GK-*Fabricius*, 6. Auflage, § 111 Rn. 42 (ohne den faktischen Konzern, Rn. 46).

465 *Annuß*, in Richardi-BetrVG, § 111, Rn. 146; *B. Gaul*, § 28, Rn. 32; *Hohenstatt/Willemsen*, in H/W/K-BetrVG, § 111, Rn. 61; *Diller/Powietzka*, DB 2001, 1034, 1036, die aber auch in diesen Fällen grundsätzlich einen Nachteilsausgleichsanspruch für möglich halten. Vgl. auch *Schweibert*, in W/H/S/S, C, Rn. 147.

466 LAG Köln 19.08.1998 – 7 TaBV 32/98, AP ArbGG 1979 § 98 Nr. 10. Vgl. auch BAG 14.04.2015 – 1 AZR 794/13, NZA 2015, 1147–1150, keine Zurechnung von Maßnahmen einer konzernzugehörigen Schwestergesellschaft. Auch kein anderes Ergebnis bei Anwendung der Massenentlassungsrichtlinie – keine Übertragung auf § 111 BetrVG *Salamon/von Stechow*, NZA 2016, 85, 88.

467 Davon umfasst auch der betriebsleitende Pächter: BAG 26.02.1987 – 2 AZR 768/85, NZA 1987, 419; BAG 17.03.1987 – 1 ABR 47/85, NZA 1987, 523, 523.

3 Betriebsübergang zum Zweck der Stilllegung

Eine Besonderheit soll für den Fall gelten, in denen der Betriebsübergang dazu genutzt wird, eine beteiligungspflichtige Betriebsänderung auf den Erwerber zu verschieben – in solchen Fällen soll der Veräußerer als Verpflichteter Unternehmer nach § 111 S. 1 gelten.[468] Der Große Senat des BAG äußerte sich in einem Beschluss vom 17.03.1987 dahingehend, dass für den Fall, in dem ein Betrieb mit dem Zwecke der Stilllegung auf einen Pächter übertragen wird, eine dem Verpächter zuzurechnende Betriebsstilllegung vorliegen könne.[469] Dies erfordere jedoch ein Zusammenwirken dahingehend, Sozialplanleistungen für den Verpächter zu verhindern.[470]

In der Literatur wurde diese Rechtsansicht des Großen Senats kritisiert, da sie zu einer faktisch herbeigeführten Verdopplung der Arbeitgeberstellung führe, die sich einer rechtlichen Grundlage entziehe.[471] Diesen Bedenken ist zuzustimmen, soweit es um die Frage geht, dass für die Fälle, in denen ein Betriebsübergang wegen des Entzugs der Beteiligungspflicht angestrebt wird, das Gesetz keine Erweiterung des Verpflichtetenkreis des § 111 S. 1 BetrVG vorsieht. Der Beschluss enthält jedoch lediglich die Aussage, dass der Verpächter trotz Übertragung des Betriebs auf den Pächter als Unternehmer im Sinne von § 111 S. 1 gelten könnte. Keine Aussage findet sich hingegen dazu, dass der Verpächter mit dem Pächter als Unternehmer kumulativ und damit als zusätzlicher Verpflichteter gegenüber dem Betriebsrat eintreten soll. Zwar forderte der Große Senat ein Zusammenwirken von Verpächter und Pächter bezogen darauf, Sozialplanleistungen des Verpächters zu umgehen. Dies entspricht jedoch keinem Zusammeneintreten, sondern soll die Rechtsfolge auslösen, dass der Verpächter als Unternehmer im Sinne von § 111 S. 1 BetrVG für die geplante Betriebsstillegung gilt. Die eigentliche Rechtsfrage ist, ob der Verpächter (Veräußerer) nach einem Betriebsübergang noch als Unternehmer im Sinne von § 111 S. 1 BetrVG gelten

---

468 BAG 12.11.1998 – 8 AZR 282/97, NJW 1999, 1131, 1132; BAG 17.03.1987 – 1 ABR 47/85, NZA 1987, 523, 523, Ls. 2, Anm. *Willemsen*, EWIR 1987, 769, 769 f.

469 BAG 17.03.1987 – 1 ABR 47/85, NZA 1987, 523, 523, Ls. 2, ohne abschließende Äußerung, da nach Ansicht des Senats keine hinreichenden Anhaltspunkte vorlagen. Das LAG hatte festgestellt, dass es nicht beweisbar wäre, dass Verpächter und Pächter zusammengewirkt hätten, um den Verpächter Sozialplanleistungen des Verpächters zu vermeiden.

470 BAG 17.03.1987 – 1 ABR 47/85, NZA 1987, 523, 523.

471 *Annuß*, in Richardi-BetrVG, § 111, Rn. 130; *Seitz*, in FS Buchner, S. 849, 854.

kann, obwohl die Planung und Durchführung vom Pächter (Erwerber) durchgeführt wird.

Der Beschluss des Senats ist vor dem Hintergrund einer unmittelbar zuvor ergangenen Entscheidung des Zweiten Senats zu verstehen, wonach es auch dem Pächter möglich sei, Betriebe stillzulegen.[472] Voraussetzung solle demnach sein, dass der Pächter den Betrieb schließt und eindeutig erklärt, den Betrieb geschlossen zu lassen, Betriebsmittel veräußert, die in seiner Verfügungsmacht stehen, den Pachtvertrag auflöst und sämtlichen Arbeitnehmern kündigt.[473] Selbst wenn davon auszugehen ist, dass der große Senat mit seiner Andeutung in dem Beschluss vom 17.03.1987[474] die Absicht verfolgte, Mechanismen zu verhindern, in denen der Pächter für den Verpächter den Betrieb stilllegt[475], kann dies keine Ausnahme vom Grundsatz rechtfertigen. Wer Unternehmer im Sinne von § 111 S. 1 BetrVG ist, ergibt sich bereits aus dargelegten Grundsätzen.[476] Dies ist konsequent, da in den Fällen nichts anderes gelten kann, als in den Fällen, in denen der potenzielle Erwerber auf den Veräußerer einwirkt und entsprechend keine Auswirkungen im Hinblick auf die Person des Verpflichteten im Sinne von § 111 S. 1 BetrVG bewirkt. Die Motivation des neuen Erwerbers, Betriebsänderungen zu realisieren, hat keine Auswirkungen auf seine Verpflichtetenstellung als Unternehmer im Sinne von § 111 S. 1 BetrVG. Möglich ist, dass in den dargelegten Fällen noch keine Betriebsübertragung erfolgt ist und so noch der Verpächter als Verpflichteter zur Wahrnehmung der Beteiligungsrechte nach §§ 111 BetrVG eintritt. Dies ist jedoch keine Frage der Verschiebung der Verpflichtetenstellung aus § 111 S. 1 BetrVG, sondern, ob die Voraussetzungen aus § 613a BGB vorliegen.

4 Beteiligungsrechte des Erwerbes vor dem Betriebsübergang

a) Grundsatz

Der Unternehmer ist nach § 112 Abs. 1 S. 1 BetrVG verpflichtet, mit dem Betriebsrat eine Vereinbarung über die geplante Betriebsänderung zu versuchen. Keine Verpflichtung besteht für den betriebsinhabenden Unternehmer,

---

472 BAG 26.02.1987 – 2 AZR 768/85, Ls. 1, NZA 1987, 419, 421.

473 BAG 26.02.1987 – 2 AZR 768/85, Ls. 1, NZA 1987, 419, 421. Vgl. nun: BAG 16.02.2012 – 8 AZR 693//10, NZA-RR, 465, 465 ff.; BAG 26.05.2011 – 8 AZR 37/10, NZA 2011, 1143, 1145.

474 BAG 17.03.1987 – 1 ABR 47/85, NZA 1987, 523, 523.

475 *Willemsen*, EWIR 1987, 769, 770.

476 Vgl. unter V./A./1. und 2./d).

Beteiligungsrechte des erwerbenden Unternehmers über dessen geplante Betriebsänderungen wahrzunehmen.[477] Wird vom Erwerber eine beteiligungspflichtige Betriebsänderung geplant, so gilt der bei ihm gebildete Betriebsrat als Berechtigter zur Wahrnehmung der Beteiligungsrechte.

b) Anspruch auf vorzeitige Beteiligung

Bauer[478] fordert, dass – soweit der Erwerber eine Betriebsänderung nach der Übertragung beabsichtige – vor dem Betriebsübergang einen Anspruch auf Aufnahme von Interessenausgleichverhandlungen sowie die Errichtung einer Einigungsstelle hätte. Der anzustrebende Interessenausgleich könne dann unter aufschiebender Bedingung nach § 158 Abs. 1 BGB vereinbart werden und entspreche damit praktischen Bedürfnissen.[479]

Vor allem in Hinblick auf die Vermeidung etwaiger Nachteilsausgleichsansprüche aus § 113 BetrVG ist das Interesse an einer rechtzeitigen Beteiligung des Betriebsrats nachvollziehbar. Dennoch fehlt es an einer entsprechenden rechtlichen Grundlage.[480] Voraussetzung für einen Anspruch des Unternehmers gegenüber dem Betriebsrat kann nur insoweit bestehen, sofern seinerseits die Legitimation des Betriebsrats zur Wahrnehmung der betrieblichen Interessen der Arbeitnehmer existiert. Die Aussicht auf Wahrnehmung etwaiger Beteiligungsrechte kann indes noch keine Rechtspflichten begründen.

c) Gestaltungsmöglichkeiten

Schweibert.[481] konstatiert, dass der veräußernde Unternehmer den Erwerber bevollmächtigen könne, Beteiligungsrechte wahrzunehmen. Sei dazu noch der Betriebsrat einverstanden, können dann Interessenausgleichs- und Sozialplanverhandlungen unter aufschiebender Bedingung nach § 158 Abs. 1 BGB geschlossen werden.[482]

---

477 Vgl. unter 2./d).

478 *Bauer*, DB 1994, 217, 221.

479 *Bauer*, DB 1994, 217, 221. *Schweibert*, in W/H/S/S, C, Rn. 88 – den Betriebsübergang als aufschiebende Bedingung.

480 So auch *Krol*, S. 176; *Schweibert*, in W/H/S/S, C, Rn. 88.

481 *Schweibert*, in W/H/S/S, C, Rn. 88.

482 *Schweibert*, in W/H/S/S, C, Rn. 88. Für den Abschluss aufschiebend bedingter Vereinbarungen des Erwerbers im Rahmen von § 112 *Bauer*, DB 1994, 217, 221; *Krol*, S. 176 f.

Der praktische Nutzen für den Erwerber als auch für den Betriebsrat steht außer Frage, ist jedoch im Hinblick darauf zu prüfen, ob ein Interessensaugleich sowie ein Sozialplan unter aufschiebender Bedingung nach § 158 Abs. 1 BGB gestellt werden können oder als bedingungsfeindlich einzustufen sind.[483] Dies bedürfe einer ausführlichen Untersuchung, die im Rahmen dieser Arbeit nicht geleistet werden kann. Festzuhalten ist jedoch, dass die Bedingung nach § 158 Abs. 1 BGB nicht der Betriebsübergang[484], sondern der Eintritt des Erwerbers in die Stellung des Verpflichteten zur Wahrnehmung der Beteiligungsrechte wäre. Zwar kann der Betriebsübergang dazu führen, dass der Erwerber in die Verpflichtetenstellung nach § 111 BetrVG eintritt, jedoch ist dies nicht zwingend. Voraussetzung ist dabei neben den allgemeinen Anforderungen, dass der Betriebsrat zur Wahrnehmung solcher Verhandlungen bereit ist, da entsprechende Rechtspflichten fehlen.

B Betriebsübergang und ausgleichspflichtige Nachteile

Der Sozialplan soll nach § 112 Abs. 1 S. 2 BetrVG die wirtschaftlichen Nachteile einer Betriebsänderung ausgleichen. Die höchstrichterliche Rechtsprechung erkennt mittlerweile den Zweck des Sozialplans in einer zukunftsbezogenen Überbrückungsfunktion.[485] Der Sozialplan kann dabei durch Einigung zwischen Unternehmer und Betriebsrat aufgestellt werden, oder durch Spruch der Einigungsstelle nach § 112 Abs. 4 S. 2 BetrVG zustande kommen. Nach § 112 Abs. 1 S. 2 BetrVG hat der Sozialplan die wirtschaftlichen Nachteile auszugleichen oder zu mildern, die den Arbeitnehmern infolge der Betriebsänderung entstehen. Welche wirtschaftlichen Nachteile ausgeglichen werden sollen regelt das Gesetz nicht und überlässt die Entscheidung den Betriebsparteien beziehungsweise nach § 112 Abs. 4 BetrVG der Kompetenz der Einigungsstelle.

1 Nachteile durch Betriebsübergang

§ 613a BGB hat unter anderen den Zweck Arbeitnehmer vor dem Verlust des Arbeitsplatzes beim Übergang eines Betriebs zu schützen.[486] Trotz der Regelung

483 Vgl. zur aufschiebenden Bedingung eines Interessenausgleiches oder Sozialplans BAG 21.07.2005 – 6 AZR 592/04, NZA 2006, 162, 166.

484 So *Bauer*, DB 1994, 217, 221.

485 BAG 26.03.2013 – 1 AZR 813/11, NZA 2013, 921, 923; BAG 09.11.1994 – 10 AZR 281/94, NZA 1995, 644–647;. Zur Entwicklung innerhalb der Rspr. sowie Literatur *Oetker*, in GK-BetrVG, § 111 BetrVG, Rn. 136 ff.

486 BT-Drucks. 6/1786, S. 59.

aus § 613a BGB können Nachteile bei oder in Folge eines Betriebsübergangs entstehen. Zu diesen Nachteilen können unter anderem zählen:

- Die Übertragung auf einen Rechtsträger mit einer geringeren Haftungsmasse und der damit verbundene Verlust von Sozialplananwartschaften
- Die Übertragung auf einen Rechtsträger für den nach § 112a Abs. 2 BetrVG die Sozialplanprivilegierung und damit die Nichtanwendung von § 112 Abs. 4 und 5 BetrVG gilt[487]
- Die Geltung von ablösenden, ungünstigeren, kollektivrechtlichen Regelungen nach § 613a Abs. 1 S. 3 und 4 BGB[488]

2 Ausgleichspflichtige wirtschaftliche Nachteile

Grundsätzlich steht es den Betriebsparteien frei darüber zu entscheiden, welche wirtschaftlichen Nachteile durch einen Sozialplan auszugleichen oder zu mildern sind.[489] Kommt eine Einigung der Parteien nicht zustande, kann nach § 112a Abs. 1 S. 1 BetrVG durch Spruch der Einigungsstelle ein Sozialplan aufgestellt werden, soweit die wirtschaftlichen Nachteile infolge einer beteiligungspflichtigen Betriebsänderung eintreten. Wird ein Sozialplan durch Spruch der Einigungsstelle nach § 112 Abs. 4 und 5 BetrVG erzwungen, bedarf es des Ursachenzusammenhangs zwischen Betriebsänderung und wirtschaftlichem Nachteil.[490] Überschreitet die Einigungsstelle ihre dahingehende Kompetenz, ist der in Folge aufgestellte Sozialplan wegen fehlender Rechtsetzungsmacht unwirksam.[491] Der Betriebsübergang wie auch der Betriebsteilübergang nach § 613a BGB sind keine beteiligungspflichtige Betriebsänderung im Rahmen von § 111 BetrVG.[492] Danach können Nachteile, die bei einem Betriebsübergang für Arbeitnehmer drohen, nicht als Ursache einer vorherigen beteiligungspflichtigen

---

487 Vgl. *B. Gaul*, § 28, Rn. 174 der die ersten beiden Nachteile nicht als Folge aus einem Betriebsübergang anerkennt, da der Nachteil erst eintrete, wenn der Erwerber seinerseits eine sozialplanpflichtige Betriebsänderung plane, wodurch erst die entsprechenden Nachteile entstehen.

488 S. *Edenfeld*, in Erman, § 613a, Rn. 4.

489 BAG 14.09.1994 – 10 ABR 7/94, NZA 1995, 440, 441; BAG 29.11.1978 – 5 AZR 553/77, AP BetrVG 1972 § 112 Nr. 7; *Kania*, in ErfK, §§ 112, 112a BetrVG, Rn. 27.

490 BAG 25.01.2000 – 1 ABR 1/99, NZA 2000, 1069, 1070; BAG 10.12.1996 – 1 ABR 32/96, NZA 1997, 898, 899; *Annuß*, in Richardi-BetrVG, § 112, Rn. 87; *Oetker*, in GK-BetrVG, §§ 112, 112a, Rn. 421; *Schweibert*, in W/H/S/S, C, Rn. 291.

491 *Oetker*, in GK-BetrVG, §§ 112, 112a, Rn. 424; *Willemsen*, RdA 2013, 166, 171.

492 Vgl. unter III./B./3. und III./C./3./b).

Betriebsänderung in kausalem Zusammenhang gebracht werden, um als wirtschaftlicher Nachteil im Sinne von § 112 Abs. 1 S. 1 BetrVG im Rahmen eines erzwungenen Sozialplans berücksichtigt zu werden.[493]

3 Betriebsänderung/Betriebsteilübergang/wirtschaftlicher Nachteil

a) Überblick

Fordert der Betriebsrat nach gescheiterten Interessensausgleichsverhandlungen die Aufstellung eines Sozialplans, um wirtschaftliche Nachteile auszugleichen oder zu mildern, bedarf für die Fälle es einer Differenzierung, in denen neben der geplanten Betriebsänderung noch ein Betriebsübergang ausgelöst wurde. Auf diese Weise sind Nachteile festzustellen, die gemäß § 112 Abs. 1 S. 1 BetrVG infolge der geplanten Betriebsänderung eintreten. Die Mechanik einen wirtschaftlichen Nachteil zu bestimmen, sofern eine Betriebsänderung mit einem Betriebsteilübergang verbunden ist, ist dabei umstritten.

b) Kausalitätsbetrachtung und drohende Ungleichbehandlung

Rechtsprechung und Stimmen der rechtswissenschaftlichen Literatur differenzieren dahingehend, dass wirtschaftliche Nachteile aus Vorgängen, die selbst keine Betriebsänderung darstellen und auch nicht deren notwendige Folge sind, im Rahmen eines erzwingbaren Sozialplans nicht berücksichtigt werden können.[494] Der 1. Senat des BAG führte aus, dass die Spaltung eines Betriebsteils mit anschließender Übertragung des Betriebsteils mit der Folge eines Betriebsteilübergangs dazu führt, dass die betroffenen Arbeitnehmer ihre

---

493 BAG 25.01.2000 – 1 ABR 1/99, NZA 2000, 1069, 1070; BAG 05.02.1997 – 10 AZR 553/96; NZA 1998, 158, 160; BAG 10.12.1996 – 1 ABR 32/96, NZA 1997, 898, 899; BAG 17.02.1981 – 1 ABR 101/78, BB 1981, 1214, 1215; LAG Bremen 21.10.2004 – 3 Sa 77/04, NZA-RR 2005, 140. Zustimmend: *Kania*, in ErfK, §§ 112, 112a BetrVG, Rn. 37; *Lingemann/Göpfert*, NZA 1997, 1325, 1327; *Moll*, RdA 2003, 129, 137, *Wißmann*, NZA 2003, 1, 5. So bereits LAG Frankfurt am Main 12.02.1985 – 4 TaBV 70/83, DB 1985, 1999, 2002; *Bork*, BB 1989, 2181, 2185; *Löwisch*, SAE 1982, 18, 19.

494 BAG 25.01.2000 – 1 ABR 1/99, NZA 2000, 1069, 1070; BAG 05.02.1997 – 10 AZR 553/96; NZA 1998, 158, 160; BAG 10.12.1996 – 1 ABR 32/96, NZA 1997, 898, 900; BAG 17.02.1981 – 1 ABR 101/78, BB 1981, 1214, 1215; LAG Bremen 21.10.2004 – 3 Sa 77/04, NZA-RR 2005, 140, 141. Zustimmend: *Kania*, in ErfK, §§ 112, 112a BetrVG, Rn. 37; *Lingemann/Göpfert*, NZA 1997, 1325, 1327; *Moll*, RdA 2003, 129, 137, *Wißmann*, NZA 2003, 1, 5. So bereits LAG Frankfurt am Main 12.02.1985 – 4 TaBV 70/83, DB 1985, 1999, 2002; *Bork*, BB 1989, 2181, 2185; *Löwisch*, SAE 1982, 18, 19.

Sozialplananwartschaften verlieren sowie einer geringeren Haftungsmasse des Erwerbers ausgesetzt wären, was kein Nachteil infolge der Betriebsspaltung sei.[495] Die streitgegenständlichen Nachteile seien Resultat aus dem gesetzlich angeordneten Schuldnerwechsel, nicht aber aus der beteiligungspflichtigen Spaltung.[496] Berücksichtigungsfähige Nachteile sollen jedoch nur solche sein, die gerade durch die Betriebsänderung verursacht werden.[497]

Daneben argumentierte das BAG mit einer Hypothese. Sofern Nachteile, die aus einem Betriebsteilübergang resultieren, als ausgleichspflichtige Nachteile der Spaltung des Betriebs ausgeglichen würden, hätte es zur untragbaren Folge, dass Arbeitnehmer nur bei Betriebsteilübergängen einen entsprechenden Ausgleich erhalten, hingegen beim Betriebsübergang keine Möglichkeit bestünde etwaige Nachteile auszugleichen.[498]

c) *Nachteile aus einheitlichem Vorgang*

Nach Ansicht von *Däubler*[499] und *Trittin*[500] könne auf Grundlage von § 111 S. 3 Nr. 3 BetrVG ein Ausgleich für sämtliche Nachteile erzwungen werden, die im Zusammenhang mit einem Betriebsübergang eintreten können. So ergebe sich keine Begrenzung des Regelungsspielraums zum Ausgleich von Nachteilen aus einem Betriebsübergang, sofern die Betriebsänderung nicht aus Gründen des Betriebsübergangs vorliege.[501] Die Unterscheidung von ausgleichspflichtigen

---

495 BAG 10.12.1996 – 1 ABR 32/96, NZA 1997, 898, 900. Bestätigt: BAG 25.01.2000 – 1 ABR 1/99, NZA 2000, 1069, 1070; BAG 05.02.1997 – 10 AZR 553/96; NZA 1998, 158, 160.

496 BAG 10.12.1996 – 1 ABR 32/96, NZA 1997, 898, 900.

497 BAG 10.12.1996 – 1 ABR 32/96, NZA 1997, 898, 899. Vgl. auch *B. Gaul*, § 28, Rn. 174 zum Erfordernis einer unmittelbaren Kausalität.

498 BAG 10.12.1996 – 1 ABR 32/96, NZA 1997, 898, 900. Zustimmend: *Annuß*, in Richardi-BetrVG, § 112, Rn. 87; *Kania*, in ErfK, §§ 112, 112a BetrVG, Rn. 37; *Lingemann/Göpfert*, NZA 1997, 1325, 1326; *Moll*, RdA 2003, 129, 137. Kritisch aber mit gleichem Ergebnis *Matthes*, NZA 2000, 1073, 1075; danach sei nicht entscheidend gewesen, welcher Inhalt ein aus Anlass einer Betriebsspaltung aufzustellender Sozialplan regeln kann, sondern ob übergehende Arbeitnehmer anlässlich einer Spaltung überhaupt einen Sozialplan verlangen könnten, was nicht der Fall wäre. Die rechtsgeschäftliche Übertragung eines Betriebs oder Betriebsteils sei keine Betriebsänderung, weshalb kein Sozialplan verlangt werden könnte, unabhängig des Inhalts.

499 *Däubler*, in D/K/K/W-BetrVG, §§ 112, 112a, Rn. 177; *Däubler*, ZTR 2000, 241, 241 ff.

500 *Trittin*, AuR 2009, 119, 121.

501 *Trittin*, AuR 2009, 119, 121.

Nachteilen einer Betriebsspaltung und nicht berücksichtigungsfähiger Nachteile eines Betriebsübergangs trenne in formalistischer Weise einen zusammengehörenden Vorgang.[502] Zwar sei nicht jede Betriebsspaltung mit einem Betriebsübergang verbunden, sofern diese jedoch der Fall wäre, entstünden höhere, auszugleichende Nachteile.[503]

d) Stellungnahme

§ 112a Abs. 1 S. 2 BetrVG ist Ausgangspunkt zur Bestimmung, welche Nachteile als wirtschaftliche Nachteile durch einen Sozialplan berücksichtigt werden können, der durch Spruch der Einigungsstelle nach § 112 Abs. 4 BetrVG entschieden wird. § 112a Abs. 1 S. 2 BetrVG beschränkt die berücksichtigungsfähigen wirtschaftlichen Nachteile auf solche, die als Folge der Betriebsänderung eintreten. Das Gesetz verlangt zwischen der Betriebsänderung und dem ausgleichspflichtigen Nachteil einen Ursachenzusammenhang, welcher auch dann zu berücksichtigen ist, soweit durch eine Maßnahme eine Betriebsänderung und ein Betriebsübergang eintreten.

Löst eine Maßnahme sowohl eine Betriebsänderung als auch einen Betriebsübergang aus, kann zwar – wie von *Däubler* und *Trittin* konstatiert – von einem einheitlichen Vorgang ausgegangen werden, jedoch wird nicht berücksichtigt, dass solche einheitlichen Maßnahmen nicht zwangsläufig den Ursachenzusammenhang im Sinne von § 112a Abs. 1 S. 2 BetrVG genügen. Maßgeblich ist die Betriebsänderung.

Von einem einheitlichen Zusammenhang im weitesten Sinne ist auszugehen, soweit eine Maßnahme zugrunde liegt, die durch ihre Merkmale Voraussetzungen einer Betriebsänderung als auch zu Teilen die des Betriebsteilübergangs erfüllt. Danach kann im Einzelfall ein Nachteil sowohl Folge eines Betriebsteilübergangs als auch die einer Betriebsänderung sein und damit als ausgleichspflichtiger wirtschaftlicher Nachteil im Sinne von § 112a Abs. 1 S. 2 BetrVG gelten. Tritt beispielsweise in Folge der Loslösung vom Hauptbetrieb ein Nachteil für die im gelösten Betriebsteil beschäftigten Arbeitnehmer ein, ist ein Grund des Nachteils die Schaffung einer übergangsfähigen wirtschaftlichen Einheit im Sinne von § 613a Abs. 1 S. 1 BGB, jedoch gleichzeitig auch die Verselbständigung eines Betriebsteils im Sinne von § 111 S. 3 Nr. 3 2. Alt. BetrVG und damit erst ein wirtschaftlicher Nachteil gemäß § 112a Abs. 1 S. 2 BetrVG.

502 *Däubler*, in D/K/K/W-BetrVG, §§ 112, 112a, Rn. 177.
503 *Däubler*, in D/K/K/W-BetrVG, §§ 112, 112a, Rn. 177.

Soweit ein Nachteil alleinige Folge von Tatbestandsvoraussetzungen eines Betriebsübergangs ist, besteht kein Ursachenzusammenhang zu einer Betriebsänderung. Dies gilt beispielsweise für den Verlust einer Sozialplananwartschaft, die durch die geringere Haftungsmasse des Erwerbers für den übergehenden Arbeitnehmer reduziert werden kann. Ursache ist in diesem Zusammenhang der Inhaberwechsel des Betriebs, welches keine Tatbestandsvoraussetzung einer Betriebsänderung ist. Entsteht ein Nachteil nicht durch die Verwirklichung einer Voraussetzung, sondern erst durch Anwendung von Regelungen aus § 613a BGB, wie der Ablösung kollektivrechtlicher Regelungen nach § 613a Abs. 1 S. 3 BGB, tritt dieser Nachteil nicht infolge der Betriebsänderung ein. Er folgt aus der Anwendung von § 613a Abs. 1 S. 3 BGB, die unabhängig der Regelungen der §§ 111 ff. BetrVG wirkt.

Generell lassen sich betriebsänderungsbedingte und betriebsübergangsbedingte Nachteile trennen[504], was keine Trennung in formalistischer Weise darstellt, sondern den gesetzgeberischen Willens aus § 112a Abs. 1 S. 2 BGB berücksichtigt. Danach sollen sich als betriebsänderungsbedingte Nachteile solche zuordnen lassen, die auf Änderung von Anfahrtswegen, Entfallen von Fahrgemeinschaften, Verschlechterung von Mitfahrmöglichkeiten, Änderung von Vertretungsmöglichkeiten, Verschlechterung von Aufstiegschancen oder von Ausbildungs- bzw. Fortbildungsmöglichkeiten zurückzuführen sind[505]. Es kann jedoch im Einzelfall als Nachteil sowohl ein betriebsübergangsbedingter Nachteil als auch ein betriebsänderungsbedingter Nachteil eingestuft werden, was aus den teilweise identischen Tatbestandsvoraussetzungen von Betriebsänderung und Betriebsteilübergang folgt. Entscheidend für die Berücksichtigungsfähigkeit im Sinne von § 112a Abs. 1 S. 2 BGB ist, dass der Nachteil sich auf eine Betriebsänderung zurückführen lässt. Soweit der Nachteil sich auch auf eine Voraussetzung der des Betriebsübergangs nach § 613a BGB folgern lässt, führt dies nicht zum Entfall der Berücksichtigungsfähigkeit als wirtschaftlicher Nachteil. Das Gesetz verlangt nur die Kausalität zur Betriebsänderung, ohne die Kausalität zum Betriebsübergang zu sperren.

Es bedarf dazu keiner Begründungsbemühungen, die sich mittels unhaltbarer Ungleichbehandlungen erklären, sondern einer genauen Prüfung des wirtschaftlichen Nachteils und seiner Voraussetzungen aus § 112a Abs. 1 S. 2 BetrVG.

504 *Moll*, RdA 2003, 129, 137.
505 Nach *Moll*, RdA 2003, 129, 137.

C Ergebniszusammenfassung zu Mitbestimmungsrechte im Betriebsübergang

1 Keine Auswirkungen durch Einwirkungen

Verpflichteter zur Wahrnehmung der Beteiligungsrechte nach §§ 111 BetrVG ist gemäß § 111 S. 1 BetrVG der Unternehmer, der die beteiligungspflichtige Maßnahme plant. Planung im Sinne von § 111 S. 1 BetrVG bedeutet nicht, dass die Maßnahme aus der Feder des Unternehmers stammt. Entscheidend ist, dass er die rechtliche Möglichkeit zur Durchführung und damit die potenzielle Möglichkeit zur Änderung oder Verzicht der Maßnahme hat. Diese Wertung entspricht dem Unterrichtungs- und Beratungsrecht aus §§ 111 ff. BetrVG.

2 Keine Rechtspflicht für überbetriebliche Beteiligung

Die Betriebsverfassung enthält keine gesetzlichen Grundlagen, im Falle eines Betriebsübergangs dem Betriebsrat des Veräußerers noch dem Betriebsrat des Erwerbers zusätzliche Rechtspflichten zur Wahrnehmung von Beteiligungsrechten aufzuerlegen. Es steht den Betriebsparteien jedoch offen, Beteiligungsrechte vorzuverlegen, beziehungsweise betriebsübergreifende Verhandlungen zu führen.

3 Kausalitätserfordernis bei der Nachteilsbestimmung

Nachteile aus einem Betriebsübergang können nicht nach § 112 Abs. 1 S. 2 BetrVG in einem Sozialplan berücksichtigt werden, soweit sie nur auf einen mitbestimmungsfreien Wechsel des Betriebsinhabers zurückzuführen sind. Erforderlich ist, dass der wirtschaftliche Nachteil Folge einer Maßnahme ist, die ihrerseits die Voraussetzungen einer Betriebsänderung erfüllt.

VI Sechstes Kapitel – Neue Mitbestimmung beim Betriebsübergang

A Vorhaben zur Regulierung der Mitbestimmung beim Betriebsübergang

1 Parlamentarische Initiativen

a) Gesetzesentwurf SPD 1985

Mängel in der praktizierten Betriebsverfassung nahm die SPD-Fraktion zum Anlass den Entwurf eines Gesetzes zum Ausbau und zur Sicherung der betrieblichen Mitbestimmung vom 23.07.1985 als Gesetzesentwurf in den Bundestag einzubringen.[506] Das Problem wurde unter anderem darin erkannt, dass vorhandene Regelungen nicht mehr ausreichten, um auf eine zunehmende Leistungsverdichtung zu reagieren sowie Lücken ausgemacht wurden, die der Gesetzgeber bei der letzten Novellierung des Betriebsverfassungsgesetzes noch nicht oder nicht genügend erkennen konnte.[507]

Zur Lösung wurde eine Fortschreibung des Betriebsverfassungsgesetzes gefordert, die unter anderem den Ausbau der Mitbestimmungsrechte bei Betriebsänderungen/Sozialpanregelungen umfasste.[508] § 111 BetrVG sollte dabei in S. 3 um einzelne Betriebsänderungen ergänzt werden, ohne dabei den Betriebsübergang aus § 613a BGB als beispielhafte Betriebsänderung zu berücksichtigen. Stattdessen wurde jedoch der Wechsel des Betriebsinhabers in die Einleitung des S. 3 aufgenommen.[509] Danach sollten insbesondere in sechs Nummern gelistete Sachverhalte als Betriebsänderungen des S. 1 gelten, auch wenn sie mit einem Wechsel des Betriebsinhabers verbunden werden.[510] Gründe für diese Form der Ergänzung enthielt der Gesetzesentwurf nicht.

506 BT-Drucks. 10/3666, S. 1, Punkt A. Problem.
507 BT-Drucks. 10/3666, S. 1 f., Punkt B. Forderungspunkt 4.
508 BT-Drucks. 10/3666, S. 7 f.
509 BT-Drucks. 10/3666, S. 7 f.
510 BT-Drucks. 10/3666, S. 7 f.

b) Gesetzesentwurf SPD 1988

Der Gesetzesentwurf der SPD-Fraktion vom 28.08.1988 zum Ausbau und zur Änderung der betrieblichen Mitbestimmung – Betriebsverfassungsgesetz 1988 – forderte eine Reihe von Änderungen und Ausweitungen der betrieblichen Mitbestimmung. Als Anlass wurden Herausforderungen durch technische Neuerungen sowie wiederum Mängel bei der Praktizierung des Betriebsverfassungsgesetzes genannt.[511] Eine Lösung sollte ebenfalls der Ausbau der Mitbestimmungsrechte bei Betriebsänderungen/Sozialplanregelungen in Verbindung mit der Berücksichtigung überbetrieblicher Aspekte sein.[512]

Innerhalb von § 111 BetrVG sollten dazu die enumerativ gelisteten Sachverhalte, die insbesondere als Betriebsänderungen des S. 1 gelten, erweitert werden.[513] Nach dem Gesetzesentwurf sollte nach § 111 S. 2 Nr. 4 BetrVG 1988 der Übergang des Betriebs oder Betriebsteils auf einen neuen Inhaber als Betriebsänderung im Sinne des Satzes 1 gelten.[514] Die Folge wäre gewesen, dass der Tatbestand, welcher nach § 613a Abs. 1 S. 1 BGB den gesetzlichen Eintritts des Erwerbs in die vom Übergang erfassten Arbeitsverhältnisse anordnet, nach §§ 111 ff. BetrVG mitbestimmungspflichtig geworden wäre. In Bezug auf die erzwingbaren Interessenausgleichs[515]- und Sozialplanverhandlungen wurden keine weiteren Spezifizierungen im Falle eines beteiligungspflichtigen Übergangs des Betriebs oder Teilbetriebs auf einen neuen Inhaber normiert.[516] Die Begründung zu § 111 BetrVG 1988 enthält keine näheren Anhaltspunkte darüber, wie sich der neue Mitbestimmungstatbestand in das System der §§ 111 ff. BetrVG fügen sollte.[517] Zusätzlich wurde der Übergang eines Betriebs oder Betriebsteils auf einen neuen Inhaber den wirtschaftlichen Angelegenheiten in § 106 Abs. 3 Nr. 7 BetrVG 1988 hinzugefügt.[518]

---

511 BT-Drucks. 11/2995, S. 1. Punkt A. Problem.

512 BT-Drucks. 11/2995, S. 1. Punkt B. Lösung, Punkt 4.

513 Dazu sollte ein Abs. 2 hinzugefügt werden, wonach der Abs. 1 auch dann gelten sollte, sofern die Nachteile im Sinne von Abs. 1 erst zu einem späteren Zeitpunkt eintreten werden, vgl. BT-Drucks. 11/2995, S. 29, 53.

514 BT-Drucks. 11/2995, S. 29.

515 Nach § 112 BetrVG 1988 sollte die Verhandlung eines Interessenausgleichs der Sozialplanaufstellung gleichgestellt werden.

516 BT-Drucks. 11/2995, S. 29 f.

517 Vgl. BT-Drucks. 11/2995, S. 53 f.

518 BT-Drucks. 11/2995, S. 28, 52 f.

c) *Gesetzesentwurf DIE GRÜNEN 1989*

Den Entwurf eines Betriebsverfassungsgesetzes enthielt der Gesetzesentwurf der Partei DIE GRÜNEN vom 11.05.1989.[519] Die Änderung der Betriebsverfassung wurde auf Grundlage eines Vorschlags des Deutschen Gewerkschaftsbundes zur Reformierung des Betriebsverfassungsgesetzes erstellt.[520] Auch der Bereich der wirtschaftlichen Mitbestimmung war von Änderungen betroffen, beispielsweise sollte das Gremium des Wirtschaftsausschusses entfallen und dessen Aufgaben im weitesten Sinne durch den Betriebsrat übernommen werden.[521]

Der Betriebsrat hätte danach ein Unterrichtungs- und Beratungsrecht in wirtschaftlichen Angelegenheiten erhalten. Gleichwohl enthielt § 109 BetrVG 1989 keine Ergänzung des Katalogs der wirtschaftlichen Angelegenheiten dahingehend, dass die Übertragung eines Betriebs oder eines Betriebsteils auf einen neuen Inhaber die Unterrichtungs- und Beratungspflicht des Unternehmers auslösen würde. Konsequenz daraus wäre gewesen, diesen Sachverhalt unter die Generalklausel des § 109 Abs. 3 BetrVG 1989 zu subsumieren, wonach auch sonstige Vorgänge und Vorhaben als wirtschaftliche Angelegenheiten gelten sollten, welche die Interessen der Arbeitnehmer des Unternehmens berühren könnten. Nach der Generalklausel, die § 106 Abs. 3 Nr. 10 BetrVG entspricht, wäre dann der Betriebsübergang von Unterrichtungs- und Beratungsrechten des Betriebsrats erfasst.

Im Bereich der beteiligungspflichtigen Betriebsänderungen wurde die Übertragung eines Betriebs oder Betriebsteils auf einen neuen Inhaber nicht derart berücksichtigt, dass der Sachverhalt eine separate Betriebsänderung des Beispielkatalogs aus § 113 S. 3 BetrVG 1989 einnahm. Vergleichbar mit dem Gesetzesentwurf der SPD-Fraktion vom 23.07.1985 sollte § 113 S. 3 BetrVG 1989 regeln, dass die gelisteten Betriebsänderungen auch dann als solche des Satzes 1 gelten, sofern sie mit einem Wechsel des Betriebsinhabers verbunden wären.[522]

d) *Antrag: Moderne Mitbestimmung für das 21. Jahrhundert*

Die jüngste Initiative, den Betriebsübergang im Bereich der wirtschaftlichen Mitbestimmung des Betriebsrats zu regeln, enthielt der Antrag der Abgeordneten Anette Kramme, Angelika Krüger-Leißner, Hubertus Heil (Peine),

---

519 BT-Drucks 11/4525.

520 BT-Drucks 11/4525, S. 1.

521 BT-Drucks 11/4525, S. 28, 71.

522 BT-Drucks. 11/4525, S. 29.

weiterer Abgeordnete und der SPD-Fraktion vom 14.05.2013. Die Bundesregierung wurde darin aufgefordert, unverzüglich einen Gesetzesentwurf zur Novellierung des Betriebsverfassungsgesetztes vorzulegen.[523]

Der Antrag enthielt dazu Vorgaben aus vier unterschiedlichen Geltungsbereichen der Betriebsverfassung, welche im Zuge einer Novellierung des Betriebsverfassungsgesetzes umgesetzt werden sollten.[524] Nach dem Vorgabenkatalog wurde unter *1. Mitbestimmung in Angelegenheiten von Fremdpersonal und Leiharbeit* im Punkt fünf gefordert, dass die betriebsverfassungsrechtlichen Regelungen für Betriebsänderungen nach §§ 111 ff. BetrVG auch ohne die bisherigen Beschränkungen für Betriebsübergänge zu gelten haben.[525] So sollten alle aus einem Betriebsübergang entstehenden Nachteile durch einen Sozialplan kompensiert werden können, wie beispielsweise die Verschlechterung der Haftungsmasse.[526] Die Beschlussempfehlung des federführenden Ausschusses für Arbeit und Soziales entschied, der Bundestag wolle den Antrag ablehnen.[527]

2 Novellierungsvorschläge von Zweckverbänden

Neben den parlamentarischen Novellierungsbemühungen zum Betriebsverfassungsgesetz war der Wechsel des Betriebsinhabers wie auch § 613a BGB selbst Gegenstand von Entwurfsvorschlägen zur Novellierung des Betriebsverfassungsgesetzes des Deutschen Gewerkschaftsbundes und der Deutschen Angestellten-Gewerkschaft.

Der DGB-Bundesvorstand hatte am 03.02.1998 die Novellierung des Betriebsverfassungsgesetzes gefordert.[528] Der vorgelegte Entwurf enthielt Änderungen zu § 111 BetrVG. Die Norm sollte unter anderem dahingehend erweitert werden, dass Betriebsänderungen auch dann als solche gelten, sofern sie mit einem Betriebsinhaberwechsel verbunden waren.[529]

523 BT-Drucks 17/13476, S. 1.

524 BT-Drucks 17/13476, S. 2 f.

525 BT-Drucks 17/13476, S. 2.

526 BT-Drucks 17/13476, S. 2.

527 BT-Drucks. 17/14004, S. 2.

528 Veröffentlichet auf: http://www.zaar.uni-muenchen.de/download/doku/gesetzgebung/betrvg/03dgb.pdf – abgerufen am 01.11.2017.

529 Daneben sollte *die Auslagerung von Arbeit aus dem Betrieb* als Betriebsänderung gelten. Zu den übrigen Änderungsvorschlägen zusammenfassend *Fischer*, NZA 2000, 167 ff.

Auch der Entwurf der DAG zur Novellierung des Betriebsverfassungsgesetztes aus dem März 1999 enthielt Änderungen im Bereich der wirtschaftlichen Mitbestimmungsrechte.[530] Der Betriebsänderungen im Sinne des S. 1 aufzählende Katalog des S. 2 sollte unter anderem dahingehend erweitert werden, dass nach Nr. 6 auch der Betriebsübergang nach § 613a BGB als Betriebsänderung nach S. 1 gilt.[531]

B Systematisierung der Novellierungsvorhaben

1 Überblick

Die parlamentarischen und außerparlamentarischen Initiativen mit dem Ziel, den Betriebsübergang wirtschaftlichen Beteiligungsrechten des Betriebsrats zu unterwerfen, entsprechen zweierlei Regelungsmustern. Der Gesetzesentwurf der SPD von 1985[532], der Gesetzesentwurf der GRÜNEN von 1989[533] sowie der Novellierungsvorschlag des DGB von 1998 verfolgten eine Regelung, wonach Betriebsänderungen auch ausgelöst werden können, soweit sie mit einem Wechsel des Betriebsinhabers verbunden sind. Im Gegensatz dazu bezogen der Gesetzesentwurf der SPD von 1988 und der Novellierungsvorschlag der DAG den Betriebsübergang als beteiligungspflichtige Betriebsänderung in das System beteiligungspflichtiger Maßnahmen ein. Der Antrag einzelner Abgeordneter der SPD und der SPD-Fraktion mit dem Titel „*Moderne Mitbestimmung für das 21. Jahrhundert*"[534] verfolgte zweierlei Ziele: Zum einen wurde gefordert, dass die betriebsverfassungsrechtlichen Regelungen für Betriebsänderungen nach § 111 BetrVG auch ohne die bisherigen Beschränkungen für Betriebsübergänge zu gelten haben – zum anderen sollten alle durch einen Betriebsübergang entstehenden Nachteile durch einen Sozialplan kompensiert werden. Beide Regelungsoptionen sind gesondert in Bezug auf Wirkung und Folgen für das Verhältnis von Betriebsübergang und wirtschaftlichen Beteiligungsrechten zu untersuchen.

---

530 Veröffentlicht auf: www.uni-regensburg.de/Fakultaeten/Jura/richardi/Forschung/BetrVG-Reform/DAG-Vorschlag_BetrVG.pdf – abgerufen am 01.11.2017.

531 Auch nach dem Entwurf der DAG sollte nach § 111 S. 2 Nr. 2 BetrVG auch *die Auslagerung von Arbeit aus dem Betrieb* als beteiligungspflichtige Betriebsänderung im Sinne von S. 1 gelten.

532 BT-Drucks. 10/3666.

533 BT-Drucks. 11/4525, S. 29.

534 BT-Drucks 17/13476, S. 2.

2 Betriebsänderung trotz Betriebsinhaberwechsel

Der Erweiterung des Anwendungsbereichs einer Norm um einen Personenkreis oder Sachverhalt geht in der Regel voraus, dass dieser Personenkreis oder Sachverhalt bisher von der Regelung nicht erfasst wurde.[535] Ansonsten wäre die Gesetzesänderung von nur deklaratorischer Natur, wie beispielsweise § 90a BGB[536].

Der Betriebsinhaberwechsel ist eine Voraussetzung des gesetzlich angeordneten Austausches der Arbeitgeberposition nach § 613a BGB und ist nicht vom Begriff einer Betriebsänderung im Sinne von § 111 BetrVG erfasst.[537] Aus der Formulierung „*Als Betriebsänderungen im Sinne des Satzes 1 gelten insbesondere, auch wenn sie mit einem Wechsel des Betriebsinhabers verbunden sind,...*“[538] folgt die Absicht, Beteiligungsrechte des Betriebsrats nach §§ 111 ff. BetrVG trotz eines Betriebsinhaberwechsels zu ermöglichen. Die dahingehende geplante Änderung des § 111 BetrVG hätte dabei nur soweit eine tatsächliche Änderung zur Folge gehabt, als dass der Betriebsinhaberwechsel Beteiligungsrechte des Betriebsrats nach §§ 111 ff. BetrVG ausschließt oder begrenzt. Das BAG hatte jedoch bereits im Urteil vom 04.12.1979[539] entschieden, dass keine Gründe vorliegen, die gegen die Anwendbarkeit der Vorschriften über die Beteiligung des Betriebsrats bei Betriebsänderungen im Falle eines rechtsgeschäftlichen Betriebsübergangs sprechen. Diese Auffassung wurde von der rechtswissenschaftlichen Literatur[540] zu großen Teilen zu Recht bestätigt. Die Regelung hätte danach nur eine klarstellende Funktion gehabt, ohne den Anwendungsbereich der Beteiligungsrechte effektiv zu erweitern.

Die Novellierung hätte, bezogen auf die derzeitige Rechtslage, auch für den Bestand des Betriebsratsamtes und der dadurch ermöglichten Wahrnehmung von Beteiligungsrechten keine bestandserweiternden Folgen gehabt. Im Gegensatz zu den Regelungen aus § 21a und § 21b BetrVG hätte die Novellierung

---

535 Beispielsweise gelten nach § 22 Abs. 1 S. 2 MiLoG auch Praktikantinnen und Praktikanten im Sinne des § 26 des Berufsbildungsgesetzes als Arbeitnehmerinnen und Arbeitnehmer nach dem MiLoG.

536 Vgl.: *S. Edenfeld*, in Erman, § 90, Rn. 1; *Ellenberger*, in Palandt, § 90a Rn. 1.

537 Vgl. unter III./B./3.

538 BT-Drucks. 10/3666, S. 8. Vgl. auch BT-Drucks. 11/4525, S. 29, Novellierungsvorschlag des DGB von 1998, S. 7 – veröffentlichet auf: http://www.zaar.uni-muenchen.de/download/doku/gesetzgebung/betrvg/03dgb.pdf – abgerufen am 01.11.2017.

539 BAG 04.12.1979 – 1 AZR 843/76, AP BetrVG 1972 § 111 Nr. 6.

540 Vgl. unter III./A.

nicht dazu geführt, die betriebsverfassungsrechtliche Interessenvertretung aufrechtzuerhalten. Die Gesetzesentwürfe der SPD von 1985[541], der GRÜNEN von 1989[542] sowie der Novellierungsvorschlag des DGB von 1998 hätten damit weder zu einer Erweiterung wirtschaftlicher Beteiligungsrechte des Betriebsrats bei einem Betriebsübergang geführt, noch eine allgemeine Erweiterung wirtschaftlicher Beteiligungsrechte nach § 111 BetrVG enthalten. Stattdessen hätten die Novellierungen nur eine deklaratorische, zumindest klarstellende Funktion eingenommen. Unterstellt, der Antrag zur *„Modernen Mitbestimmung für das 21. Jahrhundert“*[543] hätte das Ziel verfolgt, die Regelungen auch bei Betriebsübergängen gelten zu lassen, hätte dem Antrag durch einen Verweis auf die bestehende Rechtslage entsprochen werden können. Im Zusammenhang mit dem angeschlossenen Forderungspunkt, sämtliche Nachteile eines Betriebsübergangs für Arbeitnehmer durch einen Sozialplan kompensieren zu wollen, ist wohl eher davon auszugehen, dass der Antrag anstelle einer Regelung bei Betriebsänderungen vielmehr eine Anwendung der Vorschriften des §§ 111 ff. BetrVG für Betriebsübergänge beabsichtigte.

3 Betriebsübergang als Betriebsänderung

Der Gesetzesentwurf eines Betriebsverfassungsgesetzes 1988 von der SPD-Fraktion[544], der Gesetzesentwurf der Deutschen Angestelltengewerkschaft aus dem Jahr 1999[545] und der Antrag *„Moderne Mitbestimmung für das 21. Jahrhundert“*[546] verfolgten durch unterschiedliche Novellierungsvorschläge, beziehungsweise durch die Erwartung eines Regelungsziels ohne Vorschlag einer Gesetzesänderung, Beteiligungsrechte des Betriebsrats bei Betriebsübergängen zu schaffen.

a) Betriebsverfassungsgesetz 1988

Ziel der Änderungen des Gesetzesentwurfs im Bereich des § 111 BetrVG sollte die Stärkung des Einflusses des Betriebsrats auf unternehmerische Entscheidungen sein.[547] Der Anwendungsbereich wirtschaftlicher Beteiligungsrechte bei

541 BT-Drucks. 10/3666.
542 BT-Drucks. 11/4525.
543 BT-Drucks 17/13476, S. 2.
544 BT-Drucks. 11/2995.
545 Veröffentlicht auf http://www.uni-regensburg.de/Fakultaeten/Jura/richardi/Forschung/BetrVG-Reform/DAG-Vorschlag_Betrvg.pdf – abgerufen am 01.11.2017.
546 BT-Drucks 17/13476.
547 Vgl. BT-Drucks. 11/2995, S. 5.

Betriebsänderungen wurde durch die Streichung des Schwellenwertes von in der Regel mehr als zwanzig wahlberechtigten Arbeitnehmern erweitert. Daneben sollte der Unternehmer weiterhin nach § 111 S. 1 BetrVG-Entwurf 1988 den Betriebsrat über geplante Betriebsänderungen, die wesentliche Nachteile für die Belegschaft oder erhebliche Teile der Belegschaft zur Folge haben können, rechtzeitig und umfassend unterrichten und die künftigen Betriebsänderungen mit dem Betriebsrat beraten. Als Betriebsänderung im Sinne des Satzes 1 sollte dabei nach § 111 S. 2 Nr. 4 BetrVG-Entwurf 1988 insbesondere auch der Übergang des Betriebs oder einen Betriebsteils auf einen neuen Inhaber gelten.

Die Annahme des Gesetzesentwurfes durch den Gesetzgeber hätte zur Folge gehabt, dass die Beteiligungsrechte des Betriebsrats in wirtschaftlichen Angelegenheiten um den Wortlaut der Tatbestandsvoraussetzungen des Betriebsübergangs erweitert worden wäre. Im Gegensatz zu § 613a BGB sollte jedoch nicht erforderlich sein, dass die Übertragung aufgrund eines Rechtsgeschäfts beruht. Neben den Voraussetzungen einer Übertragung eines Betriebs oder eines Betriebsteil wäre danach auch der Wechsel des Betriebsinhabers Teil der wirtschaftlichen Mitbestimmung nach §§ 111 ff. BetrVG geworden.

b) Betriebsverfassungsgesetz nach dem DAG 1999

Die vorgeschlagene Änderung des § 111 BetrVG durch Vorlage eines Entwurfs des Betriebsverfassungsgesetzes durch die DAG hätte auch zu einer Erweiterung des Anwendungsbereichs von § 111 BetrVG durch Aufhebung des Schwellenwertes in Satz 1 geführt.[548] Daneben sollte nach § 111 S. 3 Nr. 6 BetrVG-Entwurf des DAG der Betriebsübergang nach § 613a BGB als Betriebsänderung im Sinne des Satzes 1 gelten. Im Unterschied zum BetrVG Entwurf-1988 wären die wirtschaftlichen Beteiligungsrechte des Betriebsrats nach §§ 111 BetrVG damit nicht nur um die Tatbestandsvoraussetzungen aus § 613a BGB erweitert, sondern die Norm § 613a BGB als Ganzes als beteiligungspflichtige Betriebsänderung eingestuft worden.

---

548 Veröffentlicht auf http://www.uni-regensburg.de/Fakultaeten/Jura/richardi/Forschung/BetrVG-Reform/DAG-Vorschlag_Betrvg.pdf – abgerufen am 01.11.2017. Danach sollte der § 111 S. 1 BetrVG wie folgt lauten: *„Der/die Unternehmer/in hat den Betriebsrat über geplante Betriebsänderungen, die Nachteile für die Belegschaft oder Teile der Belegschaft zur Folge haben können, zu unterrichten und die geplanten Betriebsänderungen mit dem Betriebsrat zu beraten.“*

c) Antrag „Moderne Mitbestimmung für das 21. Jahrhundert"

Nach dem Antrag zur Vorlage eines Entwurfes zum Betriebsverfassungsgesetz vom 14.05.2013[549] sollte eine Vorgabe für den Gesetzesentwurf eines novellierten Betriebsverfassungsgesetztes sein, dass alle durch einen Betriebsübergang entstehenden Nachteile für Arbeitnehmer durch einen Sozialplan kompensiert würden, wie etwa bei Verschlechterung der Haftungsmasse.[550] Die Möglichkeit, Nachteile – auch die eines Betriebsübergangs – durch die Einigung über einen Sozialplan zu mildern, können bereits nach geltender Rechtslage im Zuge eines freiwilligen Sozialplans berücksichtigt werden. Es ist davon auszugehen, dass beabsichtigt wurde, Nachteile eines Betriebsübergangs auch im Rahmen eines von der Einigungsstelle aufgestellten Sozialplans nach § 112 Abs. 4 und 5 BetrVG zu ermöglichen. Dafür wäre es erforderlich gewesen, die Betriebsänderungen aus § 111 BetrVG um den Betriebsinhaberwechsel zu ergänzen.

C Der Betriebsinhaberwechsel im System von §§ 111 ff. BetrVG

1 Ausblick: Betriebsinhaberwechsel als Betriebsänderung

a) Allgemein

Die Erweiterung von § 111 BetrVG um den Wechsel des Betriebsinhabers im Sinne von § 613a BGB ergänzt die wirtschaftlichen Beteiligungsrechte des Betriebsrats um einen Vorgang den § 613a BGB als Rechtsfolgenvorschrift normiert. § 613a BGB erschöpft sich dabei nicht in der Anordnung des Eintritts des Erwerbers in die erfassten Arbeitsverhältnisse, sondern regelt auch weitere Rechtsfolgen, wie das Schicksal von Kollektivvorschriften im Betriebsübergang in § 613a Abs. 1 S. 2 BGB.

Der Wechsel des Betriebsinhabers im Sinne von § 613a BGB als beteiligungspflichtige Betriebsänderung nach § 111 BetrVG würde sich durch die Verlagerung des Gegenstands der Mitbestimmungspflicht von den bisherigen Betriebsänderungen unterscheiden. Nicht die betriebliche Einheit, sondern deren Inhaberschaft durch den jeweiligen Rechtsträger würden Anknüpfungspunkt betrieblicher Mitbestimmung. Die Konzeption der Mitbestimmungsrechte würde sich durch die Novellierung nicht verändern. Der Arbeitgeber

549 BT-Drucks 17/13476, S. 2.
550 BT-Drucks 17/13476, S. 2.

kann nach wie vor in mitbestimmten Betrieben die Grenzen des Betriebs mitbestimmungsfrei verschieben, sodass ein echtes Mitbestimmungsrecht in Abgrenzung zum Beteiligungsrecht nur für die Folgen der Verschiebung besteht.[551]

b) Unterrichtung und Beratung nach § 111 S. 1 BetrVG

Der Unternehmer hat nach § 111 S. 1 BetrVG den Betriebsrat rechtzeitig und umfassend über die geplante Betriebsänderung zu unterrichten und mit ihm zu beraten. Die beteiligungspflichtige Maßnahme muss dazu auf der einen Seite ein Stadium der Planung erreicht haben, indem der Unternehmer die Maßnahme konkretisiert hat.[552] Auf der anderen Seite darf diese Konkretisierung jedoch nicht so fortgeschritten sein, dass eine Einflussnahme des Betriebsrats nicht ausgeschlossen ist.

Der Beginn der Durchführung durch den Unternehmer bildet dabei die zeitliche Maxime zur rechtzeitigen Unterrichtung nach § 111 S. 1 BetrVG. Beim Betriebsinhaberwechsel ist die Anwendung von § 613a BGB der Zeitpunkt, ab dem keine rechtzeitige Unterrichtung mehr möglich ist. Sofern die Rechtsfolgen aus § 613a BGB eintreten, sind unumkehrbare Entscheidungen des Unternehmers[553] getroffen worden.

Zur Erfüllung der Voraussetzungen einer umfassenden Unterrichtung können entsprechend die für die Beteiligungspflicht des Wirtschaftsausschusses ermittelten Kriterien nach § 106 Abs. 3 Nr. 10 BetrVG[554] herangezogen werden. Zusätzlich hat der Arbeitgeber die nach § 613a Abs. 5 BGB geforderte Unterrichtung gegenüber denen vom Übergang betroffenen Arbeitnehmern zu erfüllen.

c) Interessensausgleich

Neben der Unterrichtung hat der Unternehmer nach § 111 S. 1 BetrVG über die geplante Betriebsänderung zu beraten und die Einigung über die geplante Betriebsänderung schriftlich in Form eines Interessenausgleiches niederzulegen.

Im Fall eines Betriebsinhaberwechsels nach § 613a BGB sind der Beratungsgegenstand sowie die Einigung in Form eines Interessenausgleichs jedoch begrenzt. Die Ausgestaltung der Betriebsänderung, also das „Wie" der geplanten Betriebsänderung, regelt zum Teil § 613a BGB und entzieht sich damit dem

---

551 Vgl. nach *Kolbe*, Mitbestimmung und Demokratieprinzip, S. 113.

552 BAG 28.10.1992 – 10 ABR 75/91, NZA 1993, 420, 420 f.; *Hohenstatt/Willemsen*, in H/W/K-BetrVG, § 111 BetrVG.

553 Vgl. Fitting, BetrVG, § 111, Rn. 110.

554 Vgl. unter II./C./1.

Willensbildungsprozess des Unternehmers und Betriebsrats. Wegen der fehlenden Dispositivität der von § 613a BGB angeordneten Rechtsfolgen[555] begrenzt sich die Beratung sowie der mögliche Inhalt eines Interessenausgleichs auf die von § 613a BGB nicht erfassten Regelungsbereiche.

d) Sozialplanaufstellung

Im Sozialplan sind die wirtschaftlichen Nachteile auszugleichen oder zu mildern, die nach § 112 Abs. 1 S. 2 BetrVG durch eine geplante Betriebsänderung eintreten. Die Kompensierung sämtlicher Nachteile durch einen Sozialplan, die durch einen Betriebsübergang eintreten, war eines der Regelungsziele des Antrags zur „Modernen Mitbestimmung für das 21. Jahrhundert“[556]. Durch einen erzwingbaren Sozialplan nach § 112 Abs. 4 und 5 BetrVG können nur wirtschaftliche Nachteile ausgeglichen werden, die Folge einer geplanten Betriebsänderung sind. Im Fall des Betriebsinhaberwechsels nach § 613a BGB könnten auch Nachteile, die aus dem Wechsel des Inhabers selbst resultieren als Nachteile kompensiert werden.

2 Systematische Bewertung

a) Gegenstand der betrieblichen Mitbestimmung

Mit der Einordnung des Betriebsverfassungsgesetzes als Verhandlungsgesetz charakterisiert *von Hoyningen-Huene*[557] treffend eines der Wesensmerkmale der Betriebsverfassung. Symptomatisch zeigt sich dies nicht nur an dem Grundsatz einer vertrauensvollen Zusammenarbeit, die nach § 74 BetrVG durch einen Dialog zwischen Arbeitgeber und Betriebsrat gekennzeichnet ist[558], sondern auch durch die in der Betriebsverfassung enthaltenen Mitbestimmungsrechte selbst.

Über beteiligungspflichtige Maßnahmen soll nach dem Betriebsverfassungsgesetz grundsätzlich durch Beratung zwischen Arbeitgeber und Betriebsrat eine Einigung erzielt werden, was für sämtliche Bereiche beteiligungspflichtiger Angelegenheiten der Betriebsverfassung gilt.[559] Gegenstand der Beratung ist jeweils die vom Arbeitgeber getroffene Entscheidung zur Durchführung,

555 BAG 29.10.1975 – 5 AZR 444/74, NJW 1976, 535, 535; *Mansel*, in Jauernig BGB, § 613a, Rn. 12; *S. Edenfeld*, in Erman, § 613a, Rn. 64.

556 BT-Drucks 17/13476, S. 2.

557 *v. Hoyningen-Huene*, in FS Stahlhacke, S. 173, 177 ff.

558 Vgl. *v. Hoyningen-Huene*, in FS Stahlhacke, S. 173, 177 ff.

559 Vgl. u.a.: §§ 87 Abs. 2 S. 1, 91 S. 1 und 2, 98 Abs. 4 S. 1; 111 S. 1., 112 Abs. 1 S. 1.

Änderung oder Beendigung einer Maßnahme im betrieblichen Bereich. In sozialen Angelegenheiten besteht keine Mitbestimmungspflicht nach § 87 Abs. 1 Einleitungssatz BetrVG, soweit eine gesetzliche oder tarifliche Regelung besteht. Als gesetzliche Regelung nach § 87 Abs. 1 BetrVG gilt dabei jedes formelle oder materielle Gesetz mit zwingender Wirkung.[560] Die Gestaltung der in § 87 Abs. 1 Nr. 1 bis 13 BetrVG soll nur mit dem kollektivrechtlichen Interessenvertreter geschehen.[561] Jede Gestaltung setzt jedoch einen Entscheidungsspielraum voraus, der durch die Anordnung des Arbeitgebers ausgefüllt werden kann und damit erst die Mitbestimmungsmöglichkeit des Betriebsrats eröffnet.[562]

Werden Maßnahmen gesetzlich geregelt, entfällt der unternehmerische Entscheidungsspielraum. In der Konsequenz steht dem Betriebsrat des Erwerbers auch nach § 99 Abs. 1 BetrVG kein Mitbestimmungsrecht wegen einer Einstellung im Sinne von § 99 Abs. 1 S. 1 BetrVG zu, wenn durch § 613a Abs. 1 S. 1 BetrVG der Erwerber in die vom Übergang betroffenen Arbeitsverhältnisse eintritt.[563]

Das Betriebsverfassungsgesetz ordnet dem Betriebsrat für den Bereich, in denen Regelungen bereits gelten, andere Aufgaben zu. Er hat nach § 80 Abs. 1 Nr. 1 BetrVG darüber zu wachen, dass die zugunsten der Arbeitnehmer geltenden Gesetze, Verordnungen, Unfallverhütungsvorschriften, Tarifverträge und Betriebsvereinbarungen durchgeführt werden und bezieht sich damit nur auf die Umsetzung von Normen.

b) Mitbestimmte Entscheidungsbildung und Rechtsfolgenvorschrift § 613a BGB

Der Betriebsinhaberwechsel wird durch § 613a BGB geregelt. Die Folgen für das Arbeitsverhältnis betroffener Arbeitnehmer sind umfassend und mit zwingender Wirkung gestaltet.[564] Die Unternehmensentscheidung ist diesbezüglich

---

560 *Boemke*, DB 2010, 843, 844; Fitting, BetrVG, § 87, Rn. 32; *Kania*, in ErfK, § 87 BetrVG, Rn. 11 m.w.N.

561 *Annuß*, in Richardi-BetrVG, § 87, Rn. 8; *Boemke*, DB 2010, 843, 844; Fitting, BetrVG, § 87, Rn. 3. Vgl. BT-Drs. VI/334, S. 59; *Boemke*, DB 2010, 843, 844.

562 BAG 22.07.2008 – 1 ABR 40/07, NZA 2008, 1248, 1256

563 BAG 07.11.1975 – 1 ABR 78/74, AP BetrVG 1972, § 99 Nr. 3; LAG Düsseldorf, 23.01.2003 – 11 TaBV 73/02, ArbuR 2003, 238, 238; *Bachner*, in D/K/K/W-BetrVG, § 111, Rn. 51; Fitting, BetrVG, § 99, Rn. 46; *Oetker*, in GK-BetrVG, § 99, Rn. 44, *Thüsing*, in Richardi-BetrVG, § 99, Rn. 48.

564 Zur zwingenden Wirkung der Rechtsfolgen aus § 613a BGB: BAG 29.10.1975 – 5 AZR 444/74, NJW 1976, 535, 535; *Mansel*, in Jauernig BGB, § 613a, Rn. 12; *S. Edenfeld*, in Erman, § 613a, Rn. 64.

auf den Entschluss zur Übertragung der Betriebsinhaberschaft und dessen Zeitpunkt begrenzt. § 613a BGB als Rechtsfolgenvorschrift knüpft dabei den Umfang der Rechtsfolgen, wie die kollektivrechtliche Normenablösung beim Inhaberwechsel, an den neuen Rechtsträger an. Ob durch den Betriebsinhaberwechsel wirtschaftliche Nachteile im Sinne von § 112 Abs. 1 S. 2 BetrVG drohen, hängt vom Erwerber ab. Die Beteiligung über die Auswahl des neuen Betriebsinhabers und den Zeitpunkt des Wechsels bedeutet dabei eine Vorverlagerung von Entscheidungen, aus denen sich erst mittelbar wirtschaftliche Nachteile ergeben. Die Möglichkeit der Einflussnahme von Arbeitgeber und Betriebsrat auf die unmittelbare Ursache des wirtschaftlichen Nachteils – § 613a BGB – besteht nicht mehr.

Durch die Erweiterung um den Betriebsinhaberwechsels würde der Gesetzgeber damit die Möglichkeit eröffnen, eine gesetzlich getroffene Rechtsfolgenanordnung als wirtschaftlichen Nachteil durch einen Sozialplan nach § 112 Abs. 1 S. 2 BetrVG zu kompensieren. Gegenstand der Beteiligung bleibt beim Betriebsinhaberwechsel nur die Entscheidung über Auswahl und Zeitpunkt des Betriebsinhaberwechsels. Die gesetzlich geregelten Folgen der Entscheidung würden trotz mangelnder Dispositivität durch Arbeitgeber und Betriebsrat kollektivrechtlich kompensiert werden. Eine Beratung mit dem Ziel einer Einigung in Form eines Interessensausgleiches nach § 112 Abs. 1 S. 1 BetrVG würde sich auf das „Ob“ und „Wann“ eines Betriebsinhaberwechsels im Sinne von § 613a BGB begrenzen, das „Wie“ wird durch § 613a BGB abschließend geregelt.

D Ergebnis und Alternativen

Die Erweiterung von § 111 BetrVG um den Betriebsinhaberwechsel im Sinne von § 613a BGB würde dem Antrag „Moderne Mitbestimmung für das 21. Jahrhundert“ entsprechen, jedoch mit der Folge, dass wirtschaftliche Nachteile eines gesetzlich geregelten Vorgangs durch betriebsverfassungsrechtlicher Vorschrifte kompensiert würden.

Aus der Analyse von wirtschaftlichen Beteiligungsrechten beim Betriebsinhaberwechsel ist festzuhalten, dass politisch gewollte Mitbestimmungsrechte bei § 613a BGB in der bisher initiierten Form, nur zum Teil zu einer Mitbestimmung im Sinne eines Partizipierens an unternehmerischen Entscheidungen führen würde. Die Beteiligung des Betriebsrats würde sich neben dem Zeitpunkt des Betriebsübergangs auf die Auswahl des Erwerbers begrenzen.

Der Erwerber bildet in diesem Zusammenhang den Ausgangspunkt für die Frage, ob und welche wirtschaftlichen Nachteile für die Arbeitnehmer infolge des geplanten Betriebsübergangs entstehen. Die Nachteile entstehen dann erst durch den in § 613a BGB geregelten Betriebsübergang. Durch den Eintritt des Erwerbers in die vom Übergang betroffenen Arbeitsverhältnisse nach § 613a Abs. 1 S. 1 BGB können dem Arbeitnehmer durch eine Verringerung der Haftungsmasse des Erwerbers Nachteile entstehen, ohne dass § 613a BGB hierfür einen Ausgleich im Wege einer Nachhaftung des Erwerbers regelt. Wirtschaftliche Nachteile können auch durch eine kollektive Normenablösung drohen, die in § 613a Abs. 1 S. 3 geregelt wird.

Soweit politisch in erster Linie die Einbeziehung des Betriebsrats in Prozesse der Willensbildung angestrebt wird, die zu einem Betriebsübergang führen, ist sich an dem Beteiligungsrecht des Wirtschaftsausschusses nach § 106 Abs. 3 Nr. 10 BetrVG zu orientieren. Die Unterrichtungs- und Beratungsrechte eröffnen die Option einer Willensbeteiligung in einem Zeitpunkt, in dem der Entschluss zur Maßnahme mit der Rechtsfolge eines Betriebsübergangs noch disponibel ist.

Soweit auch der Ausgleich von Nachteilen aus einem Betriebsübergang gewollt ist, würde der Sozialplan dann wirtschaftliche Nachteile aus der zwingenden Rechtsolgenvorschrift § 613a BGB kompensieren.

Daneben bestünden jedoch andere Optionen den Betriebsrat faktisch am Betriebsübergang zu beteiligen. Dies würde jedoch eine Novellierung von § 613a BGB voraussetzen, um eine Mitbestimmung im Sinne eines Partizipierens zu gewähren. Öffnungsklauseln im Rahmen der kollektiven Normenablösung nach § 613a Abs. 1 S. 3 BGB könnten beispielsweise dem Betriebsrat eine Option eröffnen, am Betriebsübergang als Betriebsänderung mitzubestimmen.

VII Siebtes Kapitel – Fazit in Thesen

Unternehmerische Entscheidungen können Gegenstand der durch die Betriebsverfassung geregelten Beteiligung des Betriebsrats sein, auch in wirtschaftlichen Angelegenheiten. Die Beteiligungspflicht des Unternehmers entsteht dabei schon in der Planungsphase der Maßnahme. Dies erklärt sich aus einem Zweck der Beteiligung, der die Möglichkeit der Einflussnahme auf den Willensentschluss des Unternehmers bezüglich der Entscheidung zur Durchführung und Ausgestaltung der Maßnahme eröffnen soll.[565] Diese Konzeption setzt voraus, dass der Unternehmer im Hinblick auf die Maßnahme einen Willensentschluss bilden kann, der von der unternehmerischen Freiheit gedeckt und nicht gesetzlich begrenzt wird. Soweit dann die vom Willensentschluss getragene Maßnahme die Voraussetzungen eines oder mehrerer Beteiligungsrechte nach der Betriebsverfassung erfüllt, kann der Betriebsrat an der Willensbildung partizipieren. Innerhalb dieses Kontextes wurden die Mitbestimmungsrechte des Betriebsrats bei einem Betriebsübergang analysiert.

Die Ergebnisse werden in Thesen resümiert:

I.

Der Betriebsübergang ist der Betriebsverfassung nicht fremd. Er löst wirtschaftliche Beteiligungsrechte gegenüber dem Wirtschaftsausschuss aus. Dieser ist bei einem Betriebsübergang im Sinne von § 613a BGB nach § 106 Abs. 3 Nr. 10 zu beteiligen. Die Beteiligung beschränkt sich dabei nicht nur auf die Unterrichtung des Wirtschaftsausschusses, sondern umfasst auch die Beratung. Das Beratungsrecht hängt nicht von der hypothetischen Einflussnahmemöglichkeit des Wirtschaftsausschusses auf den Unternehmer ab. Der Betriebsrat erhält mittelbar ein Informationsrecht, da er nach § 108 Abs. 4 BetrVG durch den Wirtschaftsausschuss über jede Sitzung unverzüglich und vollständig unterrichtet wird.

565 BAG 14.09.1976 – 1 AZR 784/75, AP BetrVG 1972 § 113 BetrVG Nr. 2; Fitting, BetrVG, § 111, Rn. 109; *Hohenstatt/Willemsen*, in H/W/K-BetrVG, § 111 BetrVG, Rn. 61.

II.

Das Betriebsratsamt wird durch einen Betriebsübergang nicht unmittelbar betroffen, soweit der Betriebsübergang sich im Wechsel des Rechtsträgers erschöpft und die Betriebsidentität unberührt bleibt. Erst bei Änderungen der betrieblichen Einheit kann das Betriebsratsmandat betroffen sein. In diesen Fällen kann ein Übergangsmandat entstehen, nach § 21a BetrVG. Dass dies auch im Zusammenhang mit einem Betriebsübergang im Sinne von § 613a BGB gilt, stellt § 21a Abs. 3 BetrVG nur klar.

III.

Der Gesetzgeber hat die kollektive Interessenvertretung für den Arbeitnehmer an dessen Zugehörigkeit zum Betrieb gebunden. Löst der Arbeitnehmer durch Ausübung des Widerspruchsrechts nach § 613a Abs. 6 BGB diese Zugehörigkeit auf, kann die Repräsentation durch den Betriebsrat für den Arbeitnehmer entfallen. § 21a BetrVG koppelt das Übergangsmandat an den Betrieb.

IV.

Geht ein Betrieb als Ganzes nach § 613a BGB über, löst dies keine beteiligungspflichtige Betriebsänderung nach § 111 BetrVG aus. Der dem Betriebsübergang immanente Wechsel des Betriebsinhabers bewirkt keine Betriebsänderung im Sinne von § 111 BetrVG.

V.

Geht ein Betriebsteil nach § 613a BGB über, löst dies keine beteiligungspflichtige Betriebsänderung nach § 111 BetrVG aus. Der dem Betriebsübergang immanente Wechsel des Betriebsinhabers bewirkt keine Betriebsänderung im Sinne von § 111 BetrVG. Dies gilt auch, wenn er sich auf einer anderen betrieblichen Ebene – dem Betriebsteil – vollzieht.

VI.

Die Betriebsübergangsrichtlinie (RL 2001/23/EG) zwingt nicht zur richtlinienkonformen Auslegung des Betriebsänderungsbegriffs aus § 111 BetrVG dahingehend, den Betriebsinhaberwechsel als Betriebsänderung zu erfassen. Auf das deutsche Recht ist Art. 7 Abs. 3 RL 2001/23/EG anwendbar und wird durch §§ 111 ff. BetrVG umgesetzt.

VII.

Die Anhörungsrichtlinie (RL 2002/14/EG) zwingt nicht zur richtlinienkonformen Auslegung des Betriebsänderungsbegriffs aus § 111 BetrVG dahingehend, den Betriebsinhaberwechsel als Betriebsänderung zu erfassen. Nach Art. 9 Abs. 1 RL 2002/14/EG gelten die Regelungen aus Art. 7 RL 2001/23/EG als lex specialis zu den Vorschriften der Anhörungsrichtlinie.

VIII.

Entlassungen von Arbeitnehmern, die dem Übergang des Arbeitsverhältnisses nach § 613a BGB widersprochen haben, gelten als neue unternehmerische Maßnahme und können nicht auf vor dem Betriebsübergang getroffenen Entscheidungen angerechnet werden.

IX.

Ein Betriebsteilübergang nach § 613a BGB löst stets eine Betriebsspaltung im Sinne von § 111 S. 3 Nr. 3 2. Alt. BetrVG aus, soweit die allgemeinen Voraussetzungen aus § 111 BetrVG erfüllt sind.

X.

Verpflichteter zur Wahrnehmung der Mitbestimmungsrechte ist der Unternehmer, der nach § 111 S. 1 BetrVG die Betriebsänderung plant. Planer im Sinne von § 111 S. 1 BetrVG ist dabei jeweils der Inhaber des Betriebs, selbst wenn dieser nicht Urheber der Betriebsänderung ist.

XI.

Einen wirtschaftlichen Nachteil im Sinne von § 112 Abs. 1 S. 2 BetrVG kennzeichnet, dass er auf ein Merkmal zurückzuführen ist, dass seinerseits die Voraussetzungen einer beteiligungspflichtigen Betriebsänderung ganz oder zum Teil erfüllt. Soweit der Nachteil nur auf den Wechsel des Betriebsinhabers zurückzuführen ist, besteht diese Kausalität nicht.

XII.

Novellierungsvorhaben, die den § 111 BetrVG dahin ergänzen wollten, dass Betriebsänderungen auch dann gelten, sofern sie mit einem Wechsel des Betriebsinhabers verbunden sind, hätten nur eine Klarstellung bezweckt.

XIII.

Novellierungsvorhaben, die die Erweiterung von § 111 BetrVG um den Tatbestand des Betriebsinhaberwechsels verfolgten, hätten das Mitbestimmungsrecht nur auf die Entscheidung bezüglich der Auswahl des Erwerbers und des Zeitpunktes des Betriebsübergangs bezogen.

XIV.

§ 613a BGB als Rechtsfolgenvorschrift begrenzt die Möglichkeit der Mitbestimmung, lässt jedoch den Rahmen einer Unterrichtung und Beratung im Sinne von § 111 BetrVG über den Betriebsübergang zu. Eine entsprechende Beteiligung des Betriebsrats in dieser Form könnte sich an der Beteiligung des Wirtschaftsausschusses nach § 106 Abs. 3 Nr. 10 BetrVG orientieren.

www.ingramcontent.com/pod-product-compliance
Ingram Content Group UK Ltd.
Pitfield, Milton Keynes, MK11 3LW, UK
UKHW021940290926
8980IPUK00016B/1727

9 783631 803158